문화다양성연구총서 06

문화다양성 시대의 문화콘텐츠

이 저서는 2022년 대한민국 교육부와 한국연구재단의 지원을 받아 수행된 연구임(NRF-2022S1A5C2A04093121)

[지 은 이]

이명현(중앙대학교 국어국문학과 교수)

강연곤(중앙대학교 미디어커뮤니케이션학부 조교수)

이영희(『북앤스토리』 편집위원)

강진구(제주대학교 탐라문화연구원 학술연구교수)

진수현(중앙대학교 다문화콘텐츠연구소 연구전담교수)

김화영(수원과학대학교 행정직공무원과 교수)

강명주(중앙대학교 HK+ 연구교수)

김태훈(인하대학교 다문화융합연구소에서 전문연구위원)

문화다양성연구총서 06

문화다양성 시대의 문화콘텐츠

© 중앙대학교 다문화콘텐츠연구소, 2023

1판 1쇄 인쇄__2023년 04월 20일
1판 1쇄 발행__2023년 04월 30일

기획__중앙대학교 다문화콘텐츠연구소
지은이__이명현·강연곤·이영희·진수현·김화영·강명주·김태훈
펴낸이__양정섭

펴낸곳__경진출판
  등록__제2010-000004호
  이메일__mykyungjin@daum.net
  사업장주소__서울특별시 금천구 시흥대로 57길 17(시흥동) 영광빌딩 203호
  전화__070-7550-7776 팩스__02-806-7282

값 16,000원
ISBN 979-11-92542-36-2 93300

문화다양성연구총서 06

문화다양성 시대의 문화콘텐츠

중앙대학교 다문화콘텐츠연구소 기획

이명현·강연곤·이영희·진수현·김화영·강명주·김태훈 지음

경진출판

'문화다양성'은 신조어는 아니지만, '다문화'를 쉽게 떠올리게 한다. 그렇다고 해서 다문화와 경쟁하는 용어는 아니다. 다문화는 이민, 이주, 동화, 통합과 같은 용어들과 연결된다. 문화다양성 역시 그렇지만, 여기에는 더 확장된 공간이 존재한다. 문화는 계속해서 작품이 창조되면서 그 영역을 넓혀 간다. 우리의 생활 문화도, '전통'과 '관습'의 틀 안에 머무르지 않는다. 다른 것은 항상 관심의 대상이 된다. 시대마다 서로 다른 문화를 뒤섞으면서 새로운 문화를 창조하는 신세대들이 존재한다. 급속한 기술의 발전으로 모든 대중매체는 불특정 다수의 대중을 지향하는 것이 아니라, 모바일 기기를 가진 개인의 취향을 자극하기 위해서 다양한 시도를 하고 있다. 더 주목할 것은 이 매체를 가득 채우는 콘텐츠를 제작하는 당사자가 소비자와 같다는 것이다. 소비자는 콘텐츠를 소비하면서도 제작한다. 그러면서 누구도 소비되는 콘텐츠가 완벽한 시나리오, 고도의 화질 등 걸작이기를 요구하지 않는다. 오히려 일상의 재미있는 에피소드, 밈(meme)과 같은 모방한 혹은 재창조된 콘텐츠가 원작 혹은 원본보다 더 소비자들의 흥미를 끈다.

새로운 세대는 과거가 강요하는 모든 자명한 것에 끊임없이 왜냐고 질문한다. 젊은이들은 콘데믹의 영향으로 모바일 기기들을 통해 세상을 접하고, 그것으로 자신의 세상을 만든다. 지나간 시간을 완벽히 무시하는 것도 아니다. 예전 영상들을 보고, 지금 그 영상의 주인공을 추모하기도 소환하기도 한다. 그리고 다시 자기 창작물에 활용한다. 소셜미디어의 수많은 콘텐츠는 현실을 재현한다. 이 재현을 소비한 사람들은 다시 새롭고, 현실과 더 멀어진 재현을 만든다. 그러면서 우리가 접하는 현실은 더는 현실이 아닌 것이 된다. 보드리야르(Jean Baudrillard)가 말한 시뮬라시옹(Simulation)은 바로 이런 시대에 더 새 기게 되는 이론이다.

'문화다양성'은 이제 현상에 대응하기보다 미래를 준비하는 학문이어야 한다. 관련 연구는 새로운 형태의 콘텐츠 생산과 소비, 이에 대한 이론적 정립이어야 한다. 키치문화가 대중에게 보편화되고 주목받았던 것과 마찬가지로, 새로운 플랫폼에 담기는 새로운 형태의 콘텐츠들이 형성하는 서브컬처는 웹툰, 웹소설과 애니메이션 등 소수 집단이 즐기는 문화라고 할 수 있다. 다양한 플랫폼으로 문화콘텐츠를 즐기는 지금 서브컬처는 오히려 일상화되고 있다. 젊은이들은 만화책을 빌리거나 사기보다 모바일 기기 결제를 통해 웹툰을 구독·구매한다.

이제는 서브컬처로 분류되는 콘텐츠들이 재매개(remediation)를 통해 대중들 모두가 즐길 수 있는 영화와 드라마로 각색되고 있다. 대중이 어떤 플랫폼이나 매체를 통해 콘텐츠를 접하는지는 중요하지 않다. 콘텐츠의 대중적 성공 열쇠는 콘텐츠의 그 창의성에 달려 있다. 문학, 미술, 음악 등 모든 작품을 문화콘텐츠로 부르고 일상의 모든 순간까지도 콘텐츠가 되는 시대이다. 이제 문화는 '산업'이 되었다. 콘텐츠는 조회 수로, 금전 가치로 환원된다. 이 콘텐츠 창작의 원동력인 창의성은 문화산업의 석유와도 같다. 우리가 이렇게 문화콘텐츠를 연구하는 이유는 단지 비평 그 자체가 아니라, 그 기저에 있는 창의성의 본질을 파악하기 위한 것일지도 모른다. 중앙대학교 문화콘텐츠기술연구원 다문화콘텐츠연구소의 '문화다양성연구총서'로 기획된 이 책은 문화콘텐츠시대의 문화다양성이 미래를 위한 창의성에 관한 연구라는 것을 밝히는 데도 목적이 있다. 이 연구서는 여덟 분의 연구자들이 힘을 합해 작성하였다.

이명현 교수의 「판소리의 탈맥락화와 문화혼종: 이날치 밴드의 〈범 내려온다〉를 중심으로」는 '범 내려온다'가 판소리 〈수궁가〉의 한 대목이라는 것을 바탕으로 논의를 진행한다. 판소리의 이 대목은 노래 속에서 재배치된다. 이 재배치를 통해 저자는 판소리 장르의 문법이 현대 콘텐츠 속에서 수용되고 해체되는 방식에 주목한다. 이 연구는 전통문화가 서구문화가 결합하는 방식과 양상, 문화적 흐름, 나아가 전통문화의 현대화에 대해서 논의의 주제로 삼고자 한다.

강연곤 교수의 「디지털 시대의 대중음악 소비자들에 관한 연구: 20대 대학생들을 중심으로」는 아도르노의 문화산업 비판론을 바탕으로 논의를 진행한다. 이 글은 대중문화 수용자들이 수동적 소비 행위

뿐만 아니라 독자적인 주체적인 의미생산을 하며, 스스로 문화적 정체성을 드러낸다는 데 주목한다. 특히 이러한 생각을 한국의 상황을 분석하는 데 적용하고 있다는 점에서 주목할 만하다. 이 글은 소비행위로 수동성으로만 정의되는 대중음악의 소비가, 주체적 해석의 가능성 탐색이라는 차원에서 이해되어야 한다는 점을 강조한다.

이영희 교수의 「동화의 단막극 각색 양상 연구: 〈나는 뻐꾸기다〉를 중심으로」는 동화가 드라마로 각색과는 과정과 그 방식을 주제로 논의를 전개한다. 특히 이 글은 작가의 의도, 작품 전체의 분위기, 각색하는 매체의 특성 등에 대해 자세히 기술하고 있다. 최근 매체 전환에 대한 논의가 활발한데, 이 글을 통해 이에 대한 이론적 논의와 실제 사례를 한 번에 볼 수 있다는 점에서 가치가 높다.

강진구 교수의 「텍스트마이닝 기법을 통해 본 『다문화콘텐츠연구』의 연구 경향 분석」은 다문화 전문지에 다루었던 핵심 개념의 변화 추이를 면밀하게 살펴보고 있다. 특히 주목할 것은, 이 글은 자료 분석 방식에 있어, 비정형 데이터 분석 기법의 하나인 텍스트 마이닝 기법을 활용하고 있다는 점이다. 이 기법을 통해, 개념 사이의 연결성 정도, 영향 관계를 시각화하면서, 앞으로 관련 분야의 개념적 지형도를 작성할 가능성을 제시하고 향후 전망 역시 제시한다는 점에서 의의가 크다.

진수현 교수의 「영상콘텐츠에 재현된 공포와 전복의 욕망: 원귀와 괴수 소재 영상콘텐츠를 중심으로」는 공포 장르에서 더 선명하게 드러날 수 있는 인간 사회에 감추어진 금기, 욕망을 다루고 있다. 이 사회에서 자명한 '금기'를 넘고자 하는 욕망은 늘 존재하며, 이 욕망의 달성을 위해서는 사회의 전복이 필요하다. 저자는 이 내용을 고전 작품을 통해 그 재현 양상을 다루고 있다. 특히 영상콘텐츠에서 그것을 다룬다는 점에서 주체의 욕망이 콘텐츠를 통해 해소되는 것도 볼 수 있다는 점에서 가치 있는 글이다.

김화영 교수의 「쇼와레트로와 뉴트로: 〈올웨이즈 3번가의 석양〉과 〈응답하라 1988〉의 비교」는 한국에서 일어나고 있는 '뉴트로' 현상과 일본의 '쇼와레트로'를 비교 분석하고 있다. 이 두 현상을 저자는 '문화 현상 위에 만들어진 업그레이드된 현상'으로 규정하고, 이들의 유사성에 주목한다. 이 연구를 위해서, 이러한 현상을 촉발하거나, 이 현상들이 각국 사람들의 인식 기저에 있다는 것을 보여주기 위해, 〈올웨이즈 3번가의 석양〉과 〈응답하라 1988〉을 분석한다.

강명주 교수는 「한·중·일 전쟁 트라우마와 탈경계의 스토리텔링: 〈평화 그림책〉 시리즈를 중심으로」에서 전쟁과 기억의 트라우마가 '진실 규명', '감정 치유'라는 추상적인 말을 통해서 현실 세계에 직접 소환되기 어렵다는 점을 지적한다. 전쟁 기억에 대한 재현과 재구성은 이 트라우마를 당사자들이 역사에 대한 개인적 감정을 다시 대면하는 데 매개 역할을 할 수 있다. 이 연구는 '동아시아 3국의 초국적 연대를 이끌 수 있는 탈경계 스토리텔링에 대한 방향'을 모색한다는 점에서 가치가 높다.

김태훈 교수는 「〈사랑의 불시착〉에 나타난 상호문화 역량과 통일 교육적 시사점」에서 남북한의 분단으로 언어와 문화의 이질성이 확대되고 있다는 점 주목하면서, 남북한의 정치적 문제가 아니라, 사회통합 문제를 다루는 데 있어서 이 이질성의 문제가 상호문화적 차원에서 다루어져야 한다는 점을 강조한다. 저자는 드라마 〈사랑의 불시착〉에서 등장인물들이 겪는 각기 다른 지역에서 겪는 경험을 통해서 남북한 주민의 상호문화 역량을 분석하고자 한다. 이 분석을 통해, 통일교육의 시사점 역시 도출하고자 한다는 점에서 매우 뜻있는 글이다.

　다른 나라의 문화를 접한다는 것은 매우 흥미롭고, 재미있는 일로 매체에서 재현된다. 한국에서는 특히 그러하다. 다른 나라에 여행 간 스타들의 일상을 보여주는 것이 예능 프로그램으로 제작되는 일이 흔하고, 시청률도 나쁘지 않다. YouTube에서는 국제결혼 부부가 다른 나라의 문화를 소개하는 채널이 늘고 있으며, 상당히 많은 구독자를 기록하고 있다. '한국적인 것이 세계적인 것이다.'라는 말은 지금 그 뜻은 다들 알고 있지만, 더는 큰 감흥을 주지 못한다. 전통문화의 굳건히 지키는 일 역시 매우 가치 있는 일이겠으나, 우리의 문화가 더욱 폭넓고 풍성해지기 위해서는 다른 문화와 융합하여 만들어지는 콘텐츠가 늘어나야 한다. 그리고 우리 문화 역시 다른 나라에서 제작되는 콘텐츠에 많은 영향을 주어야 한다. K-POP이 세계 젊은이에게 많은 영감을 주고, 콘텐츠를 만드는 데 주요한 동기가 된다는 것은 바로 이러한 차원에서 재조명되어야 한다.

　그간 세계를 향해 나아가기 위해서 그 달성 지점을 알 수 없는, 글로컬, 세계화, 글로벌 스탠다드 등 수많은 용어가 만들어져 왔다. 지금 K-Culture는 글로벌 문화인가 로컬 문화인가? 이 문화현상은 우리가 세계화되었다는 증거인가? K-POP은 글로벌 스탠다드인가? 완전히 그렇다는 말은 조심스럽다. 다만 우리의 창작자들이 더는 나와

남의 문화적 경계에 대해 의식하고 있지 않다는 점과 소비자들의 문화 소비도 지역을 따지지 않고, 양적, 질적으로 그 수준을 높아지고 있다는 점도 매우 긍정적이다. 이제 '문화다양성'이라는 말이 '인정'과 '투쟁'으로 연결되기보다 '융합'과 '창조', '화해'와 '교류', 나아가 젊은 세대들의 '창의성'을 강화하는 데 절대적으로 필요한 용어가 되어 가고 있고, 그렇게 되어야 할 것이다. 우리 문화가 지금 이렇게 자랑스러울 수 있는 것은 우리의 문화도 김구 선생의 바람처럼, '새로운 문화의 근원이 되고 목표가 되고 모범이 되기' 때문일 것이다.

이 책을 펴내면서 많은 연구자께서 힘을 쏟아주셨다. 참여하여 주신 여덟 분의 열의와 노고, 깊은 관심에 감사드린다. 참여 여부를 여쭙는 메시지에 '기쁘다', '기꺼이', '당연히' 등의 말로 응답해주셔서 아직 무엇인가 같이 하는 일이 연구자들 사이에서도 소중한 일이구나 하는 생각에 젊은이들의 말대로 가슴이 '웅장'해졌다. 이 책을 펴내기 위해 8편의 글들을 읽으면서, 다음에 시기가 되면 더 좋은 자리에서 다시 만났으면 하는 일방적인 바람을 가지게 되었으며, 공부하는 보람도 느꼈다. 처음에는 모든 것이 '일'이었다. 개인적인 감정들을 다스릴 수 있게 넉넉히 지원하여 주시고, 어려운 문제점, 많은 실수를 큰 품으로 안아주신 문화콘텐츠기술연구원장이신 이산호 교수님께 감사드린다. 이 책을 구상할 수 있었던 데는 제주대학교의 전영준 교수님과 강진구 교수님, 대구대학교의 박재영 교수님의 격려가 있었다. '해야 된다', '할 수 있다', '같이 하자'는 말이 그러했다. 이 책을 출간하는 데 물리적으로 필요한 모든 일들을 감당하여 주신 경진출판의 양정섭

사장께도 깊이 감사드린다. 그에게서 듣는 '괜찮습니다', '천천히 하세요'라는 말은 요즘 흔하지 않다. 이 책을 펴내면서, 더욱 기쁘고, 행복한 것은 다음이 또 있을 것 같아서이다. 함께할 수 있는 다음 기회가 분명히 있을 것이기에 마무리하는 마음이 가볍고 좋다.

중앙대학교
문화콘텐츠기술연구원 다문화콘텐츠연구소

차례

제2부 영상콘텐츠와 문화다양성

제1부 문화콘텐츠와 문화다양성

판소리의 탈맥락화와 문화혼종

: 이날치 밴드의 〈범 내려온다〉를 중심으로

이명현

1. 새로운 예술 〈범 내려온다〉

한국관광공사의 홍보 영상 〈Feel the rhythm of Korea〉[1]가 유튜브에 공개되면서 '이날치 밴드'[2]의 〈범 내려온다〉는 세계적인 주목을

---

1) 〈Feel the rhythm of Korea〉는 한국관광공사가 한국을 홍보하기 위하여 만든 유튜브 동영상으로 서울편을 시작으로 모두 6편이 제작되었다.
   서울 https://youtu.be/3P1CnWI62Ik, 부산 https://youtu.be/xLD8oWRmlAE,
   전주 https://youtu.be/dQ_lCmB2hfk, 안동 https://youtu.be/R2GeUF_xm1Y,
   목포 https://youtu.be/CitIMlaa8To, 강릉 https://youtu.be/RdzvyvGcOYQ

2) 논의의 편의를 위해 이날치 밴드는 이날치로 표기한다. 밴드 이날치와 명창 이날치를 구분하기 위하여 명창 이날치를 지칭할 때는 '이날치'로 표시한다.

받았다. 더불어 〈범 내려온다〉가 인기를 얻자 판소리의 현대화, 판소리의 재해석, 고전의 현대적 창조 등 전통문화의 현대화에 주목하고, 한국 고유문화의 가치를 주목해야 한다는 목소리도 높아지고 있다.

　　최근 BTS를 비롯한 아이돌 그룹의 인기 상승으로 한류가 확산되고, 이에 따라 한국 대중문화에 대한 자존감도 높아졌다. 하지만 K-Pop, K-드라마 등은 서구 대중문화를 수용하여 발전시킨 것으로 한국적 정서를 담고 있다고 해도 서구의 장르 문법에 바탕을 두고 있는 것이 사실이다. 이날치에 대한 국내의 환호와 지지는 이들의 작업이 기존의 아이돌 중심의 K-Pop과 달리 한국의 고유한 전통문화를 바탕으로 새로운 장르를 추구하였고, 이것은 한국문화의 우수성과 가능성을 보여주는 것이라는 공감대가 형성되었기 때문이다. 그러나 이날치의 작업을 판소리의 현대적 재창조, 즉 전통문화를 기반으로 서구문화를 융합한 것이라고 단정하는 것은 이들이 새로운 공연 예술을 창조한 과정과 새로운 콘텐츠의 다양한 층위를 간과한 측면이 있다.

　　이날치 스스로 밝히고 있는 것처럼 이들의 음악은 '얼터너티브 팝'이고, 밴드의 구성도 2명의 베이시스트, 1명의 드러머, 4명의 판소리 소리꾼으로 락 밴드를 기반으로 판소리 보컬을 얹은 방식이라 할 수 있다. 판소리는 이날치의 음악을 구성하는 한 부분이다. 물론 이날치 음악에 판소리의 요소는 분명히 있다. 그러나 판소리 장르 문법을 기반으로 서구 음악을 수용하여 전통문화의 현대화를 이룬 것이라 하기는 어렵다. 오히려 기존의 락 음악과 다른 새로운 대중음악을 추구하는 과정에서 판소리를 독창적 요소로 활용한 것이라 할 수 있다.

　　이날치가 시도한 새로운 예술을 문화혼종이라는 관점에서 해석할 필요가 있다. 〈범 내려온다〉를 전통예술인 판소리가 락 음악에 접합되면서 판소리 장르 문법에 벗어나 재배치되는 과정으로 이해해야 한다. 논의를 단계적으로 전개하기 위하여 먼저 판소리 〈수궁가〉의 서사가 탈맥락화하는 현상을 살펴보고자 한다. 이날치가 〈수궁가〉의 한 대목을 수용하여 노래의 가사로 재배치하면서 원작의 서사적 맥락을 벗어나 다른 층위의 의미가 발생하는 것에 주목하고자 한다. 다음으로 이날치가 판소리의 장르 문법을 수용한 부분과 해체한 지점을 검토하여 〈범 내려온다〉를 비롯한 이날치의 작업을 구성하는 요소들을 살펴보고자 한다. 이를 바탕으로 현대 대중문화에서 전통문화와 서구문화의 결합 방식과 전통문화의 현대화에 대해 논의하고자 한다.

2. 판소리 서사의 탈맥락화

이날치의 〈범 내려온다〉 가사는 판소리 〈수궁가〉 중의 한 대목이다. 공연 중에는 아니리 부분을 불러서 어떠한 상황에서 가사의 내용이 전개되는지 설명하지만, 앨범에 수록된 원곡에는 아니리 부분은 생략되고 판소리 창 부분에 해당하는 내용만 있다. 노래 가사의 내용이 판소리 〈수궁가〉의 어떠한 서사적 맥락 속에서 위치하는지 살펴보기 위해 먼저 원작의 아니리와 창 부분을 순서대로 제시한다.

[아니리] 그 때에 별주부는 그곳을 보고 있다가 옳지 저기는 응당 토끼가 있을 터이니 내 한번 불러보리라 '저기 토선생 계시오' 부른다는 것이 수로

팔천리를 아래턱으로 밀고 오자니 아래턱이 빳빳하여 토자가 살짝 늘어져 호자가 되어것다 '저기 호생원 게시오' 불러 놓니 첩첩산중 호랑이가 생원 말 듣기는 제 평생 처음이라 반기 듣고 내려 오는듸

[창 엇중머리] 범 내려온다. 범이 내려온다. 송림 깊은 골로 한 김생 내려온다. 뉘에머리를 흔들며 양귀 찢어지고 몸은 얼숭덜숭 꼬리는 잔득 한발이 남고 동아 같은 뒷다리 전동같은 앞다리 새낫 같은 발톱으로 엄동 설한 백설격으로 잔디 뿌리 왕모래를 좌르르 흩으며 주홍 입 쩍 벌리고 홍행행 허는 소리 산천이 진동 홍행행 허는 소리 강산이 뒤눕고 땅이 툭 꺼지난 듯 자래가 깜짝 놀래여 목을 움치고 가만히 엎졌을 제

(김진영·김현주·김동건·이성희, 1997: 204~205)

아니리에서 자라가 토끼를 부르려고 '토생원'이라고 한다는 것이 발음이 잘못되어서 '호생원'이라고 부르고, 호랑이가 자신을 생원으로 높여주는 호칭을 듣자 반가워서 '호생원'이라 부르는 곳으로 내려간다는 설명이 나타난다. 그리고 창에서는 호랑이가 내려가는 거동과 호랑이의 외양이 묘사된다.

이 부분은 〈수궁가〉의 모족회의 대목 중 한 부분이다. 모족(毛族)은 주수(走獸), 즉 길짐승을 가리키는 말이다. 모족회의는 말 그대로 길짐승들이 모이는 대목이다. 모족회의 대목은 길짐승들이 등장하여 누가 윗사람인지 다투는 '상좌다툼 장면'과 호랑이가 등장하여 모족들에게 횡포를 부리는 '산군횡포 장면' 등을 포함한다. 대체로 노루, 너구리, 멧돼지, 토끼 등이 등장하여 서로 어른이라고 주장한다. 이본에 따라 차이가 있는데, 대체로 처음에는 토끼가 상좌를 차지하지만, 호랑이가

등장하여 다른 동물들에게 겁을 주어 위력으로 윗자리를 빼앗는다.

김동건(2007: 230)은 모족회의에 등장하는 동물들은 당대 사회의 인물형을 대변하고 있다고 분석하였다. 약한 모족들의 모습 속에는 조선후기 서민들의 모습이, 호랑이의 모습 속에는 부패한 관료들의 모습이 투사되어 있다. 호랑이는 다른 동물들의 목숨을 위협하는 공포의 대상이고, 자신의 마음대로 횡포를 부리는 부정적 존재이다. 이러한 서사적 맥락을 종합해야 호랑이와 토끼가 같은 곳에 있는 상황을 이해하고, 자라가 토끼를 부른다고 생각하면서 실제로 호랑이를 부른 것이 얼마나 위험한 상황인지 알 수 있다.

그러나 〈범 내려온다〉와 〈Feel the rhythm of Korea〉 동영상은 이와 같은 서사적 맥락에 대한 이해를 전제로 하지 않고, 호랑이가 내려오는 장면 자체에 주목하고 있다. 호랑이가 부패한 관료의 상징이고, 토끼가 일반 서민을 대표한다는 의미는 중요하지 않다. '몸은 얼숭덜숭 꼬리는 잔뜩 한 발이 넘고 누에머리 흔들며 전동같은 앞다리 동아같은 뒷발로 양 귀 찌어지고'[3] 등과 같은 호랑이 외모를 묘사하는 특이한 표현, '얼숭덜숭', '촤르르르르', '워리렁', '흥앵앵앵' 등 현재에는 잘 사용되지 않은 독특한 의태어와 의성어를 강조한다. 인물의 거동을 과장스럽게 묘사하고, 의태어와 의성어로 리듬을 맞추는 방식은 판소리의 관습적 표현이지만, 오늘날의 대중들은 새롭고 독창적인 요소로 인식한다. 이것은 현재의 우리에게 익숙하지 않은 과거의 요

---

3) 〈범 내려 온다〉 가사는 모두 Naver VIBE 사이트를 인용한다(Naver VIBE, 〈범 내려 온다〉, https://vibe.naver.com/track/39756094. 검색일: 2021.7.20). 다음 인용부터는 출처는 생략한다.

소4)를 활용하여 새롭고 독창적인 것을 추구하는 방식이라 할 수 있다.

뭔가 엄청 힙하고 장난기 많은 도깨비들 같다(cinnamon)

왜 나는 산속에 살던 흥 많은 도깨비들이 도심으로 내려와서 여기도 재밌다 저기도 재밌다 하면서 놀러다니는것같지 ㅋㅋㅋㅋ 그게 춤이랑 노래랑 모든거에 묻어있는데 너무 잘어울려... 나만 이런가(Younghun) → 오 저도 범(혹은 해태)들이 내려와서 서울 이곳 저곳 덜아다니면 꺄하항 하고 다니는 느낌 받았는데!!!!(나살문)

한국 개구쟁이 도깨비들이 노는것 같다는데 정말 어릴때 본 만화에 나오 는 아기 도깨비들이 춤추고 노래하고 노는것같네 좋다~(김주현)

Tiger is coming explanation is so cute and cool the story is sooo cute(100 salam Ambika)

호랑이가 오는 설명은 너무 귀엽고 스토리는 너무 귀엽다.

(Feel the Rhythm of Korea: SEOUL YouTube,

https://www.youtube.com/watch?v=3P1CnWI62Ik.

검색일: 2021.7.20)5)

---

4) 이때의 과거의 요소는 전통문화의 연속선상에 위치하지만, 현재의 문화를 구성하는 요소 가 아니라고 인식되는 것이다.

5) 댓글은 맞춤법을 고려하지 않고 작성된 내용을 그대로 옮겼다. 영어 댓글 해석은 필자가 작성하였다. 이후 댓글 인용은 모두 동일한 방식이다.

위의 인용문은 〈Feel the rhythm of Korea〉 서울편 댓글의 일부이다. 댓글의 내용을 보면 〈Feel the rhythm of Korea〉를 통해 〈범 내려온다〉가 본격적으로 알려지던 초기에는 동영상의 이미지가 대중들에게 큰 영향을 주었다는 것을 알 수 있다. '범이 내려온다'라는 가사를 호랑이가 산에서 도시로 내려온다는 내용으로 이해하고 있고, 호랑이를 흥이 넘치는 매력덩어리, 장난기 많은 도깨비 등 귀엽고 힙(hip)한 캐릭터로 인식하고 있다. 이와 같은 〈범 내려온다〉 가사 내용에 대한 인식은 한국인, 외국인 모두에게 공통적으로 나타난다.

〈수궁가〉의 서사적 맥락을 알지 못한 상태에서 뮤직비디오 중심으로 가사를 이해하려고 했기 때문에 나타난 현상이다. 그런데 〈범 내려온다〉가 국민적 관심을 얻은 이후 이날치가 각종 매체의 인터뷰, 예능 프로그램 등에서 〈범 내려온다〉의 아니리 부분을 설명한 이후에도 〈수궁가〉 전체의 서사적 맥락 속에서 가사를 이해하기보다는 동영상 이미지와 가사 내용의 축자적 의미에 한정하는 경향이 나타난다.

유퀴즈 이날치편 보니까 이 노래는 별주부가 토끼 부르러다가 발음이 새서 호랑이 불렀는데 그 소리 들은 호랑이가 갑자기 누가 자기를 찾으니 신이 나서 산에서 내려오는 내용이래요ㅋ(marumaruchichi)

→ 안그래도 배고픈데 밥줄꺼같아서 신나서 내려온듯 ㅋㅋㅋㅋ(민경진)

→ 춤이 이거랑 딱 맞는거였구나 ㅋㅋㅋㅋㅋㅋ신나서 스텝밟으면서 성큼 성큼 걸어오는 모습이랑 손도 호랑이 발톱 세운것처럼 하고 진짜 범 내려오는 모습 잘 표현했네(eon lact)

→ 뭔가 고양이같아서 내용 상상만해도 귀엽다 ㅋㅋㅋㅋ(이유경)

→ ㅋㅋㅋㅋㅋㅋㅋㅋㅋ귀여워라ㅋㅋㅋㅋㅋㅋㅋㅋ 호냥이 썸이나~(송주혜)

→ 맨날 산적두목 소리 듣다가 선생님 소리를 들었으니 얼마나 기쁘겠어요
ㅋㅋㅋㅋ(강대일)

→ 호랑이 웰케 귀엽냐(탁탁탁탁탁)

해외분들은 아시려나.. 난 별주부전 알고 노래들으니까 존잼인디ㅋㅋㅋ
ㅋ ㅌ..ㅌㅗ..토...헉..호선생!!!! 하는 바람에 호랑이선생 신나서 내려온다
는 이 위트넘치는 노래를 ㅠ...(ㅇㅇ)

(Feel the Rhythm of Korea: SEOUL YouTube)

대중들은 자라가 '토생원'이라고 부르려고 했는데, 발음이 잘못 나
와서 '호생원'이라고 한 노래 가사의 상황을 알게 되었다. 그런데 왜
토끼와 호랑이가 같은 곳에 있는지, 자라와 호랑이가 만난 이후 어떻
게 되었는지, 자라는 호생원을 부른 후에 토끼를 어떻게 만나는지
등등 서사적 맥락의 확장에는 큰 관심을 갖지는 않는다. 위에 인용한
댓글과 댓글에 대한 덧글을 보면 모족회의 대목의 산군횡포 장면이
가지는 심각성, 호랑이의 횡포, 포악한 호랑이의 우쭐거림 등은 중요
하지 않다. 대중들은 동영상이 주는 유니크한 색감, 독특한 춤사위와
드럼과 베이스 반주의 단순하면서 흥겨운 리듬, '판소리 창−힙합'의
경계에 놓여 있는 보컬 등이 결합한 새로운 예술이 인상적인 것이다.

〈Feel the rhythm of Korea〉의 기획자인 오충섭 한국관광공사 브랜
드 마케팅 팀장은 문화체육관광부 공감과의 인터뷰에서 "공기업의
홍보영상은 항상 B프리미엄(B+)을 지향하면서 MZ세대의 병맛(어떤

대상이 맥락 없고 형편없음을 뜻하는 신조어)에 대한 수요나 취향도 고려해야 한다."고 하였다(2021.5.24). 임홍택(2018: 97)의 『90년생이 온다』에서는 90년대생, 즉 MZ세대를 설명하는 대표적 사례로 '기승전병'으로 표현되는 '새로운 병맛 문화'를 제시한다. 김수환(2011: 105)은 '병맛'이라는 신조어는 애초 명백히 '조롱'의 의미를 담고 있었지만, 웹툰 등 콘텐츠의 하위 장르나 스타일을 수식하는 용어(병맛 웹툰, 병맛 코드)가 되면서 '딱히 설명할 수 없는 묘한 매력'을 의미하게 된다고 하였다. '병맛'은 진지함, 서사적 맥락, 개연성 등 기성 세대의 문화에 대한 대항 담론으로서 '키치스러움'을 강조하는 새로운 문화현상이라 할 수 있다.[6] 〈Feel the rhythm of Korea〉에서 〈범 내려온다〉는 〈수궁가〉의 서사적 맥락에서 벗어나 오늘날 쓰지 않는 이질적 어휘, 독특한 표현과 후렴구의 반복 등으로 진지하고 규범적인 예술 담론에 반론을 제기한다. 이러한 측면에서 기획자가 인터뷰한 병맛과 접점을 이루고 있다.

　이날치의 〈범 내려온다〉가 〈Feel the rhythm of Korea〉의 음악으로 사용되면서 가사의 내용은 판소리 〈수궁가〉에서 탈맥락화된다. 호랑이가 내려온다는 내용은 〈수궁가〉의 모족회의, 산군횡포 등의 서사적 자장을 뚫고, 앰비규어스 댄스 컴퍼니(Ambiguous Dance Company, 이하 '앰비규어스'로 약칭)가 춤으로 형상화한 '흥이 넘치는 이상한 형상의

---

6) 이와는 달리 '병맛' 담론은 세대주의적으로 형성된 담론으로 청년세대 담론의 한계를 그대로 답습한다는 비판적 시각도 존재한다. 박재연(2019: 175)은 '병맛' 담론이 청년세대 담론장 안에 재배치되면서 '세대'를 대표하는 주체로 특정한 청년 주체를 선택하고 다른 청년주체는 배제한다고 지적한다.

무리'와 접속한다. 〈범 내려온다〉의 가사는 동영상과 결합하면서 일상성의 전복, 의미관계의 파괴 등을 통한 서사적 맥락의 해체가 이루어진다.

This song is addictive <u>i dont even understand</u>, it makes you really <u>feel the rythm of korea</u>. (cherry Blossom)
이 노래는 중독성이 있어. <u>이해가 안 되지만, 한국의 리듬을 느끼게 해.</u>

<u>I have no clue about the lyrics</u> but damn.. Ilove the bive, the song, the grooves and overall created atmosphere.. (Manisha Sharma)
<u>가사 내용은 전혀 모르지만..</u> 바이브, 노래, 그루브, 전체적인 분위기가 좋아요.

(Feel the Rhythm of Korea: SEOUL YouTube)

저희 애가 여섯 살인데 춤을 막 추는 거예요. <u>무슨 뜻인지도 모르는데</u> 노래도 부르더라고요.

(≪sbs 스페셜≫ 618, 2020.11.22)

위의 댓글 2개는 〈Feel the Rhythm of Korea: SEOUL〉 YouTube에 외국인이 작성한 것이다. 강조 표시한 부분을 보면 가사의 내용을 이해하지 못하지만, 한국의 리듬을 느끼고, 분위기에 공감한다. 그리고 아래의 인용은 〈Feel the Rhythm of Korea〉 실무 담당자가 SBS와 인터뷰한 내용으로 어린이가 가사의 뜻을 모르지만 노래를 즐기고 있다는 것을 이야기하고 있다. 시청자의 이러한 반응을 보면 〈범 내려온다〉에 〈수궁가〉, 모족회의, 산군횡포, 호랑이와 자라의 만남 등의 기의가 기표 사이로 흩어지고, 기의 없는 기표의 유희가 발생하고 있는 것이다. 자크 데리다(2004: 20)는 초월적 기의의 부재를 유희라고 부를 수 있을 것이고, 이 부재가 유희를 무한하게 해준다고 하였다. 이를 〈범 내려온다〉에 대응하면 〈수궁가〉 원전의 의미를 해체하여 맥락적으로 작동하는 호랑이의 기의를 소거하고, 호랑이라는 기표를 무한히 확장할 수 있게 된다. 〈범 내려온다〉 가사에 기표의 유희성이 작동하기 때문에 광고의 로고송에서 개사되기 용이하다. 〈수궁가〉에서 탈맥락화한 호랑이는 캘럭시 Z플립 스마트폰, 알볼로 피자, 60계 치킨 등과 등치되면서 힙하고 멋진 대상으로 치환될 수 있다.

〈범 내려온다〉가 수록된 이날치의 정규 1집 앨범 ≪수궁가≫와 판소리 〈수궁가〉를 대조해보면 판소리 서사를 거의 의식하지 않았음을 알 수 있다. 앨범의 곡 제시 순서는 자유롭다. 임형택(2021: 111)은 원본인 판소리 〈수궁가〉의 서사 전개를 반영하지 않았으며, 앨범 전체의 서사적 구성과 흐름도 의식하지 않은 것이라 하였다. 대체로 콘셉트 앨범은 서사적 질서를 염두에 두고 이야기, 가사를 배치한다.[7] 그러나 이날치는 서사적 맥락을 통해 형성되는 의미 구조보다는 텍스트 내에 존재하는 코드들의 연결에 중점을 둔 것이다.

이것은 '이날치'라는 밴드의 이름에도 드러난다. 밴드의 리더 장영규는 강원일보와의 인터뷰(2021.2.10)에서 '왜 밴드명이 이날치인가?'

---

7) '두번째달'의 앨범 ≪판소리 춘향가≫ 등 대부분의 크로스오버 국악 밴드의 앨범 수록 순서는 판소리 서사를 고려하여 배치한다.

라는 질문에 "명창의 이름을 쓰려는 생각은 없었고, 나는 사실 '이날치' 라는 명창을 몰랐다. 판소리랑 연결되는 단어였으면 좋겠다라는 생각 만 있었다. (…중략…) 이날치가 명창이라기보다는 '이날치'라는 단어 자체가 갖고 있는 특별한 재미 때문에 고른 점도 있다."고 답변했다.

장영규가 이야기한 '단어 자체의 특별한 재미'는 '이날치=명창'이라 는 기표와 기의의 대응을 일탈한 기표의 유희, 즉 단어를 구성하는 기호 코드들의 자율성과 이를 활용한 의미의 탈맥락화를 포착한 표현 이다. 실제로 향유자들은 이날치가 어떠한 판소리 명창이었는지보다 이날치라는 기표의 낯설음과 생동감에 주목한다.

처음 듣자마자 이런 날(live fresh)것 같은 음악이 있나? 했는데 들으면 들을수록 중독성 있는 사운드, 국적 초월 누구나 어깨가 들썩 들썩 하게 만드는 마법 같은 노래네요.(frist ever)

(Feel the Rhythm of Korea: SEOUL YouTube)

이날치??? 날개달린 물고기 아난가? 세계로 날아다니네 그려 ㅎㅎㅎㅎ (최동현)

(월드 댓글 TV, https://www.youtube.com/watch?v=YXooyJVQbNY. 검색일: 2021.7.20.)

장영규가 의도한 것처럼 시청자들은 [이∨날∨치]라는 기표의 연쇄 가 만들어내는 새로운 의미를 찾고, 이를 이날치의 음악(혹은 동영상) 에 접속하여 기존 의미와 다른 방식으로 재배치한다. '이날치'라는 기호는 후기 8명창이라는 역사적 맥락을 벗어나서, 날 것 같은 생동감, 날렵함, B급스러움 등의 의미를 생성한다.

이날치는 팀 이름, 앨범 수록 순서, 〈범 내려온다〉 등의 노래 가사 등 모든 부분에 있어서 판소리 서사를 탈맥락화한다. 이들에게 판소리 〈수궁가〉는 시니피에의 구조가 아니라 시니피앙의 은하계(롤랑 바르트, 2015)이고, 코드들이 서로서로 횡단하는 입체적인 텍스트이다. 코드란 기원이 잊혀진, 읽는 텍스트 안의 이미 쓰인 모든 것들을 지칭한다, 개별적인 코드들은 각기 사슬처럼 연결되어 하나의 체계를 이루고, 이들이 서로 얽혀서 만들어진 네트워크가 텍스트를 이룬다(박진, 2014: 202). 〈범 내려온다〉의 가사는 〈수궁가〉의 서사적 문맥을 이탈하여 개별적 코드들이 자율적으로 연결되어 새로운 의미망을 형성하고 있는 것이다.

3. 판소리의 경계 해체와 문화혼종

이날치의 〈범 내려온다〉가 대중의 인기를 얻고 세계적으로 주목받게 된 결정적 계기는 한국관광공사의 홍보 영상 〈Feel the rhythm of Korea〉이다. 이 동영상을 통해 판소리 사설과 락 밴드 연주가 결합한 이날치의 음악이 널리 알려지게 되었다. 이날치의 음악은 락 밴드의 반주와 판소리 보컬이 결합된 새로운 방식이다. 드럼과 베이스기타 음이 주를 이루고 펑키한 리듬에 개성 넘치는 보컬이 어우러져 전통 판소리와는 전혀 다른 분위기를 내기 때문이다. 랩과 타령의 경계가 무너진 독창적인 가풍은 '조선 힙합'이란 또 하나의 장르를 만들어냈다 (한재원, 2021: 95).

그런데 이질적 요소의 결합과 재배치는 판소리가 지닌 본질적 성격이었다. 판소리는 처음부터 장르 간의 융합으로 시작된 양식이다. 판소리는 노래(음악)와 이야기(문학)가 결합하여 이야기를 노래로 부르는 새로운 예술이었다. 판소리가 길고 다채로운 사설을 음악으로 구현하기 위해서는 필연적으로 다른 양식과 교섭할 수밖에 없다(이명현, 2012: 168). 〈춘향가〉를 대상으로 다른 양식의 노랫말이 수용된 현황을 조사한 연구에 의하면 시조 8편, 12가사 8편, 잡가 13편, 다른 판소리 26편, 가면극 21편, 민요 20편, 무가 18편이 수용되었다(전경욱, 1990: 40). 그리고 판소리와 가사, 판소리와 소설의 장르 교섭이 일어나 장르 간의 상호 영향을 끼치게 된다(이명현: 168).

판소리는 장르 교섭, 향유 계층과 향유 지역의 확대를 통해 종합예술로 발전하고, 각 장르의 다양한 형식이 융합되면서 상하층의 목소리가 뒤섞인다. 이러한 판소리의 다양성과 개방성은 판소리의 발전과 융성을 이끌었다. 그러나 일제의 강점과 서구문화의 유입으로 판소리의 위상은 점차 하락하게 된다.

일제는 1910년 강제 병탄 이후에는 판소리, 창극 등을 탄압하는 한편, 일본 대중가요와 신파극을 적극 장려하였다. 이로써 판소리는 대중문화의 주변부로 내몰렸다. 특히 총독부 방송인 경성방송국은 1920년대 이후 일본 유행가와 엔카를 모방한 우리말 대중가요를 집중적으로 방송하여 판소리를 비롯한 전통음악을 음악시장의 주변부로 내몰았다(김민환, 2007: 32).

이러한 위기 상황에 대응하기 위해 20세기 들어 판소리 연행이 창극이라는 대중극으로 발전하며 새 활로를 개척했지만, 일본의 음악자본이 명창급 판소리 예인과 전속 계약을 맺고 음반을 발매함으로써 판소리는 순수 성악으로 돌아가고 말았다. 판소리 예인은 1910년대에 주로 창극의 배우로 활동하였으나 1920년에는 판소리 성악가로 자신의 정체성을 확보하였다(백현미, 1997: 163~164). 당대의 명창들은 판소리의 문화적 다양성과 장르 혁신의 역동성을 포기하고, 순수 전통음악으로서 판소리의 위상을 선택한 것이다.

이후 판소리는 '전통 판소리'라는 명칭을 내세워 전통문화의 상징이 되었지만, 장르 간 융합을 통한 장르 혁신을 외면하여 대중으로부터 유리된다. 이러한 과정은 해방 이후 국가 정체성 형성을 위한 고전과 전통문화의 확립과 밀접한 관련을 맺는다. 에릭 홉스봄(2004: 33)에 의하면 전통은 연속적으로 단일하게 형성된 것이 아니다. 실제로 전통은 매우 이질적이면서도 다양한 주체와 시간의 층을 포괄하고 있다. 그러나 특정 시기에 실재하는 것이든 인위적인 것이든 공동체들의 사회 통합이나 소속감을 구축하거나 상징화하기 위해 '만들어진 전통'을 호명한다. 판소리는 다양하고 이질적인 요소를 포함한 역동적인 공연 예술이었다. 그러나 해방 이후 국민국가 형성기에 성악 중심의 전통음악을 판소리의 정체성으로 규정하면서 판소리의 개방성과 다양성은 배제된다.

판소리가 '만들어진 전통'의 외피를 둘러쓰면서 원형 그대로 보존해야 할 전통문화로 간주되었고, 판소리 명창을 중심으로 과거 판소리를 보존하고 유지하는 것이 전통의 계승으로 인식되었다. 판소리는 한국

전통의 상징이 되었고, 지난한 득음(得音), 서구문화에 오염되지 않은 순수성 등 전통 예인의 이미지가 강조되었다.

이날치의 음악은 전통이라는 프레임에 갇힌 판소리의 정체성을 전복하고, 판소리와 서양음악의 경계를 해체하기 위한 시도라 할 수 있다. 이날치의 소리꾼 이나래는 자신들의 음악적 성격에 대하여 '탈경계화를 목표로 국악과 서양음악의 경계 해체'라고 말한다.

저희 요즘 세대가 어떤 탈경계화를 목표로 이제 많이 가고 있잖아요. 그래서 음악 또한 국악이냐 아니냐 어떤 그런 경계를 짓기보다는 저도 그냥 노래하는 사람 그리고 저희 음악도 음악의 어떤 지점 중의 하나에 있는 그런 형태가 되었으면 좋겠다고 생각하고요.

(SBS 뉴스, 2021.2.9)

실험적(alternative) 음악팀으로서 이날치가 도전한 음악은 판소리에 최대한 근접한 현대음악이다(임형택: 113~114). 이날치는 자신들의 음악 장르를 '얼터너티브 팝'으로 규정한다. 이날치는 2020년 한국대중음악상에서 '재즈&크로스오버 음반'과 '모던록 노래' 부문에서 최우수상을 수상하였다. 이것은 이들의 음악이 대중음악의 틀 안에서 실험적인 장르 해체를 지향하는 것을 시사한다.

이날치가 지향하는 얼터너티브 팝은 '국악을 다시 부른다'는 접근이 아니라, 128bpm의 비트를 만든 뒤 베이스 루프를 짜고, 리듬을 탈 수 있는 곡을 만든 후 〈수궁가〉를 대입하는 방식이다(서울신문, 2021. 2.16). 판소리는 이야기가 길고 그 구조가 복잡할 뿐만 아니라 음악

자체도 기계적으로 표준화하기 어려운 특성이 있어 현대의 대중음악[8]에 적합하지 않다. 이날치는 판소리 사설을 탈맥락화하여 특정 대목의 일부분만을 독립시키고, 베이스와 드럼 반주로 서양음악의 화성을 결합한다. 판소리가 독창이라는 고정관념에서 탈피하여 젊은 소리꾼 4명(안이호, 권송희, 이나래, 신유진)의 보컬로 판소리 창에 입체성을 부여한다. 유일한 남성 소리꾼 안이호가 판소리의 아니리 부분을 담당하여 해설자이자 래퍼의 역할을 하고, 4명의 소리꾼이 때로는 돌림노래로 부르고, 때로 역할분담을 하여 창극적 요소를 부여하기도 한다. 이날치의 음악 작업은 전통 판소리를 고정불변의 전통문화로 보는 인식을 전복하는 것이다. 현대 대중의 삶과 일상에서 주류적 위치를 차지하고 있는 서양음악 중심의 대중음악 속으로 판소리를 침투시켜 문화적 유전자의 혼종(hybrid)을 유발하는 것이다.

밴드의 리더인 장영규는 ≪sbs 스페셜≫ 인터뷰에서 전통 판소리의 정체성에 대한 반론을 다음과 같이 표현한다.

　　판소리라는 게 음악이 아니었구나. 문학이었구나. 판소리가 가지고 있는 매력을 밴드로 어떻게 가져올 수 있을까가 중요한 지점이었던 것 같아요. 리듬적으로 접근을 해야겠다고 생각하고 택한 방법이 베이스와 드럼만 갖고 해보자 하게 됐던 거예요.

(SBS, 2020.11.22)

---

8) 아도르노는 대중음악을 시장에서 상품으로 유통하기 위한 표준화된 음악이라고 정의한다. 표준화의 대표적 범주는 라디오, TV에서 소개될 수 있는 적절한 분량(3분 내외), 화성과 리듬, 악기 배치, 장르 관습 등이라 할 수 있다.

장영규가 판소리가 음악이 아니라는 것은 대중음악의 범주에서 국악 '전통 판소리'의 위상을 재고하겠다는 것이고, 판소리가 문학이었다는 것은 판소리 사설에 주목하여 새로운 장르의 예술을 개척하겠다는 의미라고 할 수 있다. 이것은 국악이라는 전통음악의 틀 안에서 판소리를 이해하는 기존 관념을 전복하는 것이고, 판소리 사설과 서양음악(락 밴드 반주)을 결합하여 판소리의 경계를 해체하는 작업이다.

> 장영규: 그 대목을 들으면 뻔히 따라갈 수 있는 리듬들이 먼저 손에 붙어서 나와요. 그러면 안 된다.
> 정중엽: 그런 것들을 하나하나씩 버리고 … .
> 장영규: 그래서 계속 벗어나 보는 거죠. 그러면서 찾아가는 과정이에요.
>
> (SBS, 2020.11.22)

베이시스트 장영규와 정중엽은 자신들의 음악 작업을 위의 인터뷰처럼 설명한다. 이들은 판소리의 장르 경계에 갇히지 않기 위해서 '판소리 대목'에 뻔히 따라갈 수 있는 리듬을 배제한다. 이 리듬이 무엇인지 구체적으로 제시하지는 않지만, 판소리와 유사한 리듬일 것이다. 기존의 퓨전 국악에서 시도한 판소리와 클래식, 판소리와 타악기, 판소리와 재즈 등의 결합처럼 유사성에서 바탕을 두고 융합할 수 있는 리듬일 것이다. 이날치는 공통적 요소라는 익숙함을 하나씩 제거하면서 낯설지만 공존 가능한 리듬을 찾는 것이다. 이것은 이질적인 요소들이 긴장 관계를 유지하면서 공존하는 하이브리드(hybrid, 혼종)라 할 수 있다.

구분	결합 방식		
기존 국악의 현대화			
이날치의 장르 해체			

대체로 국악의 현대화는 국악과 서양음악의 결합(fusion), 즉 서로 다른 영역을 융합하는 방식이었다. 서로 다른 영역의 넓이와 무게가 동일할 경우, 중간의 교집합은 새로운 장르가 될 수 있지만, 그렇지 않을 경우, 한쪽의 영향이 강하게 나타날 수밖에 없다. 즉, 국악을 기반으로 서양음악의 요소를 결합하거나 그 반대가 될 수밖에 없다.

이날치는 이와 달리 이질적 요소들의 혼종을 통해 장르 경계를 해체하는 방식을 선택한 것이다. 이날치의 음악에서 판소리와 락 음악은 각각 존재하면서 공존한다. 판소리이면서 락 음악이자, 판소리도 락 음악도 아닌 것이다. 이날치 음악에 대한 한국인의 반응을 유튜브와 각종 사이트에서 살펴보면 판소리를 현대화한 것이라는 내용이 주류를 이룬다. 그러나 장영규가 느낀 해외에서의 반응은 한국 전통음악이 아닌 독특한 팝으로 받아들인다고 한다(SBS, 2020.11.22).9) 외국 매체

---

9) 인터뷰 내용은 다음과 같다. "해외에서 공연하거나 그랬을 때 그들이 받아들이는 거는

에서도 이날치의 음악을 서양 청중들에게 익숙한 음악이라고 소개하고, 이들의 음악을 얼터너티브 팝으로 이해한다.

이날치의 음악은 판소리이면서 락 음악이자, 판소리도 락 음악도 아니기 때문에 기존의 장르 문법으로 규정할 수 없다. 그리고 바로 그 이유 때문에 다른 장르, 이질적 요소를 지속적으로 결합할 수 있는 가능성이 있다. 마치 뿌리줄기(Rhizome)[10]처럼 중심 없이 파생·확장되면서 자신을 증식할 수 있는 것이다.

이러한 대표적인 사례로 앰비규어스와의 협업을 들 수 있다. 앞서 언급한 것처럼 이날치가 주목받게 된 결정적 계기는 앰비규어스와 협업한 〈Feel the rhythm of Korea〉 동영상이다. 앰비규어스는 스트리트 댄스의 일종인 락킹 동작을 응용한 강렬한 몸짓을 선보인다. 이들은 패랭이, 색동 한복, 트레이닝복, 물안경, 강렬한 원색 정장, 조선시대 장군 투구 등 부조화스러운 패션을 하고 막춤처럼 보이는 이상한 춤사위를 펼친다. 이들의 춤과 패션은 팀이름처럼 애매모호[Ambiguous]하다. 단장 김보람은 장르나 형식에 대한 고정관념에서 벗어나 춤으로 '새로운 언어'를 보여주고 한다.

김보람(한국일보, 2020.10.4)은 "일부러 몸에 불편하고 어색한 동작을 구상한다"고 했다. "1 다음에 2가 아니라, ㄴ(니은)이 나오는 게 더 재미있기 때문"이어서다. 그는 "새로운 언어"라고 했다. "어려운데 이상하게 끌린다든지, 말로는 표현 못 할 감정이 느껴진다든지, 사람

한국의 전통음악이라고 받아들이진 않아요. 그냥 '팝인데 뭐 특별한 팝이다.'라고 느껴요."
10) 들뢰즈·가타리(2001: 11~58)는 "뿌리줄기(Rhizome)는 통일되거나 위계화되지 않는 접속과 창조의 무한성을 의미한다."고 하였다.

마다 해석이 다양하잖아요. 무용은 취향과 감성을 발견하기에 가장 좋은 예술 장르예요."

　이날치 음악과 앰비규어스의 춤이 혼종되면서 장르의 경계를 해체하는 새로운 예술이 만들어진다. 이것은 단순한 장르파괴가 아니다. 이들의 협업은 이질적인 형식과 서로 다른 세계관이 접합되면서 긴장관계를 유지하고 공존하는 문화혼종이다. 데리다는 히멘(hymen) 개념을 통해 이질적인 요소들의 공존을 설명한다. 'hymen'은 '처녀막'이란 뜻이다. 처녀막은 파괴되어야만 존재했던 것을 증명한다. 히멘은 주제적 대립 사이의 경계 말소를 표시하고(안스가 뉘닝·베라 뉘닝, 2018: 396), 불안정하게 공존하는 것이 텍스트의 속성임을 보여준다. 장르혼종은 장르를 가로지르는 경계를 파괴하고, 서로 구분할 수 없는 뒤섞임이 발생하는 것이다. 이때 장르 간 경계는 히멘처럼 각 장르가 존재했음을 떠올리게 하는 징표에 불과하고, 각 장르의 고유한 특징이

혼종된 텍스트에도 유지되고 있음을 상기시키는 장치일 뿐이다.

이날치의 소리꾼 이나래(연합뉴스, 2020.11.20)는 인터뷰에서 이날치와 앰비규어스의 협업에 특별한 준비과정은 없었다고 이야기한다.[11] 각자의 영역을 존중하기 때문에 별도의 연출을 요청하지 않는 것이다. 어느 한쪽의 의도가 일방적으로 작용하지 않고, 서로 다른 장르가 겹쳐지면서 새로운 예술이 생성되는 것이다. 그렇기 때문에 이날치와 앰비규어스 어느 한쪽을 강조하면 그에 대한 반론이 제기된다.

이날치와 엠규가 한몸으로 보인다는것이지(Byueng cheul Iee)

이날치뿐 아니라, 앰비규어스도 같이 언급해야 하는 거 아닌가? 영상에는 그게 더 보이니까.(김효신)

앰비규어스 댄스 팀의 힘이 절반이죠. 이날치만 언급하는 것은 이 또한 댄스를 깔보는 오만함...(sunglee2020)

내 생각엔 이날치보다 엠비규어스쪽에 무게가 더 있는듯 하던데.(남황)

솔직히 이날치보다는

엠비규어스 댄스팀이 더 돋보이는데 이날치만 언급하시네 편파적인 영

---

11) 인터뷰 내용은 다음과 같다.
　　Q. 한국관광공사와 협업해서 만든 홍보영상들이 2억뷰를 넘겼다고 들었습니다. 중독성 강한 리듬을 탑재한 감각적인 국악에 코믹하면서 개성 넘치는 춤의 합이 완벽하게 맞아떨어진다는 평이 있습니다. 음악과 춤이 어우러지며 어떻게 조화를 이루게 됐는지 이날치와 앰비규어스 댄스컴퍼니의 준비과정이 궁금합니다.
　　이나래) 특별한 준비과정은 없었습니다. 앰비규어스 댄스 컴퍼니가 이날치의 음악 위에 사전에 구성한 동작들을 가지고 와서 현장의 상황과 지형들에 따라 동선을 구성하는 방식으로 협업이 이루어집니다. 각자의 영역에 대한 믿음이 있기에 서로의 감각과 방향성을 믿고 존중하고 있고 그렇기 때문에 특별한 연출을 요구하지는 않습니다.

상은 안좋습니다(불량아들)

노래40%무용·단춤이60%인기비중이라고본다.그냥내혼자생각(김영두)

(월드 댓글 TV, https://www.youtube.com/watch?v=YXooyJVQbNY.

검색일: 2021.7.20)

위의 인용문은 이날치를 중심으로 외국인들의 반응을 소개한 유튜브 월드TV에 달린 댓글이다. 이 유튜브 채널은 한류콘텐츠에 대한 외국의 긍정적 반응을 소개한다.[12] 상당수 시청자들은 〈Feel the rhythm of Korea〉 동영상에서 이날치 못지않은 앰비규어스의 역할을 지적하고, 이날치 중심의 동영상 편집 방식에 대해 문제를 제기한다. 이날치와 앰비규어스가 한 몸으로 보인다는 것은 둘이 공존하면서 대립 사이의 경계가 해체되었다는 것을 의미한다.

이것은 호미 바바가 혼종성을 이분법적으로 구성되는 정체성과 대비되는 긍정적인 대립개념이라고 한 것(김용규, 2013: 192)을 적절하게 보여주는 사례이다. 문화혼종은 다양한 문화적 요소를 창의적으로 가공함으로써 지속적으로 새로운 의미가 발생시킨다. 이렇게 형성된 새로운 의미에 의해 자아/타자, 내부/외부, 중심/주변, 소수/다수 등과 같은 이분법적인 통속적 대립은 와해된다.

이날치의 리더 장영규(NPR Music, 2020.7.13)는 외국 매체와의 인터뷰에서 "장르를 누가 신경 쓰나요? 저는 모든 것을 믹스합니다."[13]라

---

12) 흔히 '국뽕'이라 불리는 민족주의 감성에 호소하는 콘텐츠를 주로 제작하는데, 이날치에 초점을 맞춰 외국에서 〈범 내려온다〉에 대한 열광적 반응을 보여주었다.

13) "Who cares about the genre? I mix everything", says Jang Younggyu, one of the

고 밴드가 추구하는 장르 해체와 문화혼종을 피력하였다. 기존의 경계를 인정하지 않고, 이질적인 요소와 접속하기를 주저하지 않는 것이 새로운 장르를 창조하는 원동력일 것이다. 장영규는 강원일보와의 인터뷰에서 〈수궁가〉 다음으로 다른 판소리를 작업하지 않을 것이라고 하였다.[14]

> 음(뜸을 들이다). 다들 가장 궁금해하시는데 수궁가 다음은 안 하기로 했다. 다른 판소리 곡들도 매력이 있지만 너무 오래된 노래 이야기다. 그래서 지금 현재 저희의 얘기를 하기 위해 다른 판소리는 하지 않을 예정이다. (강원일보, 2021.2.10)

들뢰즈·가타리는 탈영토화와 재영토화가 맞물려 발생한다고 하였다. 외부의 요소와 접속하여 재배치된 순간, 고정적 배치가 발생하게 된다. 그렇기 때문에 이날치는 끊임없이 새로운 장르와 접속하여 기존 장르를 해체하고자 하는 것이다. 이러한 탈영토화는 지속적인 외부와의 접속을 통해 변화를 생성하는 것이다.

전통문화의 현대적 계승은 이와 같은 변화의 생성이어야 한다. 장르의 경계 안에 함몰되어 과거의 모습을 유지하는 것은 고립된 갈라파고스와 같은 것이다. 전통문화가 현재에도 살아 숨쉬는 생명력을 획득하

---

founders and bassists of Leenalchi.

14) 인터뷰 내용은 다음과 같다. "음(뜸을 들이다). 다들 가장 궁금해하시는데 수궁가 다음은 안 하기로 했다. 다른 판소리 곡들도 매력이 있지만 너무 오래된 노래 이야기다. 그래서 지금 현재 저희의 얘기를 하기 위해 다른 판소리는 하지 않을 예정이다."

기 위해서는 기존의 장르 문법의 틀에서 벗어나 장르 혁신을 추구해야
할 것이다.

4. 문화혼종을 통한 장르 혁신

이날치의 〈범 내려온다〉는 신선한 충격을 주었다. 보컬의 창법과
가사는 판소리이고, 반주는 베이스, 드럼 중심의 락 음악을 기반으로
한다. 락 밴드의 펑키한 리듬에 개성 넘치는 소리꾼의 보컬이 어우러
져 전통 판소리와는 전혀 다른 장르의 예술을 만들었다.

이날치는 판소리를 수용하였지만, 〈수궁가〉의 서사적 맥락에서 벗
어나 호랑이가 내려오는 장면 자체에 주목하였다. 판소리 사설을 탈맥
락화한 노래 가사는 흥겹고, 유쾌하고, 원작의 서사 전개와 다른 의미
를 생성한다. 이러한 맥락 없음은 진지함, 서사적 맥락, 개연성 등
기성 세대의 문화에 대한 대항 담론이라 할 수 있다.

이날치가 추구하는 음악은 규정과 경계가 의미 없는 대안적 팝이다.
이들의 작업을 특정한 장르의 틀 안에 구속하는 것은 이날치 예술의
본질에 위배된다. 전통문화와 서구 대중문화, 국악과 서양음악의 접속
과 재배치는 이질적인 문화요소들이 공존하는 새로운 혼종 예술을
창조하였다. 이날치는 기존의 '전통 현대화'와는 다른 방향, 즉 문화혼
종의 방식을 선택하였다.

이날치의 작업은 전통 판소리를 고정불변의 문화원형으로 보는 인
식을 전복한다. 이들은 판소리를 서양음악 중심의 대중음악 속으로

침투시켜 문화혼종(hybrid)을 유발한다. 이날치의 새로운 시도는 판소리의 현대화라기보다는 문화혼종을 통한 장르 혁신이라고 할 수 있다. 이질적 장르를 수용하면서 끊임없이 변화를 추구하여 새로운 문화를 창조하는 것이라 할 수 있다.

　이날치의 작업은 고전의 현대적 계승에 대하여 중요한 시사점을 준다. 고전과 전통은 박물관의 화석처럼 보존하고 유지하는 대상이 아니다. 현재에도 생명력을 가지면서 새로운 문화를 창출하기 위해서는 대중문화와 접속하여 다양하고 이질적인 문화 요소와 컨버전스해야 한다. 이질적인 문화 요소들이 긴장 관계를 유지하면서 공존할 때 기존의 장르가 해체되고 새로운 예술이 창조될 수 있다.

참고문헌

1. 자료

김진영·김현주·김동건·이성희 편저(1997), 『토끼전 전집』 1, 박이정.

Feel the Rhythm of Korea: SEOUL YouTube.

    https://www.youtube.com/watch?v=3P1CnWI62Ik

    (검색일: 2021.7.20)

Naver VIBE, 〈범 내려 온다〉.

    https://vibe.naver.com/track/39756094(검색일: 2021.7.20)

2. 논저

김동건(2007), 『수궁가·토끼전의 연변 양상 연구』, 보고사.

김민환(2007), 「근대 판소리 상품의 생산주체 연구」, 『언론과 사회』 15(4), (사)언론과사회, 2~38쪽.

김수환(2011), 「웹툰에 나타난 세대의 감성구조: 잉여에서 병맛까지」, 『탈경계인문학』 4(2), 이화여자대학교 이화인문과학원, 101~123쪽.

김용규(2013), 『혼종문화론』, 소명출판.

들뢰즈·가타리, 김재인 옮김(2001), 『천개의 고원』, 새물결.

롤랑 바르트, 김웅권 옮김(2015), 『S/Z』, 연암서가.

박재연(2019), 「'병맛' 담론의 형성과 담론의 작동방식」, 『대중서사연구』 25(3), 대중서사학회, 143~180쪽.

박진(2014), 『서사학과 텍스트 이론』, 소명출판.

백현미(1997), 『한국 창극사 연구』, 태학사.

안스가 뉘닝·베라 뉘닝, 조경식 등 옮김(2018), 『서사론의 새로운 연구 방향』, 한국문화사.

에릭 홉스봄, 박지향·장문석 옮김(2004), 『만들어진 전통』, 휴머니스트.

이명현(2012), 「다문화시대 판소리의 재인식과 문화적 가치 탐색」, 『다문화콘텐츠연구』 12, 중앙대학교 문화콘텐츠기술연구원, 163~185쪽.

임형택(2021), 「'이날치' 수궁가와 문화콘텐츠 이상의 문학적 가치: 범은 어떻게 이름을 남기는가?」, 『인문콘텐츠』 60, 인문콘텐츠학회, 109~132쪽.

임홍택(2018), 『90년생이 온다』, 웨일북.

자크 데리다, 김웅권 옮김(2004), 『그라마톨로지에 대하여』, 동문선.

전경욱(1990), 『춘향전의 사설 형성 원리』, 고려대학교 민족문화연구소.

한재원(2021), 「음악 판소리 신드롬 이날치밴드 '조선 힙합'」, 『월간 샘터』 611, 샘터사, 95~95쪽.

3. 기타

강원일보, 2021.2.10, 조선의 힙합 이날치밴드.

　　http://www.kwnews.co.kr/nview.asp?aid=221020900088

　　(검색일: 2021.7.20)

문화체육관광부, 공감, 2021.5.24.

　　https://gonggam.korea.kr/newsView.do?newsId=GAJcDVI8ADGJM000

　　(검색일: 2021.7.20)

서울신문, 2021.2.16, 경계 허물고 날아오른 '범'… 조선 힙합이 내려온다.

　　https://www.seoul.co.kr/news/newsView.php?id=20210217016023&

wlog_tag3=naver (검색일: 2021.7.20)

월드 댓글 TV. https://www.youtube.com/watch?v=YXooyJVQbNY

(검색일: 2021.7.20)

한국일보, 2020.10.4, 이것이 조선의 힙이다.

hankookilbo.com/News/Read/A2020101309560004958

(검색일: 2021.7.20)

NPR Music, 2020.7.13, Korean Pop Away From The Hit Factories.

https://www.npr.org/2020/07/13/889759210/korean-pop-away-from-the-hit-factories (검색일: 2021.7.20)

SBS, ≪sbs 스페셜≫ 618회, 〈'조선아이돌' 이날치 범 내려온다 홍 올라온다〉, 2020.11.22.

SBS, 주영진의 뉴스브리핑, 2021.2.9.

https://news.sbs.co.kr/news/endPage.do?news_id=N1006203366&plink=ORI&cooper=NAVER (검색일: 2021.7.20)

디지털 시대의 대중음악 소비자들에 관한 연구

: 20대 대학생들을 중심으로

강연곤

1. 왜 디지털 시대의 대중음악 소비자를 분석하는가

인터넷과 모바일로 연결된 디지털 네트워크는 다양한 정보가 손쉽게 유통되는 환경을 제공하고 있다. 이에 따라 대중문화 영역도 문화상품의 생산과 소비에서 급격한 변화를 경험하고 있다. 다만 대중문화의 생산과 유통, 소비에서 일어나는 변화는 발전만을 의미하는 것은 아니다. 특히 기술 발전에 따라 발생하게 되는 문화의 산업화와 경제화, 이에 따른 자본의 집중 등이 문제점으로 지적된다. 자본의 논리가 문화를 포섭하면 문화산업에서 문화는 사라지고, 경제만 남는다는 것이다(이득재, 2004: 108~112). 문화에는 인간의 비물질적 노동도 고려되어야 하고, 예술적 속성과 정신적 영역도 검토해야 하는데 문화의 산업화와 경제화는 이를 용납하지 않는다는 의미다.

디지털 환경에서는 지식과 정보의 상품화에 따라 네트워크로 지식과 정보를 실시간에 가깝게 사고팔 수 있다(백욱인, 2010: 14). 문화 영역에서는 소비자들이 스스로 창의적 문화 상품을 생산할 수 있게 되었다. 한편으로는 대량생산과 대량소비라는 기제에 따라 발생하는 획일적이고 무비판적인 소비 행태도 여전히 찾아볼 수 있다. 아도르노와 호르크하이머는 획일적이고 규격화된 대중문화 상품의 문제점을 지적했는데(호르크하이머·아도르노, 2001: 185), 최근까지 대중문화의 각 영역에서 대규모 자본이 독점적 지위를 구축하고 있는 것은 이러한 관점에서 논의할 수 있다.

인터넷과 모바일을 통해 다운로드 혹은 '스트리밍(streaming)'으로 소비하는 '디지털 음악'도 문화의 산업화 혹은 경제화라는 관점으로 분석할 수 있다. 막대한 자본력을 바탕으로 한 거대 이동통신사와 대형 연예기획사 중심으로 빠르게 성장한 국내 대중음악 산업은 문화산업이 가진 문제점을 극명하게 드러낸다. 디지털 시대에 대중음악의 생산과 유통, 소비에 투입되는 비용은 크게 줄었지만, 수익이 일부 기업에 집중되고 음악이 자본에 종속되는 현상이 나타났다(이동연, 2006, 141~142). 인터넷과 모바일 환경에 맞춰 규격화된 음악은 획일화와 동질화라는 문제점을 낳고 있으며, 이는 곧 대중음악의 퇴행과 연관된다. 디지털 기술의 발전에 따라 대중이 쉽고 빠르게 음악을 소비할 수 있게 되었지만, 이것이 곧 문화적 발전으로 이어지지는 않는다는 것이다.

대중문화 소비자들을 수동적인 존재로 보는 것에 대한 회의적인 시각도 존재한다. 대중문화의 수용자들은 능동적이며, 대중문화 상품을 통해 독자적이고 주체적인 의미의 생산을 하고 있다는 것이다(켈러, 1997: 61). 대중문화의 주체적 해석이라는 측면에서 아도르노가 지적한 문화산업의 동일화 혹은 획일화라는 속성에서 벗어나 자신들만의 문화적 정체성을 드러낼 수 있다는 가능성도 검토해 볼 필요가 있다.

이 글에서는 아도르노의 문화산업 비판론을 바탕으로 국내 대중음악 산업의 문제점을 살펴보았다. 또한 대중음악 소비자들의 인식을 통해 대중의 일상적 음악 소비방식은 어떠한지, 대중음악 산업에 대해 어떠한 인식을 갖고 있는지 분석하였다. 이를 토대로 소비자들이 대중음악 산업이 제시하는 대로 음악을 소비하는 것인지, 주체적 해석의 가능성을 탐색하고 있는지를 논의하였다.

2. 대중문화 소비와 소비자들에 관한 이론적 논의

1) 문화산업과 대중문화 소비에 관한 논의

아도르노(Theodor W. Adorno)가 호르크하이머(Max Horkheimer)와 함께 쓴 『계몽의 변증법: 철학적 단상』에서는 인간 사회의 진보를 가져올 것이라고 믿었던 '계몽'이 오히려 퇴행의 원인이 되었다고 지적한다. 계몽으로 진정한 인간적 상태에 들어선 것이 아니라 새로운 야만 상태에 빠졌다는 것이다(호르크하이머·아도르노, 2001: 12~15). 이들의 현대 사회에 대한 비판은 자본주의가 낳은 '도구적 이성' 혹은 '이성의 도구화'에 대한 논의에서 찾아볼 수 있다. 도구적 이성은 자연을 지배하기 위한 합리성이 맹목적으로 적용되어 대상의 특수성을 인식하는 능력을 잃게 된 것을 설명한다(성미영, 2011: 31). 계몽주의의 기반이 되었던 합리성과 이성이 경제적 장치의 도구가 되었다는 의미로 해석할 수 있다.

아도르노는 동일성의 원리가 지배적으로 자리 잡는 과정을 설명한다. 동일성의 원리는 "주체가 대상을 파악하고 관리하기 위해 서로 다른 대상을 주체가 갖고 있는 동일한 형식으로 강제하는 것"을 말한다(신혜경, 2009: 82). 동일성의 원리는 교환가치가 있는 화폐에서 볼 수 있다. 자본주의 사회에서 교환가치를 통한 상품 구매를 생각해 보면, 상품에 들어 있는 사용가치와의 교환이 같지 않은데도 서로 동일한 것으로 간주하게 된다는 것이다(성미영, 2011: 38). 즉 동일성의 원리에 따라 많은 것을 동질화하는 현대 사회에 대한 비판으로 볼 수 있다.

문화산업에 대한 비판론은 계몽과 이데올로기의 문제, 동일성 비판 등 사회비판 이론의 확장이다. 아도르노는 계몽이 이데올로기로 퇴보한 사례로 영화와 라디오, TV 등 문화산업을 꼽았다(호르크하이머·아도르노, 2001: 19). 그는 대중문화가 문화산업이라는 용어로 대체되었다는 사실을 강조했다. 이는 대중문화를 대중이 만드는 자발적 문화로 보는 시각이나 대중 예술(popular art)로부터 비롯된 것이라는 해석에서 벗어나기 위한 것이다(Adorno, 1975: 12). 대중이 주체적으로 문화를 만들 수 있는 가능성이 배제되고 산업의 논리가 적용되는 문화산업을 강조한 것이다. 이때 문화산업은 문화의 높고 낮음이 사라지고, 대량생산을 바탕으로 하는 표준화, 규격화라는 방식을 고수한다(김성중, 2008: 189). 이에 문화산업에는 이윤을 목표로 한 상품의 표준화가 중심에 서게 된다.

아도르노의 문화산업 비판은 문화의 경제화 혹은 산업화에 대한 논의다. 대중을 소비사회로 통합시키는 기제를 지적하면서 경제 논리로 문화를 만들어 파는 대중문화의 조종자, 자본주의 체제에 대한 비판이라고 할 수 있다. 현대 사회에서 문화산업은 독점적이고 획일적이다. 아도르노는 "영화 등의 대중매체는 장사(business)를 위해 고의로 만들어낸 허섭스레기와 같은 상품을 정당화하는 이데올로기로 활용되고 있다"고 지적한다(호르크하이머·아도르노, 2001: 184). 문화는 대량생산과 대량소비로 대표되는 자본주의 질서 유지에 이바지한다. 아도르노와 호르크하이머가 본 문화산업 혹은 대중문화 상품은 사회의 권위를 유지하고, 대중을 기만하는 것이다. 문화산업은 대중문화를 대중의 자발적인 실천과 경험의 총체라는 모습에서 자본주의적 가치에 빠지도록 만드는 힘이라고 볼 수 있다(박근서, 2011: 100).

문화산업에서는 획일적이고 규격화된 상품이 생산·소비되며, 모방과 반복성이 강조된다(김혜연, 2008: 163; 신혜경, 2009: 105~107). 시장에서 인정받은 이야기가 반복해서 등장하는 영화나 드라마처럼 획일화, 표준화가 특징이다. 아도르노는 "문화산업에서 심미적 소재의 빈곤화가 가속되고, 문화산업 자체의 획일성이 백일하에 모습을 드러낼 것"이라고 강조했다(호르크하이머·아도르노, 2001: 188). TV의 오락 프로그램처럼 획일화와 규격화라는 문화 상품의 속성은 짜놓은 틀에서 부여된 목표를 달성하는 것이어서 독창적이고 새로운 문화는 나올 수 없다 (오성균, 2009: 439)는 맥락에서 이해할 수 있다.

대중문화의 속성을 동질화로 본다면 대중문화 상품은 변화가 없는 '반복'으로 채워진다. 많은 사람들은 영화의 시작에서 마무리를 예상하고, 음악의 첫 머리를 조금만 듣더라도 어떤 노래인지 알 수 있게 된다는 것이다. 사람들은 이러한 추측이 맞아 떨어지면 행복감을 느끼게 된다(호르크하이머·아도르노, 2001: 190). 반복은 대중문화가 갖는 중요한 가치 중 하나다. 반복을 통해 효율성을 누릴 수 있고, 대중도 포섭할 수 있다(박근서, 2011: 102~104). 이에 따라 문화산업의 생산 과정은 차츰 획일화 혹은 규격화에 맞춰지고, 정해진 대로 생산하는 문화 상품은 예측이 가능해진다.

문화산업은 기술적 혁신을 최대한 활용하고, 또 강조한다. 획일화와 규격화의 논리에 따라 상품을 반복 생산하면서도 대중의 시선을 사로잡을 필요가 있기 때문이다. 문화산업의 생산 과정에는 "친숙하면서도 충격적이어야 하고, 쉬우면서도 인상적이어야 하며, 기교는 숙달되어 있지만 단순해야 한다"는 원칙이 적용된다(호르크하이머·아도르노, 2001: 246). 그렇게 해야 대중의 소비를 지속적으로 이끌어낼 수 있다. 이러한 맥락에서 문화산업은 '새롭게 하기'를 통해 대량 복제의 개선을 꾀한다. 그러나 이는 소비자들의 관심을 내용이 아니라 기술로 돌리려는 시도라고 볼 수 있다(호르크하이머·아도르노, 2001: 204~206). 요컨대 문화산업에서 기술은 규격화와 대량생산의 출발점이라고 볼 수 있다. 그러면서 현재의 대중문화 산업을 논의하는 데 유용한 틀을 제공한다.

아도르노의 문화산업 논의에서 중요한 논점 중 하나는 대중문화를 소비하는 사람들에 관한 것이다. 당초 문화산업에서 생산과 소비는 분리되어 있다. 대중은 생산에서 소외되고, 자본의 이해관계에 의해 생산되는 문화 상품을 소비하는 존재다. 소비자들이 스스로 생산하거나 상호작용을 할 수는 없다는 것이다(문현병, 2002: 44~48). 대중문화를 통해 소비자의 욕구가 실현되는 것이라고 이야기하지만, 이들의 욕구는 문화산업에 의해 결정되어 있다는 것이다. 아도르노는 "소비자가 자신을 영원한 소비자로서, 즉 문화산업의 객체로서 느끼게 되는 것이 체계의 원리"라고 지적했다(호르크하이머·아도르노, 2001: 215). 대중은 자신이 스스로 영화와 드라마, 음악을 고른다고 생각하지만, 이는 문화산업의 이데올로기 역할이라는 것이다(김성중, 2008: 187). 이러한 관점에서 문화상품을 소비하는 사람들은 매우 무력할 수밖에 없고 기만을 당하는 존재가 된다.

문화산업의 폐해는 대중을 기만하는 이데올로기의 작용으로 나타난다. 문화산업이 생산하는 거짓된 환상 때문에 개인의 주체성이 객체화 혹은 사물화된다는 것이다(이동연, 2002: 40). 문화산업은 소비자들에게 무엇인가를 분류할 것을 남겨두지 않고, 생산자들이 미리 분류를 다 해놓는다(호르크하이머·아도르노, 2001: 189~192). 이는 문화 상품을 비판적으로 보거나 주체적으로 해석하지 못하게 만든다는 의미다.

아도르노와 호르크하이머(2001)는 문화산업은 유흥산업(amusement industry)이며, 소비자에 대한 영향은 유흥을 통해 매개되는 것이라고 지적하였다(호르크하이머·아도르노, 2001: 207). 아도르노는 문화산업에서 상품은 소비자들을 자극하고 훈련시키는 것, 순응하게 만들고 어리

석게 만든다는 것이라고 강조했다. 문화산업은 자본의 힘으로 예술을 소비로 전환하고, 유흥을 세련하게 만들어 상품 형태를 개선하면서 소비자들을 복속시킨다(호르크하이머·아도르노, 2001: 205~207). 대중문화 소비에 숨겨진 의미는 도피 혹은 저항의식을 잊어버리게 하는 것이다. 사람들은 대중문화를 스스로 찾아 즐긴다고 생각할 수 있지만, 이는 향락이나 유흥을 위한 것이고 현실로부터 도피하는 것이라고 할 수 있다.

대중문화 상품의 소비는 상품이 약속하고 있는 것을 현실로 만들수 있을 것처럼 느끼게 만든다. 대중문화 상품을 통해 쾌락과 행복을 얻을 수 있다고 생각했던 대중은 오락에 빠져 자신을 망각하고 책임감과 자율성을 잃어버린다(김희영, 2007: 30). 아도르노가 강조하는 문화산업 혹은 대중문화의 소비는 사회에 대한 비판을 흐트러뜨리는 것으로 해석할 수 있다. 문화산업이 개인의 몰락, 주체성의 상실을 낳기 때문이다(호르크하이머·아도르노, 2001: 233~234). 문화상품을 무비판적으로 소비하는 개인은 자신이 마치 상품처럼 취급될 수도 있다는 의미다.

2) 디지털 시대의 대중음악 소비

대중음악을 통해 인간과 사회를 읽으려고 했던 아도르노는 대중음악은 세 가지 특징이 있다고 지적하였다(김방현, 1990: 52). 첫째는 대중음악이 표준화되어 있다는 점이다. 하나의 음악적 표현이나 가사가 성공하면 그것이 상업적 목적으로 편입되며, 음악의 일부분을 떼어내 다른 음악에 넣더라도 차이가 없을 정도라는 것이다. 둘째는 대중음악이 사람들의 수동적 청취를 조장한다는 점이다. 반복적이고 순응적인 대중음악이 받아들여지면서 일회적이고 수동적인 음악 감상이 이뤄진다고 지적한다. 셋째는 대중음악이 사회의 '접착제'와 같은 구실을 한다는 것이다(원용진, 1996: 138~139). 이는 앞서 논의한 것처럼 대중음악이 사회로부터의 도피, 즉 사회의 불합리한 부분을 잊게 만들면서 사회의 현상 유지를 돕는다는 이데올로기의 관점에서 해석할 수 있다.

아도르노는 '부분과 전체의 변증법'을 보여준다는 이유로 베토벤의 음악을 급진적이고 진보적이라고 지적했다(김성중, 2011: 38~40). 보편적이고 동일한 것에 매몰되지 않은 음악의 속성을 베토벤의 음악에서 찾았을 것이라는 추론이 가능하다. 아도르노는 음악을 '관리되는 사회'에 의해 구속당하는 것, 계몽의 전개 과정의 순환에 빠져 사회가 요구하는 물화 과정에서 자유로울 수 없는 것으로 보았다. 아도르노는 1920~1940년대 유행했던 재즈 음악을 가벼운 음악 혹은 대중음악으로 분류했는데, 이는 독점 자본주의 아래 상품 형식으로 만들고 사람들에게 주어지는 음악이었기 때문이다(이수완, 2006: 28~29). 아도르노가 문화산업 논의에서 강조했던 비판과 저항이 거세된 음악 장르로 파악한 것이다.

대중음악을 분석하는 데 아도르노가 중요한 속성으로 꼽았던 것은 표준화였다. 대중음악은 대중에게 판매할 목적으로 만들어지기 때문에 다른 문화 상품의 생산 과정에서처럼 대량생산에 편리하도록 표준화된 틀이 있다는 것이다. 2000년대 이후 국내 음악시장에서 주목받고 있는 '후크송' 역시 대중에게 잘 받아들여지도록 하는 표준화의 사례다(이수완, 2006: 30). 여기서 후크(hook)는 갈고리 혹은 음표를 뜻하며 귀에 잘 들어오는 선율이나 리듬 패턴을 넣어 작곡하는 방식을 일컫는 용어(서커, 1999: 361)로, 최근 들어 국내 아이돌 음악을 대표하는 특성으로 자리잡았다.

디지털 환경에서 대중음악에 활용되는 중요한 요소 중 하나는 '플러깅(plugging)'이다. 이는 노래를 많이 팔고자 하는 마케팅 요소로, 소비자들에게 음악을 반복 노출시키는 전략이다. 플러깅은 플러거(plugger)라고 불리는 대중매체, 영화 등을 통해 이뤄진다(이수완, 2006: 36~37). 예를 들어 아이돌 그룹이 신곡을 내면 라디오와 TV 프로그램 등을 통해 홍보하는 것과 동시에 광고 음악 등으로 곡을 활용하는 방식이 플러깅 전략이다. 이때 소비자들은 분산적이고 수동적으로 음악을 듣게 된다. 음악의 전체 구조 대신 감각적인 부분이나 클라이맥스 등에 파편적으로 대응하는 것이다. 이는 특히 대중음악의 향유가 여가 시간에 기분전환의 수단으로 활용되기 때문이라고 볼 수 있다. 주의를 기울여 듣지도 않고, 늘 새로운 음악을 찾게 된다는 것이다.

대중음악 산업과 시장을 빠르게 바꾼 것은 디지털 기술이다. 디지털 기술은 음악 산업에서 생산비용을 크게 낮췄다. 음악을 녹음하고, 이를 복제하여 유통하는 데 거의 비용을 들이지 않게 되었다. CD와 같은 음반 제작에 비해 인터넷이나 모바일을 통한 음악 유통은 비용을 크게 줄일 수 있었다(김평수, 2010: 4~5). 최근 들어 음악시장에서 CD와 같은 '물리적 음반'은 주로 아이돌 그룹에서 팬덤을 조성, 관리하는 용도로 쓰이면서 디지털 음악 혹은 '음원'을 판매해 거두는 수익과 별도로 취급된다(추승엽·임혜민·임성준, 2019: 7~9). 음악을 제작·배포하는 회사에서는 팬들이 자신이 응원하는 가수와 경험을 공유하는 '굿즈(goods)' 등과 같은 상품처럼 음반을 다루고 있다.

인터넷과 모바일 중심으로 급격히 재편된 음악 산업에서 디지털화에 따른 산업의 붕괴를 과장할 필요는 없으며, 디지털 경제의 논리에 따라 산업이 재편되면서 환경에 효율적으로 대응하고 있는 것이라는 시각(Lee, 2009: 500~502)도 있다. 그럼에도 2000년대 이후 국내 디지털 음악 시장은 음악을 유통하는 이동통신사와 새로운 시장에 맞춘 음악을 대량생산하는 일부 제작사에 수익과 자본이 집중되는 문제점을 노출하였다(이동연, 2006: 141~142; 장미혜·이충한, 2006: 231). 유튜브 등 새로운 미디어 공간에서 음악을 소비하는 경향이 늘어나고 있음에도 상품화된 음악의 유통에는 자본의 논리가 우선시되며, 이에 따라 음악의 창의성이나 실험성은 무시될 수 있다. 인터넷이나 모바일 환경에 적합한 음악은 획일적이고 규격화된 상품일 수밖에 없기 때문이다.

최근 아이돌 중심의 음악 산업에서 앨범이 아니라 디지털 음원만 출시하거나, 모바일로만 음악을 내놓는 경우가 늘고 있다. 이른바 '스타 시스템'을 활용한 아이돌 그룹이 우리 대중음악의 주류로 자리 잡은 것은 음악 산업이 수익의 극대화를 추구하는 생산행위에 집중하고 있다는 것을 의미한다(김진아·박지훈, 2011: 161~163). 일부 기획·제작사 중심, 자본의 논리에 맞춘 음악이 집중적으로 생산되다 보니 동질화 현상을 드러내며 문화적으로는 퇴행한다는 평가를 받는다.

디지털 기술은 소비자들이 음악을 듣는 경험도 빠르게 변화시켰다. 이전에는 음반을 구입해 플레이어를 통해 듣는 것이 우세한 방식이었다면 이제는 디지털 기술을 통한 소비가 일상화되었다(신현준, 2010:

362). 디지털 배급(digital distribution)은 음악을 개인적으로 소장하기보다는 네트워크상에서 향유하거나 공유하는 차원의 음악 소비 양식의 변화를 몰고 왔다. 인터넷 혹은 모바일 환경에서 지금 '접속'된 상태에서 듣거나 자신의 휴대용 기기로 다운로드받아 일정 기간 향유하는 즉시적 혹은 사회적 소비가 정착되었다는 것이다(장미혜·이충한, 2006: 245~247). 나아가 디지털 음악의 다운로드보다는 네트워크를 통한 스트리밍이 디지털 음악 소비자들의 문화 향유 방식으로 정착되고 있다. 더 이상 음악의 '소유' 혹은 소장이 필요 없다는 것이다.

문제는 디지털 환경에서 음악 소비는 편중될 수 있으며, 문화적 퇴행이 목격된다는 점이다. 디지털 음악 중심의 시장에서는 쉽고 빠르게 다운로드하거나 스트리밍할 수 있는 음악이 선호될 수밖에 없다. 음반 사업자들은 아도르노가 지적한 것처럼 '겉보기에는 변하지만 실제는 변하지 않는'(호르크하이머·아도르노, 2001: 190) 음악을 내놓고 있다. 이미 시장에서 성공한 음악의 패턴을 답습하거나 인기를 끈 노래를 표절하는 사례도 늘고 있다. 이 역시 디지털 시대에 맞는 규격화와 표준화를 시도한 결과로 볼 수 있다. 음원 차트 중심으로 구성되는 디지털 음악 서비스에서 차트 상위권에 노래를 노출시키고 수익을 거두기 위한 경주도 벌어지고 있다(서정민, 2020.3.15). 이른바 '음원 사재기' 논란이 그것이다. 음원 차트는 확고한 음악 취향을 갖고 있지 않은 사람들에게도 유용한 도구가 될 수 있기에 이러한 현상이 더욱 가중되고 있다.

디지털 음악 산업이 성장함에 따라 음악의 문화적 퇴행이 일어난다고 볼 수 있지만, 음악 소비자들의 인식은 실제로 어떠한지 정확히 파악할 필요가 있다. 소비자들은 아도르노가 지적한 것처럼 규격화되어 있는 현재의 디지털 음악을 수동적으로 청취하고 있을 가능성이 크다고 볼 수 있다. 다만 소비자 개인이 느끼는 디지털 시대 음악은 어떠한지, 소비자들의 소비 행위가 갖는 의미가 어떤 것인지는 조금 더 세밀한 검토가 필요하다고 본다.

3) 대중문화의 주체적 해석의 의미

아도르노의 문화산업 논의는 '고급 문화'와 '저급 문화' 혹은 대중문화를 엄격하게 나눴다는 점, 변화의 가능성이 있는 문화 양상을 고정된 시각으로 바라봤다는 점, 사회문화적 현상을 경제적 토대에 비춰 일반화했다는 점(김성중, 2008: 189; 김혜연, 2008: 173)에서 비판을 받는다. 모든 대중문화가 저급하며 이데올로기적이라는 주장은 대중문화 소비자가 늘 수동적일 수밖에 없다는 시각을 제공한다는 점에서 비판적 해석이 필요하다는 의미다.

문화산업에서 독점은 갈수록 심화하고 획일적인 문화 상품이 시장에서 막대한 힘을 발휘하고 있지만, 대중이 자신의 주체적 방식으로 문화를 소비하는 모습을 보일 수 있다. 대중문화 수용자들의 능동성이 부각되면서 문화 산물에 대한 독자적이고 주체적인 생산이 목격되기도 한다(켈러, 1997: 61). 대중문화 소비에서 능동적이고 주체적인 해석과 비평, 즉 저항의 가능성을 논의한 스튜어트 홀(Stuart Hall)은 주체로서 대중의 능동성, 대중문화의 저항성에 주목했다. 대중을 문화산업에 의해 수동적 소비를 강요당하는 존재로 본 것이 아니라 교육을 통해 좋은 대중문화와 나쁜 대중문화를 분별할 수 있다고 봤던 것이다(박선웅, 2000: 153~154).

홀은 문화를 의미작용의 실천이 가능한 장이라고 지적했다. 의미가 오로지 미디어 텍스트에 담긴 것이 아니라 대중과 텍스트의 만남에서 다른 의미가 생성될 수 있다고 보았다(김수정, 2010: 6). 홀은 미디어에 기호화(encoding)된 메시지를 읽어내는 수용자의 주체적 해독(decoding)에 초점을 맞춘 대중문화 논의를 소개했다. 우선 대중은 다양한 방식으로 메시지를 해석하고 의미를 생산할 수 있는 능동적 주체라고 보았다. 홀은 TV와 같은 메시지를 대중이 해독하는 세 가지 입장을 제시하였다. 즉 '지배적—헤게모니적(dominant-hegemonic)' 의미 규칙을 받아들이는 것인지, '타협된(negotiated)' 의미 규칙의 수용인지, '대항적(oppositional)' 의미 규칙에서의 해독인지 여부에 따라 메시지는 다르게 받아들여질 수 있다는 것이다(홀, 1996: 301~304). 대중문화 소비자들이 생산자들이 원하는 대로 메시지를 받아들일 수도 있지만, 메시지 속에서 새로운 의미를 만들거나 아예 대항적인 해석을 제시하면서 주체적으로 미디어 소비를 할 수 있다는 가능성을 열어둔 것이다.

홀의 논의는 지배적인 정의와 방식을 수동적으로 받아들이는 선호적 해독, 부분적으로는 대안적 의미를 생산하려는 타협적 해독, 지배적 정의를 거부하고 반대로 해석하고자 하는 대항적 해독(박선웅, 2000: 161; 터너, 1995: 113~115)으로 다시 정리할 수 있다. 선호적 해독은 TV와 같은 미디어에 나오는 내포적 의미를 완전히 그대로 받아들이고, 그 의미 규칙에 따라 해독하는 것을 말한다. 미디어 텍스트에는 수용자들이 선호할 수 있도록 구조화된 의미가 있다는 것이다. 홀은 선호된 의미를 현실 사회의 지배 이데올로기를 반영하는 것으로 보았다(김수정, 2010: 11). 타협적 해독은 순응적 요소와 저항적 요소가 혼재된 경우다. 선호된 의미에 부분적으로 동의하거나 혹은 거부하는 것이다. 대항적 해독은 미디어 담론의 의미를 이해하면서 메시지를 반대로 해석하는 것이다(터너, 1995: 114). 생산자의 의도와는 반대 입장을 선택하는 경우도 소비자들에게 가능하다는 논의다.

이러한 논의는 사회 지배권력 관계와 구조, 질서 같은 것이 미디어 텍스트를 통해 전달되고, 이를 통해 대중을 지배 이데올로기에 편입시키고자 하는 시도에 기존 질서의 재생산을 받아들이는 쪽이 있는가 하면 기존 질서에 대항하는 모습이 표출될 수 있는 가능성을 설명한다(김수정, 2010: 6~7). 아도르노의 문화산업 비판론과 달리 수용자의 능동성과 생산성을 설명하는 논의라고 볼 수 있다.

대중문화를 소비하는 대중의 능동성과 생산성 논의는 대중문화 팬덤(fandom)에서 자신의 즐거움이나 문화적 유행을 위해 문화 상품을 재가공 혹은 재창조하는 행위에 주목한 피스크(John Fiske)의 논의에서도 확인할 수 있다. 피스크는 대량생산과 대량소비라는 대중문화 산업의 구조에 편입되지 않고 자신의 선택에 따라 능동적 소비를 하는 집단이 있다고 주장한다. 피스크는 문화 상품의 기호학적 차원에서 체험 의미를 스스로 생산하는 '기호학적 생산성(semiotic productivity)', 언어와 정보, 지식의 재가공과 편집을 일컫는 '언술행위적 생산성(enunciative productivity)', 팬들 간 텍스트의 재구성과 배포를 설명할 수 있는 '텍스트 생산성(textual productivity)' 등 세 가지 범주의 생산성을 제시했다(피스크, 1996: 195~201). 피스크가 강조한 것은 문화 소비에서 홀이 지적한 대로 저항적 해독이 가능하며, 이를 통해 대중은 즐거움을 추구한다는 점이다.

피스크의 논의에는 수용자의 능동성이 과장되어 있으며, 저항적 해독의 가능성을 제기하는 것이 미디어 제작자나 상업주의에 면죄부를 주는 결과를 낳았다는 비판도 있다(김수정, 2010: 7~8). 그러나 피스크의 논의는 대중문화 상품에 들어가 있는 지배 이데올로기, 이를 즐기는 대중과의 관계에 유용한 시각을 제공한다. 대중문화가 문화산업을 위해 존재한다고 볼 수 있지만, 한편으로는 특정한 텍스트와 그것의 의미에 대해 저항 혹은 대립하는 의미를 만들어낼 수 있는 가능성을 말해주고 있기 때문이다. 대중문화 텍스트에서 숨어 있는 선호된 의미는 지배 계급의 이익을 옹호하는 것이지만, 수용자들이 원하는 방향의 해독도 가능하다(터너, 1995: 144~146)는 의미로 해석된다.

피스크는 지배 이데올로기의 핵심적 속성을 동일화라고 지적하였다(김수정, 2010: 19~20). 그렇다면 저항적 해독은 대중문화 상품이 담고 있는 지배 이데올로기의 동일화 전략에 맞서는 것으로 볼 수 있다. 실제로 문화산업의 동일화 혹은 획일화라는 속성에서 벗어나 자신들만의 문화적 태도를 새롭고 독특한 정체성을 드러내는 시도를 찾아볼 수 있었다(이동연, 2002: 22). 예를 들어 하위문화(subculture) 논의는 지배적 문화와 거리를 두려는 시도다. 하위문화는 대개 청년 세대들에게 목격할 수 있는 독특한 문화 또는 문화의 향유 방식을 설명하는 개념으로 쓰였다. 1950~1970년대 영국 노동계급에서 유행한 '펑크족'이나 '모드족' 등 독특한 패션 스타일이 사례로 논의되면서 하위문화를 특이하고 반항적인 것(이동연, 2002: 300~304; 헵디지, 1998: 70~81)으로

만 생각하는 경향도 있다. 다만 하위문화는 기존 헤게모니를 거부하고, 도전하는 상징적 저항의 의미가 크다. 1990년대 인기를 끌었던 너바나(Nirvana)나 펄잼(Pearl Jam) 등 얼터너티브 록(alternative rock)은 1970년대 펑크록의 반상업주의와 자유주의를 계승하면서 대중음악 시장에서 대안을 찾으려는 하위문화의 사례다(이동연, 2002: 36). 인터넷과 소셜 미디어를 기반으로 전 세계적인 인기를 끌고 있는 케이팝(K-POP)을 10~20대가 자신의 취향과 정체성을 다른 세대와 구분하는 하위문화로 즐기고 있다(김수정·김수아, 2015: 11)는 분석도 나온다.

대중문화는 대중의 저항 의지를 표현할 수 있는 수단으로 잠재성이 있으며(원용진, 1996: 58), 지배적 문화 코드의 영향으로 획일화하지 않고 대중 스스로의 문화를 생산하는 공간을 창출할 수 있다. 이른바 '프로슈머(prosumer)'의 개념도 소비자들의 능동성을 바탕으로 한 것이다. 디지털 공간에서 문화 상품에 새로운 가치를 부여하고 비평 활동을 전개하며 생산에 개입하는 집단으로서 '문화 매개자(cultural intermediary)' 출현을 제시하는 연구도 있다(김은정, 2020: 381~382; 이상길, 2010: 155~157). 최근 아이돌 팬들의 활동에서도 이러한 생산성의 가능성을 찾아볼 수 있다. 대중문화의 팬 집단은 자신들의 취향을 스스로 대중문화 상품에 투영하고, 생산에도 능동적으로 참여해 왔다(김현정·원용진, 2002: 259). 강신규와 이준형(2019: 272~277)은 최근 아이돌 서바이벌 프로그램에서 형성되는 팬덤 연구를 통해 아이돌 음악을 좋아하는 팬들이 방송사 혹은 기획사의 의도에 맞추면서 산업자본의 의도에 포섭되는 것처럼 보이기도 하지만, 자신의 즐거움을 위해 생산적 유희 혹은 노동을 기꺼이 수행하고 있다고 분석하였다.

국내 대중음악 시장으로 눈을 돌려 획일화된 생산과 소비 양식에 균열을 가하는, 실천적이고 대항적인 해석을 목격할 수 있을지 분석할 필요가 있다. 국내 대중음악 시장은 독점화와 상품화의 논리가 강화되는 전형적인 양상을 보여주고 있다. 이러한 환경에서 저항적 소비는 가능할지 들여다 볼 필요가 있다. 음악 소비자들은 현재의 디지털 음악을 수동적으로 들을 수도 있고, 주체적이고 저항적으로 소비할 수도 있다. 이 글에서는 음악 소비자들이 인식하는 디지털 시대 대중음악 산업은 어떤 것인지, 또 이들의 소비가 갖는 의미는 무엇인지를 분석하였다.

3. 연구문제 및 연구방법

1) 연구문제

이 글의 목적은 아도르노의 문화산업 비판론을 바탕으로 디지털 시대 대중음악을 소비하는 사람들의 인식을 살펴보고자 하는 것이다. 이를 통해 문화산업 비판이 현재의 대중음악 산업에도 유효한 해석을 제공하는지 검토할 것이다. 또한 주체적 혹은 저항적 수용과 해석이라는 관점에서 대중음악 소비자들의 인식을 분석하려고 한다. 이러한 문제의식을 바탕으로 설정한 연구문제는 아래와 같다.

연구문제 1) 디지털 시대 대중음악 소비자들의 대중음악 이용방식과 경험은 어떠한가?

연구문제 2) 소비자들은 대중음악을 순응적으로 소비하고 있는가 혹은 문화산업에 대한 비판의 차원에서 소비하고 있는가?

연구문제 3) 대중음악 소비자들은 한국의 대중음악 산업을 어떻게 인식하고 있는가?

2) 연구방법

이 글에서는 질적 심층인터뷰라는 연구방법을 채택하였다. 이는 심층인터뷰를 통해 대중음악 소비자들의 음악 이용방식과 대중음악 산업에 대한 인식을 확인할 수 있을 것으로 판단했기 때문이다. 이 글에서는 특히 CD와 같은 물리적 음반을 구입하거나 디지털 음악을 자신의 휴대전화나 컴퓨터에서 듣는 소비자들을 대상으로 이들의 일상생활에서 음악 소비가 어떠한 의미를 지니는지, 대중음악 산업은 어떻게 인식하는지 질적 인터뷰 방법으로 살펴보았다.

인터뷰 참여자는 총 10명으로, 모두 서울 소재 대학의 재학생으로 구성되었다. 이는 이들이 대중음악을 일상적으로 소비하는 집단이면서 현재 대중음악 산업 관련 이슈에도 구체적인 의견을 표명할 수 있을 것으로 예상하였기 때문이다. 인터뷰 참여자는 CD를 구입한 경험, 정기적으로 대중음악을 내려받거나 실시간 스트리밍을 통해 감상한 경험이 있는 대상을 선정하였다.

인터뷰는 반개방형 질문 문항을 제시한 다음, 의견을 자유롭게 개진하는 방식으로 진행하였고 인터뷰 기간은 2020년 9월 20일부터 30일까지였다. 인터뷰는 개별 면접으로 진행하였고, 필요시 이메일 인터뷰를 병행하였다. 답변이 불충분하다고 판단한 연구 참여자들에게는 재차 질문을 제시하고 추가 답변을 얻었다. 이 글에 필요한 자료는 인터뷰 참여자들의 동의하에 수집하였다. 참여자들의 일반적 특성은 〈표 1〉과 같다.

〈표 1〉 인터뷰 참여자들의 일반적 특성

인터뷰 참여자	성별	연령	선호하는 음악(장르)	음악 소비 방식	주로 이용하는 미디어
1	남	23	최신 가요, 팝 음악	• 디지털 음악 다운로드, 스트리밍	스마트폰, 컴퓨터
2	여	22	최신 가요, 팝 음악	• TV 음악 프로그램 • CD 구입 • 디지털 음악 다운로드, 스트리밍	스마트폰, 컴퓨터
3	남	25	최신 가요	• 디지털 음악 스트리밍	스마트폰
4	남	25	밴드 음악, 록 음악	• CD 구입, 디지털 음악 다운로드	스마트폰, 컴퓨터
5	남	24	최신 가요, 발라드	• 디지털 음악 다운로드, 스트리밍	스마트폰
6	여	23	최신 가요	• TV 음악 프로그램 • 디지털 음악 스트리밍	스마트폰, 컴퓨터
7	남	23	최신 가요, 팝 음악, 밴드 음악	• TV 음악 프로그램 • 디지털 음악 스트리밍	스마트폰, 컴퓨터
8	여	22	최신 가요	• 디지털 음악 다운로드, 스트리밍	스마트폰
9	남	24	발라드 음악, 록 음악	• CD 구입 • 디지털 음악 스트리밍	스마트폰, 오디오
10	여	23	최신 가요	• CD 구입 • 디지털 음악 다운로드, 스트리밍	스마트폰, 컴퓨터, 오디오

4. 대중음악 소비에 관한 심층인터뷰 결과

1) 대중음악의 소비: '듣는 방식'의 변화

인터뷰 참여자들 대부분이 일상생활에 대중음악을 가까이 접하고 있었다. 공부를 하거나 이동할 때 음악을 늘 즐겨 듣는다는 대답이 많았다. 대학생 집단에서 음악 소비가 일상생활에서 차지하는 비중이 크다는 점을 알 수 있었다. 인터뷰 참여자들로부터 음악을 듣는 방식의 변화를 확인할 수 있었다. 여전히 자신이 좋아하는 가수나 아이돌 그룹의 CD를 구입한다는 참여자들의 답변도 들을 수 있었지만, 인터넷이나 스마트폰과 연계된 디지털 다운로드 및 스트리밍 서비스가 주된 음악 소비의 경로로 자리 잡았다. 특히 디지털 음악을 다운로드 받는 것보다는 실시간 스트리밍으로 음악을 듣는 것으로 충분하다는 답변도 많았다. 2000년대 이후 이동통신사 중심으로 만들어졌던 음원 유통 서비스에 가입하지 않고, 유튜브 등 새로운 경로로 음악을 듣는다는 답변도 확인할 수 있었다. 이러한 답변들은 앞서 논의한 것처럼 디지털 음악의 유통과 소비가 일상화되었다는 점을 보여준다.

"좋아하는 가수 앨범은 '특전'(포스터나 포토카드 등 앨범 구매에 맞춰 제공되는 특별 상품)이 있으면 발매 때를 맞춰 소장용으로 구입하는 경우가 있지만, 일상적으론 거의 스마트폰으로 듣죠. 저도 그렇고, 주위를 보면 요즘은 다운로드도 많이 받지 않는 것 같아요. 멜론이나 벅스를 쓰기도 하는데 스트리밍으로 최신가요를 듣습니다. 꼭 앨범을 사야 할 이유가

없어진 거죠." (참여자 2)

"다운로드를 하긴 합니다. 컴퓨터 작업을 할 때는 유튜브를 틀어놓고 하고요. 요즘은 유튜브 프리미엄을 쓰는데 그걸로 하면 유튜브 뮤직을 활용할 수 있으니 음악을 많이 듣는다면 훨씬 편리하죠. 스마트폰에선 멜론이나 유튜브 어플을 활용합니다. 이전엔 CD를 사기도 했는데, 디지털 음원 사이트가 빠르고 편리하니까 굳이 필요를 느끼지는 않습니다." (참여자 3)

"이전엔 멜론을 썼습니다. 정기결제로 해서 150곡인가 다운로드받는 것을 한참 썼는데, 돈이 아까우니 해지했습니다. 원하는 노래를 찾지 못해서 그렇지, 이제는 유튜브로 해결이 다 됩니다. 멜론 같은 음원 서비스는 최신 가요 스트리밍을 할 때도 있으니 간혹 쓰고요. CD를 구입하지는 않습니다. 제가 보고 싶은 밴드나 아이돌 그룹 있으면 TV 음악 프로그램 영상이 바로바로 올라오니까 네이버나 유튜브로 보면 됩니다." (참여자 7)

인터뷰 참여자들은 디지털 음악 서비스를 이용하는 이유로 편리함을 들었고, 자신들이 듣고 싶은 최신 가요가 빠르게 업데이트된다는 점을 지적하였다. 이전에 비해 저렴한 가격을 언급하기도 했다. CD와 같은 매체는 소장 가치가 있는 경우나 자신이 좋아하는 가수의 앨범이 나왔을 때 아주 예외적으로 구입한다는 답변이 있었다. CD를 구입하지 않는 이유로는 가격을 주로 지적하였다. 언제 어디서나 편리하게 음악을 들을 수 있는 경로가 확보되면서 과거 CD와 LP 등으로 대표되는 음악 소비의 방식이 디지털로 대체되었다는 점을 의미한다. 한편

CD로 듣는 것과 디지털 음악으로 듣는 방식에서의 차이를 지적하는 참여자도 있었다.

"좋아하는 가수나 아이돌 그룹의 앨범은 구입하는 편입니다. 보통은 다운로드받거나 스트리밍을 하고요. 일단 앱(어플리케이션)에서 들어보고 전체적으로 좋다 싶으면 CD를 사는 경우도 있지만요. 그런데 요즘 친구들 이야기를 들어봐도 굳이 음악 소비에 돈을 들이지 않는 경우가 더 많은 것 같습니다. 넷플릭스나 다른 미디어에 쓸 경비가 필요하기도 하고요." (참여자 10)

"이전에는 앨범 전체의 구성을 중요하게 생각했다고 하지만, 디지털 음악을 듣는 것으로 충분합니다. 물론 타이틀곡만 듣게 되거나 차트에 올라오는 노래만 듣고 지나간다는 단점은 있겠죠. 이전엔 멜론을 썼는데, 메리트가 크게 느껴지지 않으니 결제를 끊어볼까 생각하고 있습니다." (참여자 9)

"디지털 음원 사이트는 사람들이 지금 현재 가장 좋아하는 음악을 모아 놓은 것이 의미는 있다고 봅니다. 그래도 가끔은 CD를 들을 때가 있습니다. 사이트에서 듣는 것과 별다른 차이가 없다고 하지만, 미묘하게 CD 음질이 주는 느낌이 있다는 생각도 듭니다. 물론 편리함은 떨어지고 가격은 그리 싸지 않으니 무조건 좋다는 건 아닙니다. 아날로그 취향의 친구들 중에는 LP를 구입하는 경우도 있지만, 그만큼 가치가 있는지는 모르겠어요. 음반 구입은 아무래도 '가성비'가 떨어지는 소비라는 느낌이 듭니다." (참여자 6)

디지털 시대 대중음악의 소비는 CD보다는 디지털 다운로드를, 컴퓨터나 오디오보다는 이동성을 살릴 수 있는 휴대전화로 이동했다. 이러한 소비자들의 취향 변화는 음악이라는 상품의 '유통기한'이 짧아질 것이라는 예측(장미혜·이충한, 2006: 245~247)과 연관이 있다. 디지털 음악 사이트를 통해 다운로드를 받는 경우에 자신이 좋아하는 장르나 가수는 따로 리스트를 정리, 저장하여 일상생활에서 다시 꺼내 듣는 경우도 많았다. 이는 음악 소비가 인터넷 혹은 모바일을 통해 접속된 상태에서 이뤄지면서 즉각적인 소비에 집중하게 되지만, 기존 CD나 LP처럼 음악의 '소유'에도 여전히 관심이 있다는 점을 말해준다.

"CD를 소장용으로 구입하는 것처럼 음악 파일도 막 지우지는 않습니다. 리스트로 정리해 두고 이동할 때마다 듣고요. 시간이 좀 지나면 백업해 두기도 합니다. 제가 듣고 싶은 음악은 언제든지 인터넷에서 찾아서 들을 수 있으니 저장이라는 게 의미가 없다고 할 수도 있지만, 모아둔 게 아까워 지우지는 않습니다." (참여자 4)

"친구들 경우를 봐도 아예 CD 같은 것을 사지 않는다고는 말하지 못할 것 같습니다. 좋아하는 가수들의 '굿즈'나 앨범 특전이 있을 때는 소장용으로 사는 경우가 있고요. 저도 소장가치가 있는 굿즈나 특별 영상을 담은 앨범은 간혹 구입하기도 합니다. 그래도 자주 사지는 않는 편이긴 해요." (참여자 2)

일부 인터뷰 참여자들은 CD와 같은 물리적 음반의 소유를 경험의 차원으로 설명하기도 했다. 디지털 음원이 정착되기 전부터 CD를 구입해 모으는 경험이 있었기 때문에 여전히 CD를 통해 음악을 듣는 시간을 갖게 된다는 의견(참여자 6)과 디지털 음악 사이트를 통해 다운로드받는 것과 별도로 완성도 있게 구성한 앨범 자체로 예술적 가치나 소장의 의미가 있다는 주장도 확인할 수 있었다. 실제 음반을 구매하는 것이 디지털 음악에 비해 훨씬 비싸다고 볼 수 있지만, 사라지는 음악을 앨범이라는 형식으로 보관하는 것이니 가격으로 이익을 따질 것은 아닐 수도 있다는 진술(참여자 1)도 있었다.

인터뷰 참여자들의 대답에서 확인할 수 있었던 디지털 음악의 장점 중 하나는 가격이었다. CD와 디지털 다운로드(스트리밍)의 가격에 대한 견해를 물었을 때, 주로 타이틀곡 위주의 디지털 음악은 저렴한 요금으로 이용할 수 있으므로 만족한다는 대답과 여러 곡이 한꺼번에 담기게 되는 CD의 가격은 한 곡당 비용으로는 비싸다거나 부담이 된다는 대답이 많았다. 반면 디지털 음악 서비스에서 손쉽게 스트리밍을 할 수 있다는 점에서 디지털 음악의 가치가 너무 저평가되는 것이며 작사가 혹은 작곡가, 가수와 연주자들에게 돌아가는 이익이 적은 것 같다는 진술도 확인할 수 있었다.

2) 수동적 청취 혹은 새로움의 추구

아도르노의 문화산업 비판에서 중요한 논의점은 문화의 산업화, 이에 따른 양식화와 획일화, 규격화 등으로 정리할 수 있다. 규격화된 문화 상품을 대중이 수동적으로 받아들이고 있다는 것이다. 현재의 대중음악과 같이 표준화된 음악을 수동적으로 듣는다면, 사회의 불합리한 부분을 망각하게 하는 사회적 접착제 같은 구실을 한다는 비판이 아도르노의 논의에서 중요한 부분이었다(호르크하이머·아도르노, 2001: 185~190). 이와 관련한 인터뷰 참여자들의 의견은 엇갈렸다. 일상에서 대중음악 소비가 차지하는 비중이 매우 높으며, 시간의 효율적 활용이라는 측면에서 유용하다는 의견이 나왔다. 대중음악의 질적 하락에 대한 평가도 있지만, 대중음악의 현재 모습을 그대로 바라볼 필요가 있다는 의견이 제시되기도 했다.

"대중음악은 많은 대중이 즐기고 좋아하는 음악이라는 뜻이라고 생각합니다. 지금 인기를 끄는 음악을 주로 찾아서 듣는 것이고, 자신의 취향에 맞는 음악을 골라 듣는 것이라고 봅니다. 현재의 문화를 담은 것이 대중음악이고, 많은 사람들이 공감하는 음악이 대중음악이라고 생각해요. 똑같은 음악이 양산된다고는 하지만 그것대로 의미가 있다고 봅니다." (참여자 8)

"대중음악에서 중요한 건 사람들이 지금 하고 싶은 이야기를 한다는 점이 아닐까요. 한국 대중음악을 보면 내용이 없다, 아이돌 위주다, 가사도 이전에 비하면 별로다 이런 비판을 하지만 대중이 그것을 원하고 있다고 생각합니다. 현재 한국의 대중음악을 놓고 비판할 이유는 없다고 봅니다." (참여자 1)

"요즘 노래를 즐겨 듣는다는 건 사람들이 공유하는 감정을 알고 소통하는 의미도 있다고 생각합니다. 물론 최신곡이라고 나오는 게 늘 만족스럽

지는 않지만, 과하게 요즘 음악이 좋지 않다고만 하는 것도 잘못이라고 생각해요." (참여자 2)

대중음악이라는 상품의 소비가 자신의 취향 혹은 대중이 좋아하는 취향의 집합이라고 볼 수 있지만, 최신 가요를 즐긴다는 것은 문화산업의 양식대로 큰 수고를 들이지 않고 음악을 소비하는 행태를 드러낸다고 볼 수 있다. 디지털 시대의 음악 소비에서는 편하게 들을 수 있는 음악, 즉 문화산업이 대중의 기호를 자극하려는 목적으로 내놓는 상품(호르크하이머·아도르노, 2001: 204~206)을 구매하는 것이 소비자들에게는 편하고 이익이 되는 방향의 행위라고 이해할 수 있다.

한편으로는 대중음악의 소비에 대한 비판적 시각을 드러내며 인기 차트나 TV 프로그램에 나오는 대중음악을 수동적으로 받아들이는 것을 경계해야 한다는 의견을 제시하는 경우도 있었다. 이들은 대중음악의 획일성이나 반복성을 지적하며 향후 대중음악 시장에서 새로운 시도를 할 수 있는지에 대한 회의적 시각을 나타내기도 했다. 주목할 점은 대중음악을 그 자체로 즐기면 된다고 대답한 경우에도 인터뷰 참여자들이 나름대로 대중음악 소비에 대한 비판적 시각을 표시한다는 것이었다. 이는 인터뷰 참여자들이 대중음악 산업과 관련된 비판적 이슈를 미디어를 통해 접하고 있기 때문이라고 분석할 수 있다.

"기획사가 너무 많고 경쟁이다 보니 비슷한 음악이 나오는 것 같아요. 대형 기획사 음악이 엄청 인기를 끌고 하잖아요. 다른 회사도 나오는 음악이 거의 비슷하다는 것은 문제라고 생각합니다. 가수 스타일도 그렇고요.

힙합도 주류가 됐다고 하지만 TV 프로그램을 봐도 이젠 다 비슷한 것 같고요. 어떤 때는 한국의 대중음악이 아주 식상하게 느껴지기도 합니다." (참여자 5)

"저는 최신 음악을 차트에서 듣긴 하는데, 매번 비슷하게 나오는 음악을 아주 좋아하는 것 같지는 않아요. 많은 사람들이 좋아하는 음악이라고 해서 제 취향에 맞지 않는 음악을 들을 이유는 없으니까요. 우리 음악이 아이돌 중심으로, 댄스 음악 중심으로 돼 있는 상황이니까, 한류나 케이팝이라고 인기를 끄는 장르도 그렇고요. 대중음악이 의미가 없다는 게 아니고요, 저도 들으니까요. 다양한 장르가 성장하지 못하고 획일화된다는 이야기입니다. 대중문화야말로 다양성이 중요하다고 생각하니까요." (참여자 4)

"아이돌 음악을 좋아하긴 하는데 그냥 팔아먹기 위한 음악은 안 된다는 생각도 듭니다. 가수라면 자신이 하는 음악의 의미를 대중에게 잘 전달해야 할 것 같아요. 지금 대중음악에서 문제가 있다면 바로 그런 것 때문이라고 생각합니다." (참여자 7)

현재 유행하는 대중음악과 다른 음악을 듣는 방법으로 공연을 찾는다는 의견도 있었다. 일부 참여자들은 획일적인 대중음악 소비에서 벗어나 다른 음악을 다른 방식으로 향유할 수 있는 공간으로 공연을 꼽았다. 이는 디지털 음악이라고 해도 자신의 방식대로 보관 혹은 저장한다는 응답과 함께 대중음악 소비 경험에서 주목할 부분이라고 할 수 있다.

　"요즘이야 그럴 기회가 없지만 공연장에 가면 생생한 음악과 연주를 볼 수 있고요. 노래하고 연주하는 사람들, 관객들과 함께 호흡하는 것은 매우 좋은 방식이라고 생각합니다. 최근에 가수들이 직접 팬들을 만날 수 없으니까 언택트 공연, 온라인 콘서트 같은 것을 많이 하는데, 직접 연주도 하고 무대도 꾸미니까 음원 스트리밍에서 듣는 것과는 차이가 있습니다. 완전히 다른 느낌입니다." (참여자 4)

　"이전엔 예매를 해서 자주 갔습니다. 상황이 좋아진다면 공연장에서 음악을 즐기고 싶습니다. 음원 사이트나 CD 말고도 다양한 방식으로 음악을 경험하는 일은 좋은 것 같습니다." (참여자 2)

　인터뷰에 참여한 사람들의 응답을 살펴보면 대중음악 산업의 생산 양식대로 음악을 소비하는 것이 편리하고 저렴한 방법이지만, 획일적인 대중음악 시장에 대한 비판도 일정 부분 제시하고 있었다. 다만 이러한 인식이 앞서 논의한 대중문화 텍스트에 대한 저항적 해독에 이르는 것인지는 확실하지 않다. 디지털 시대에 적합한 형태로 음악을 소비하고는 있지만, 능동적으로 대중음악 산업의 양식에 반하는 소비를 선택하는 이중적 모습이 지금 소비자들에게는 존재한다고 볼 수 있을 것이다.

3) 대중음악 산업에 대한 인식

대중음악 산업의 속성을 표준화 혹은 양식화된 상품의 양산, 수동적이고 순응적인 청취의 조장 등으로 봤던 아도르노의 논의(호르크하이머·아도르노, 2001: 185~192)를 바탕으로 살펴보면, 인터뷰 참여자들은 현재 대중음악 산업의 문제점을 인식하면서도 산업의 논리에 타협적인 소비 행태를 보이는 것으로 볼 수 있었다. 앞서 논의한 대로 많은 대중이 즐길 수 있는 음악이라면 대중음악으로서 가치가 있다는 답변이나 현재 대중음악에 대한 비판이 과하다는 의견도 그러한 인식을 말해주고 있다. 디지털 서비스 중심의 음악 생산과 유통, 규격화된 아이돌 그룹의 등장은 문화산업 비판론에서 제기한 퇴행의 증거로 볼 수 있다. 디지털 음악 시장의 발전과 대중음악 산업의 빠른 성장이 오히려 문제를 심화시키고 있다는 지적도 있었다. '전체 곡을 다 부르지도 못하는 가수의 양산이 현재 음악 산업의 문제'라거나 '금방 나왔다가 빠르게 사라진다', '익숙한 노래가 인기가 많다'는 의견이 제시되었다.

"저도 인기 가요라는 것을 듣긴 하지만 요즘 가수들은 자신이 하는 음악에 대한 이해가 적은 경우도 있는 것 같아요. 기획사에서 만든 것이 가수 자신의 생각이 아닐 수도 있잖아요. 그러니 빠르게 등장하고 빠르게 사라지는 것 같아요. 아이돌이 고생하면서 훈련받고 데뷔하는 것은 알겠는데, 음악 자체는 그런 결과물인지 모르겠어요." (참여자 6)

"좋은 뮤지선이 많은데 잘 알려지지 않죠. 아이돌 그룹의 음악이 제일 좋다고 여기는 사람도 많고요. 디지털 음악 시장은 재능이 많거나 독특하고 개성 있다고 해서 인기를 얻을 수 있는 구조는 아니니까요. 문제가 있다고 생각은 하지만 다들 이 노래 좋다고 하면 그걸 따라 듣고 하는 거죠." (참여자 7)

아이돌 그룹 중심의 대중음악 시장에 대한 비판은 대다수의 참여자들이 동의한 부분이었다. 대중음악 산업의 중심으로 자리 잡은 아이돌의 음악은 소비를 위한 것이고, 다른 공산품처럼 빨리 소비하게 된다는 지적이 많았다. 반면 이러한 경향이 대중음악의 퇴행을 의미하는 것은 아니라는 시각도 존재했다. 거대 자본이 투입되는 아이돌 그룹 위주의 음악 시장, 이에 따른 장르의 집중이나 동일화 현상은 수익을 거두기 위한 산업의 속성이므로 하나의 흐름으로 자연스럽게 받아들일 필요가 있다는 의견도 있었다. 특히 최근 방탄소년단(BTS)을 중심으로 한 아이돌 음악의 세계적 성공은 아이돌 음악 기반으로 성장한 케이팝(K-POP), 즉 한국 대중음악의 산업적 성과라고 인식하는 경향도 확인할 수 있었다.

"대중음악의 문제점이라는 것은 차별성이 없다는 점 아닐까요. 상품으로 소비되니까, 그런 점에선 아이돌 그룹을 중심으로 한 상품화는 문제라고 생각합니다. 방탄소년단의 성공 사례도 있지만 케이팝이라는 이름으로 한국 음악 전부를 대표하는 것처럼 알려지는 것도 무작정 좋다고 할 일은 아니라고 생각합니다." (참여자 4)

"아이돌 중심의 음악은 자연스러운 흐름이라고 봅니다. 개인적으로 아이돌 음악을 좋아하긴 한데, 이런 것도 대중음악 발전의 한 과정으로 보면 될 것 같아요. 굳이 문제 삼고 비판하는 것은 반대입니다. 산업이 이만큼 커져서 만들어진 성과를 케이팝이나 한류 유행이 보여주는 것 아닐까요. 전 세계 많은 사람들이 좋아하는 데는 이유가 있다고 봅니다." (참여자 10)

"전 세계가 주목하는 아티스트가 다른 장르의 가수가 아니라 아이돌 그룹에서 나왔다는 게 중요한 이야기가 아닐까 생각합니다. 대중이 선택했고, 또 해외에서도 인정받았고요. 나이 든 어른들도 다 알 정도로 세계적인 스타가 됐다는 건 그 사람들의 음악에서 발전한 부분이 있다는 이야기라고 생각해요." (참여자 8)

디지털 중심의 음악 산업의 문제점으로 아이돌 오디션 프로그램인 '프로듀스' 시리즈의 투표 조작 사건과 음원 사이트에서의 이른바 '음원 사재기' 현상을 지적하는 참여자들도 많았다. 대중음악 시장에서 일어나는 이러한 현상이 한국 대중음악이 갖고 있는 문제점을 드러낸다는 지적이 있었다. 디지털 음악 중심으로 재편된 시장에서 생존과 상업적 성공을 위해 불공정한 방법까지 동원하는 일이 빈번히 일어나고 있는 것 자체가 현재의 음악 시장이 왜곡되었다는 점을 증명한다는 의견도 나왔다.

"대중은 끊임없이 새로운 얼굴을 원하죠. 오디션 프로그램 사태는 시청자들을 속여서라도 지금 음악 산업에 맞는 새 아이돌을 골라 상업적으로 활용하겠다는 의도가 들어가 있습니다. 시청자들에게 먹히는, 돈을 잘 벌수 있는 멤버들을 자기들이 맘대로 고른 거잖아요. 투표 조작해서 시청자들을 우롱했다는 게 중요한 점이 아니라 돈이 되는 상품에 너도 나도 목을 매고 있다는 게 현실이라고 생각해요. 좋은 음악을 하겠다면서 실제로는 돈만 생각하는 거죠." (참여자 5)

"음원 사재기 이슈가 터진 다음엔 차트에 오른 곡은 의심하게 돼요. 이전엔 음악 방송에서도 디지털 음원 다운로드나 스트리밍 순위, 방송 횟수 이런 것을 종합해서 순위를 매겼는데, 음원 사재기를 하면 결국 돈만 벌기 위해 음악을 하는 것이잖아요. 잠깐 들어볼 수는 있어도 좋은 노래가 아닌 경우도 많죠." (참여자 7)

"아이돌 음악을 좋아하는 팬들은 조직적으로 스트리밍을 돌려서 순위를 올리곤 합니다. 음원 사재기와 마찬가지로 대중음악 시장을 왜곡하는 행위라고 생각해요. 순위에 올라가는 음악은 말 그대로 대중이 좋아하는 음악이어야 하는데, 돈을 들여서 조작하는 것이라면 대중음악의 의미가 있을까 싶네요. 대중음악의 발전을 위해서라면 디지털 음악 시장에 인기를 끌 음악에 매달리지 말고 다양한 시도를 했으면 합니다." (참여자 2)

인터뷰 참여자들의 대중음악 산업에 대한 인식을 살펴보면 이들이 갖고 있는 이중적 견해를 확인할 수 있다. 대중음악 산업을 무조건 낙관적으로 보지도 않고, 그렇게 비관적으로 바라볼 필요도 없다는 의견이 많았다. 이 역시 대중음악 시장 구조에 순응한 모습이라고 볼 수 있지만, 현실적인 고민과 대안을 제시한다는 측면에서 검토할 내용이 있다고 본다. 인터뷰 참여자들의 인식은 현재의 대중음악 시장에서 나름대로 순응적 요소와 저항적 요소들을 골라 주체적이고 해석적으로 문화를 소비하고자 한다는 것(켈러, 1997: 61)으로 볼 수 있다.

대중음악의 향유는 이들의 일상에서 잠시의 즐거움을 제공하는 문화산업의 이데올로기(이수완, 2006: 40)일 수 있지만, 그 속에서 다른 의미를 생산하기 위해 노력하면서 일정 부분 저항을 시도하는 것이라고 말할 수 있다. 대중음악 소비자들은 음악 산업의 양식화에 따라 제시되는 음악을 획일적이고 규격화된 것으로 인식하면서도 이를 여러 가지 이유로 채택·소비하고 있으며, 대중음악 산업에 대한 비판도 제시하고 있었다. 인터뷰에 참여한 대학생들의 인식은 지금의 문화산업 구조 내에서 타협적으로 문화를 이해하고 소비하는 태도를 나타낸다고 할 수 있다.

5. 디지털 시대 대중음악 소비의 의미

이 글에서는 아도르노의 문화산업 비판론을 검토하고, 이를 토대로 디지털 시대 대중음악 산업에서 일어나고 있는 현상을 살펴보았다. 이를 위해 대중음악 소비자들이 음악을 어떻게 듣고 있는지, 대중음악을 순응적으로 청취하는지 주체적인 해석의 가능성이 있는지를 분석하였다. 대중음악 소비자들은 디지털 음악을 중심으로 한층 쉽게 음악을 접하고 있었고, 대중음악 산업이 만들어내는 획일적이고 규격화된 상품에 일정 부분 순응하고 있었다. 그럼에도 표준화된 상품의 반복, 아이돌 그룹 중심의 획일화된 취향, 이에 따른 문화적 퇴행이라는 문제제기에도 공감을 표시하였다.

국내 대중음악 산업의 가장 큰 문제점으로 지적되고 있는 아이돌 그룹 중심의 획일적인 생산 방식은 디지털 음악을 소비하는 사람들의 인식과 행위에 영향을 미치고 있다. 디지털 다운로드나 스트리밍 서비스에 적합한 형태의 대중음악을 선호하면서도 다양성이 부족한 대중음악 상품에 대한 우려도 제기되었다. 기획사가 의도한 대로의 아이돌 그룹, 획일화된 음악 양식의 반복 등 악순환의 고리는 디지털 음악에서 한층 확장되고 있다.

대중음악 산업에 대한 비판이 과하다는 의견도 제시되었다. 이는 소비자들이 원하는 음악이 시장에서 공급되고 소비되는 것은 자연스러운 대중음악의 변화·발전 과정이라는 시각이었다. 자신의 취향대로 대중음악을 즐기고 있을 뿐이라는 참여자들의 답변과 함께 음악이 획일화되면서 소비자들의 선택권이 줄어들고 있다는 비판도 확인할 수 있었다.

대중음악 소비자들이 음악의 소유를 위해서는 CD를 구입한다는 것도 확인할 수 있었다. 디지털 음악을 중심으로 구성된 시장에서는 음악을 소유하기보다는 일시적으로 향유하는 것이라고 볼 수 있다. 그러나 일부 인터뷰 참여자들은 디지털 파일 형태로 다운로드받은 음악을 자신의 저장기기에 오랜 기간 보관하면서 음악을 소장한다는 의사를 표시했다.

이 글에서는 아도르노의 문화산업 논의를 중심으로 대중음악 소비자들의 인식을 살펴보았다. 아도르노의 문화산업 비판은 대중음악 산업의 독점이나 획일화, 동일성의 반복이라는 측면을 드러내는 데 적절한 시각을 제공해 준다. 반면 대중의 주체적 해석이라는 점에서는 제한적인 시각이 될 수도 있다. 아도르노가 문화산업의 병폐를 지적한 시점과 지금의 환경적 요인도 다르다. 한편으로는 그가 지적했던 문화 산업의 작동 원리는 견고하며, 더욱 정밀하게 작동하고 있다고 볼 수도 있다.

인터뷰 결과를 살펴보면 문화 상품을 소비하는 대중은 주체적이고 능동적인 해석을 위해 노력한다고 볼 수 있지만, 문화산업이 제공하고 있는 규격화된 틀을 벗어났다는 증거를 제시하지는 못했다. 대중문화 는 독창성, 개성이라는 이름으로 새로운 상품을 제공하고 있으며 소비 자들은 획일화된 상품의 대안으로 이를 선택한다. 다양한 음악 장르를 향유하는 소비자들의 인식을 확인하지 못한 점도 한계로 지적할 수 있다. 지금의 대중음악 생산 방식이 일종의 퇴행이며, 조금 더 다양한 음악이 등장해야 한다는 참여자들의 인식에도 불구하고 다른 장르를 소비하는 참여자들의 인식을 확인하고, 이를 통해 지금 디지털 시대에 문화산업 비판론을 재고하는 의미를 구체적으로 확인하지 못했다.

사람들의 관계 속에서 구성되는 소셜 미디어 혹은 플랫폼에서 주체 적, 저항적 해석의 가능성을 보여주는 사례들이 등장하고 있다. 아이 돌 음악을 즐기는 팬덤 문화는 원래 상품에 자신들만의 생각을 넣어 새로운 창작활동을 하는 참여문화의 형태를 보여준다. 디지털 음악 시장의 분석에서 아도르노의 문화산업 비판이 여전히 시사점을 보여 주고 있다. 그러면서도 새롭게 해석할 수 있는 '균열'의 움직임은 소비자들에 의해 새로운 미디어 공간에서 만들어지고 있는 것이다.

　대중음악 소비자들의 소비행위나 인식은 단면적으로 해석할 수 없다. 대중음악 산업의 틀 안에서 음악 소비가 저항적이라고 하더라도 완벽하게 그러한 이데올로기를 반대하는, 저항적 해석을 상정할 수는 없기 때문이다. 이를테면 서태지는 1990년대 대중음악 산업에서의 저항적 생산자였지만, 그를 좋아하는 소비자들은 지배적 메시지를 그대로 받아들이는 소비자였다고 말할 수 있다. 디지털 스트리밍 시대에 차트에 오르내리는 음악을 거부하고, 미디어를 통해 전혀 소개되지 않는 가수의 음악을 찾아 듣는 소비자들만이 저항적이고 주체적인 문화의 해석을 한다고 말할 수 있는지는 면밀한 고민이 필요한 대목이다.

참고문헌

강신규·이준형(2019), 「생산과 소비 사이, 놀이와 노동 사이: 프로듀스 48과 팬덤의 재구성」, 『한국언론학보』 63(5), 한국언론학회, 269~315쪽.

그래엄 터너, 김연종 역(1995), 『문화 연구 입문』, 한나래.

김방현(1990), 「아도르노의 대중 음악론」, 『낭만음악』 6, 낭만음악사, 33~55쪽.

김성중(2008), 「레이먼드 윌리엄스의 이데올로기와 아도르노」, 『영미어문학』 88, 한국영미어문학회, 175~193쪽.

김성중(2011), 「워즈워스, 베토벤, 아도르노: 저항의 예술」, 『19세기 영어권 문학』 15(1), 19세기영어권문학회, 33~57쪽.

김수정(2010), 「수용자연구의 해독모델과 존 피스크에 대한 재평가: 수용자 연구에 대한 비판적 성찰과 열린 논쟁을 위하여」, 『언론과 사회』 18(1), 사단법인 언론과 사회, 2~46쪽.

김수정·김수아(2015), 「'집단적 도덕주의' 에토스: 혼종적 케이팝의 한국적 문화정체성」, 『언론과 사회』 23(3), 사단법인 언론과 사회, 5~52쪽.

김은정(2020), 「뉴미디어 시대의 팬덤과 문화매개자: 방탄소년단(BTS) 사례 를 중심으로」, 『한국콘텐츠학회논문지』 20(1), 한국콘텐츠학회, 378~391쪽.

김진아·박지훈(2011), 「한국 대중음악의 아이돌 편중에 관한 연구: 대중음악 생산자들과의 인터뷰를 중심으로」, 『미디어와 공연예술 연구』 6(1), 청운대학교 방송·예술연구소, 145~172쪽.

김평수(2010), 「음악저작권이 창작에 미치는 영향에 관한 연구」, 한국대중음악학회 정기학술대회 발표문.

김현정·원용진(2002), 「팬덤 진화 그리고 그 정치성: 서태지 팬클럽 분석을 중심으로」, 『한국언론학보』 46(2), 한국언론학회, 253~278쪽.

김혜연(2008), 「한국의 테마파크와 아도르노의 문화 산업론」, 『비평과 이론』 13(1), 한국비평이론학회, 159~178쪽.

김희영(2007), 「예술과 문화의 영역에 대한 재고: 문화의 타자 키치, 아직도 예술의 적인가」, 『미술이론과 현장』 5, 한국미술이론학회, 25~41쪽.

더글라스 켈러, 김수정·정종희 역(1997), 『미디어 문화: 영화, 랩, MTV, 광고, 마돈나, 패션, 사이버 펑크까지』, 새물결.

딕 헵디지, 이동연 역(1998), 『하위문화: 스타일의 의미』, 현실문화연구.

로이 셔커, 이정엽·장호연 역(1999), 『대중 음악 사전』, 한나래.

막스 호르크하이머·테오도르 아도르노, 김유동 역(2001), 『계몽의 변증법: 철학적 단상』, 문학과지성사.

문현병(2002), 「문화산업과 대중문화」, 『진보평론』 14, 진보평론, 34~57쪽.

박근서(2011), 「아도르노의 문화산업론」, 『현대사상』 8, 대구대학교 현대사상연구소, 95~108쪽.

박선웅(2000), 「스튜어트 홀의 문화연구: 이데올로기와 재현의 정치」, 『경제와사회』 45, 비판사회학회, 149~171쪽.

백욱인(2010), 「디지털 복제 시대의 지식, 미디어, 정보: 지식의 기술·사회적 조건 변화를 중심으로」, 『한국언론정보학보』 49, 한국언론정보학회, 5~19쪽.

서정민(2020), 「신뢰 잃은 음원 차트…새 패러다임 찾기 '버튼' 눌렀다」, 『한

겨레』, 2020.3.15.

성미영(2011), 「아도르노의 개념 비판: 사회와 예술의 영역에서 이루어진 동일화 사고 비판」, 『철학연구』 42, 고려대학교 철학연구소, 29~57쪽.

스튜어트 홀, 임영호 편역(1996), 『스튜어트 홀의 문화이론』, 한나래.

신현준(2010), 「디지털 음악 경제에 관한 명상」, 『작가세계』 85, 세계사, 358~370쪽.

신혜경(2009), 『벤야민 & 아도르노: 대중문화의 기만 혹은 해방』, 김영사.

오성균(2009), 「문화산업의 생산전략과 판매전략: 아도르노의 문화산업론 읽기」, 『헤세연구』 22, 한국헤세학회, 437~455쪽.

원용진(1996), 『대중문화의 패러다임』, 한나래.

이동연(2002), 『대중문화연구와 문화비평』, 문화과학사.

이동연(2006), 「대중음악의 죽음: 징후적 독해」, 『문화과학』 45, 문화과학사, 138~147쪽.

이득재(2004), 「문화산업과 문화경제학 비판」, 『문화과학』 38, 문화과학사, 97~115쪽.

이상길(2010), 「문화매개자 개념이 비판적 재검토: 매스 미디어에서 온라인 미디어까지」, 『한국언론정보학보』 52, 한국언론정보학회, 154~176쪽.

이수완(2006), 「아도르노와 대중음악」, 『낭만음악』 71, 낭만음악사, 23~50쪽.

장미혜·이충한(2006), 「디지털 네트워크 시대의 음악시장 변화: 소유에서 향유로, 전유에서 공유로」, 『경제와 사회』 72, 비판사회학회, 230~256쪽.

존 피스크, 손병우 역(1996), 『문화, 일상, 대중: 문화에 관한 8개의 탐구』, 한나래.

추승엽·임혜민·임성준(2019), 「디지털 음악 시대에서의 물리적 음반: 메이

저 제작사의 경쟁 전략 탐색」, 『*Korea Business Review*』 23(2), 한국경영
학회, 95~116쪽.

Jung-Yup Lee(2009), "Contesting the digital economy and culture: Digital
technologies and the transformation of popular music in Korea,"
Inter-Asia Cultural Studies, 10(4), the Inter-Asia Cultural Studies Society,
pp. 489~506.

Theodor W. Adorno(1975), "Culture industry reconsidered," *New German
Critique*, 6, New German Critique, pp. 12~19.

동화의 단막극 각색 양상 연구

: 〈나는 뻐꾸기다〉를 중심으로

이영희

1. 동화의 단막극 각색

일반적으로 각색은 "원전을 바탕으로 새로운 작품을 창조하는"(이형식·정연재·김명희, 2004) 작업을 뜻한다. 훌륭한 원전일수록 각색될 확률이 높다. 원전은 또 다른 작품을 창조하는 데 원천이 되기 때문이다. "영화의 평균 30% 정도가 소설을 바탕으로 각색된 작품이며 베스트셀러 명단에 오른 소설은 거의 80% 정도가 각색되어 스크린을 통해 상영"(이형식·정연재·김명희, 2004)된다고 한다. 아울러 대중에게 잘 알려진 소설을 영상화하는 것은 더 많은 관객을 동원할 수 있다는 상업적 이윤을 고려한 것이기도 하다.

동화를 바탕으로 각색된 경우도 크게 다르지 않다. 소설에 비해 그 수가 적은 편이지만 동화 역시 작품성이 높을수록 영화, 애니메니션, 연극, 뮤지컬, 드라마 등으로 다양하게 각색되어 왔다. 권정생의 「강아지 똥」(1969)과 『몽실 언니』(1984), 정채봉의 『오세암』(1983), 황선미의 『마당을 나온 암탉』(2000) 등이 대표적인 사례다. 그런데 그 중에서도 드라마로 각색한 경우는 드물다. 이것은 만화에 편중된 편성상의 문제와 어린이 대상 프로그램에 대한 인식과 지원 부족, 재정지원의 문제, 어린이 프로그램 전문 인력의 부족 등을 원인으로 볼 수 있다(황순영, 2002). 이러한 현상은 동화의 각색 드라마 연구가 활발히 이루어지지 않는 결과로 이어졌다(이지현·이승하, 2014). 동화의 각색 드라마 연구는 동화나 그림책을 애니메이션이나 연극, 영화로 각색한 연구에 비해서도 저조한 편이다(이종호, 2012; 최지현, 2019).

그런 점에서 EBS 'TV로 보는 원작동화'[1] 시리즈는 비교적 인지도가 높은 동화들을 드라마로 만들었다는 점에서 주목된다. TV로 보는 원작동화 시리즈는 거짓말, 도둑질, 왕따, 용돈, 성적, 우정, 가족 등의 주제로, 아이들에게 흔히 일어날 수 있는 사건이나 고민을 다루고 있다. 그 중 〈나는 뻐꾸기다〉는 아이에게만 국한된 문제가 아니라 현대 사회에서 제기되는 가족의 현실을 반영하고, 그 현실의 문제를

---

1) EBS 〈TV로 보는 원작동화〉는 원작동화를 각색한 어린이드라마 시리즈다. EBS에서 2002년 3월 『나쁜 어린이표』로 첫 방송을 시작한 후 2003년 9월까지 방영되었다가 다시 2011년 『선생님 몰래』로 새롭게 방영되다가 『용감한 형제, 생일축하합니다』를 끝으로 4개월 만에 종영했다. 방영된 작품의 수는 총 47편인데, 원작이 있는 작품이 30편, 원작이 없는 작품이 17편이다. 그 중 원작이 없는 작품, 「김밥」은 국제 에미상 어린이 TV무비, 미니시리즈 부문에서 최고의 프로그램에 노미네이트되는 성과를 안기도 했다.

'뻐꾸기'와 '기러기'라는 상징적인 단어로 보여준다는 점에서 시사점이 높다. 드라마 〈나는 뻐꾸기다〉는 김혜연의 동화 『나는 뻐꾸기다』가 원작이다(안소진, 2011.6.7). 『나는 뻐꾸기다』는 외삼촌 집에 얹혀사는 주인공 동재를 뻐꾸기라 하고, 가족을 미국으로 유학 보내고 혼자 사는 옆집아저씨를 기러기라 하여 둘의 우정을 대칭 구도로 그린 작품이다. 이 작품은 "플롯 설정에 있어서 매우 노련"[2]하다는 평을 받았는데 각색된 드라마에서도 그 장점을 잘 살렸다.

동화를 드라마로 각색하는 과정에서 활용된 방법은 '다원적 각색'이다. 즉 원작에서 구현된 "작가의 의도나 작품 전체의 분위기에 충실"하면서도 동시에 영상예술의 "매체적 특성을 잘 살리는 방법"이었다.[3] 이러한 각색의 과정을 살펴보면, 동화와 TV드라마의 본질적인 차이뿐만 아니라 작품의 미학적 성취 또한 확인할 수 있다. 동화와 TV드라마는 모두 이야기를 전달한다는 점에서 공통적이지만 근본적으로 서로

---

2) 김혜연의 『나는 뻐꾸기다』는 2009년 제15회 비룡소 황금도깨비상 장편동화 부문 수상작으로 책 표지에 "이 작품은 우선 플롯 설정에 있어서 매우 노련하고, 사소한 삶의 세목들의 운용에 있어 탁월한 역량을 보인다. '뻐꾸기'로 상징되는 삶의 상처 앞에서 어른인 아저씨와 달리 엄살 부리지 않고 합리적으로 현실을 인정하고 견디는 동재의 모습은 그만큼 더 독자의 마음속에 진정한 공감과 가슴 짠한 연민을 불러일으킨다. 이 동화는 분명 올해의 값진 수확이다."라는 심사평이 적혀 있다(김혜연, 2009).

3) 각색에 대한 평가는 충실한 각색(the faithful adaptation), 다원적 각색(the pluralist adaptation), 변형적 각색(the transformative adaptation)으로 구분된다. '충실한 각색'은 영화가 원작소설을 얼마나 충실하게 시각화했는지에 주로 관심을 가진다. 하지만 각 매체가 가지는 고유한 특성으로 인하여 소설이 원작 그대로 영상화되기란 사실 불가능하다는 문제도 있다. '다원적 각색'은 원작소설에서 구현된 작가의 의도나 작품 전체의 분위기에 충실하면서도 동시에 영화가 가지는 매체적 특성을 잘 살리는 방법이다. '변형적 각색'은 원작에 구애받지 않는 자유로운 변형을 미덕으로 삼고 얼마나 원작소설을 존중하며 만든 충실한 각색이냐가 아니라 얼마나 자신의 시각적 비전을 존중하며 창의적으로 각색하였느냐가 관건이라고 믿는 방법이다(이형식·정연재·김명희, 2004: 22~28 참고).

다른 매체라는 점에서 차이가 발생한다. 동화는 문자매체를 사용하는 반면, TV드라마는 영상매체를 사용한다. "문자매체는 언어를 사용해 독자의 상상력을 자극하지만, 영상매체는 카메라 시선을 통해 구체적인 장면을 만들고 현실세계를 표현"(홍상우, 2017)한다.

특히 〈나는 뻐꾸기다〉는 동화의 단막극 각색이라는 점에서 주목할 만하다. 단막극은 텔레비전 드라마 장르 중에서 가장 분량이 짧다.[4] "짧은 시간 동안 핵심적인 이야기를 간결하고 담백하게 형상화한 드라마 양식"(윤석진, 2008)으로 이야기 구조가 함축적이다. 그래서 단막극은 장막극에서 펼쳐지는 여러 장면 중에서도 주제나 상황 면에서 제일 핵심이 되고 상징적인 장면 하나를 추출하여 전달하고자 하는 주제와 인상을 강하게 집약할 필요가 있다(안병용, 2009).

이러한 단막극의 특성을 중심으로, 동화『나는 뻐꾸기다』가 단막극 〈나는 뻐꾸기다〉로 각색되는 양상을 문자와 영상의 매체적 특성에 따라 자세히 살펴보았다. 이는 동화의 단막극 각색을 모색한다는 점에서 의미 있는 성과다.

2. 단막극 〈나는 뻐꾸기다〉의 각색 양상

동화와 TV드라마는 서로 다른 매체적 특성에 의해 각각 표현이

---

4) 분량이 긴 드라마는 연속극과 시리즈다. 연속극과 시리즈는 드라마 방영 회수에 제한이 없지만 미니시리즈는 연속극보다 짧다.

용이한 것과 표현하기 어려운 부분이 존재한다. 이것은 원작동화 『나는 뻐꾸기다』가 단막극 〈나는 뻐꾸기다〉로 각색되는 과정에서도 그대로 적용된다. 표현이 용이한 점은 다음 세 가지로 정리할 수 있다.

첫째, 이야기의 가치에서 검증받은 원작의 플롯이다. 원작은 플롯 설정에서 이미 좋은 평을 받았다. 주인공 동재는 쓰레기봉투를 버리러 가면서 옆집으로 이사 온 아저씨를 알게 된다. 그러던 어느 날, 동재가 현관 앞에서 바지에 실수를 하고 아저씨에게 도움을 받으면서 친해지는 계기가 된다. '뻐꾸기 새끼'와 '기러기 아빠'라는 서로 외로운 입장에서 느끼는 동질감은 동재와 아저씨 사이를 더 가깝게 만들었다. 쓰레기 분리수거장에서 만날 때마다 점점 더 서로를 알게 되다가 아저씨는 동재를 엄마가 사는 부산까지 데려다준다. 엄마를 만나지는 못했지만 원작의 플롯은 동재와 아저씨가 서로의 우정을 쌓아가는 과정을 순차적으로 잘 표현하고 있다. 특히 복잡한 플롯보다 순차적으로 이루어진 단순한 플롯 설정은 어린이를 대상으로 한 드라마에서 자주 사용되는 방식이기도 하다.

둘째, 원작에 나타나는 공간이 일상생활에서 쉽게 접할 수 있는 장소라는 점에서도 드라마로 표현하기에 용이한 부분이다. 엘리베이터, 쓰레기분리수거장, 옆집(902호 아저씨 집)이 그렇다. 동재는 엘리베이터를 타고 쓰레기를 버리러 가는 길에서 옆집에 들러 아저씨와 이야기도 나누고 샌드위치도 해 먹는다. 현실성을 재현하는 드라마의 특성상 일상적인 생활에서 쉽게 접할 수 있는 공간은 효율적인 설정으로 보인다.

셋째, 원작의 소재가 사회적 현실을 반영한다는 점에서도 드라마로 각색하기에 효과적이다. 대중적이라는 드라마의 특성상 많은 사람들에게 공감을 얻을 수 있는 소재의 선택은 중요한 요소다. 그런 점에서 원작의 소재는 점차 다양해지는 현대 가족의 모습을 재조명하게 한다. 즉 '부인과 아이들을 모두 미국으로 유학 보내고 혼자 사는 기러기 신세인 아빠', '외삼촌 집에 얹혀살아가는 뻐꾸기 신세인 아이', '어려서부터 아빠를 모르고 자란 아이', '엄마가 재혼하여 조부모와 사는 아이'의 모습이 그렇다.[5] 이들은 모두 우리 사회에서 볼 수 있는 결핍된 가족의 형태다. 원작은 우리 시대 결핍된 가족의 현실을 긍정적 결말로 풀어내고 있다. 더 나아가 이웃을 가족처럼 생각하며 살아가는 모습에서 확장된 가족의 개념 또한 보여주고 있다. 이러한 소재를 TV드라마에서 방영하면 시사하는 바가 크다. 대중적인 관심과 호응을 이끌어냄으로써 시청률을 높일 수 있기 때문이다.

이와 같이 이미 검증된 원작의 플롯과 현실성을 재현하는 공간, 대중적 공감을 얻을 수 있는 소재 등은 드라마에서도 충실히 살린 부분이다. 반면 캐릭터의 생략과 변형, 캐릭터의 심리상태 표현, 세부적인 플롯의 배열 등에서는 드라마적 재구성이 두드러진다. 이를 정리하면 〈표 1〉과 같다.

---

5) '뻐꾸기'와 '기러기'는 상징적인 의미를 가진다. 뻐꾸기는 직접 둥지를 만들지 않고 다른 새에게 자신이 낳은 알을 기르게 한다. 동재를 '뻐꾸기 새끼'라고 말하는 이유는 동재엄마도 동재를 외삼촌 집에 맡기고 떠났기 때문이다. '기러기'는 한쪽이 죽으면 다른 한쪽이 새끼 기르기에만 전념하는 희생적인 새로 알려졌다. 옆집아저씨가 아내와 두 아들을 모두 유학 보내고 혼자서 외롭게 사는 모습은 희생적인 기러기와 비슷하기 때문에 '기러기 아빠'라고 표현한 것이다. 이처럼 '뻐꾸기'와 '기러기'는 우리 시대 가족의 현실을 잘 보여주는 상징적인 말이다.

<표 1> 원작동화가 단막극으로 각색되는 과정

기준	원작동화 『나는 뻐꾸기다』	TV드라마 〈나는 뻐꾸기다〉
캐릭터	사촌 여동생 연이 등장	(생략)
	유희의 할머니 등장	(생략)
	유희는 개성이 강하지만 자신의 처지와 비슷한 동재를 도와주려고 하는 캐릭터	유희는 동화에서보다 더 개성이 강한 인물로 어른의 세계에 대해서는 부정적이고 동재에게는 갈등을 일으키게 하는 캐릭터 (변형)
심리 표현	'말하기(telling)'와 '보여주기(showing)' 기법6)을 활용한 서술, 묘사, 대화하는 방식	①'보여주기(showing)' 기법을 활용하여 장황한 문장을 한 장면으로 대신함 ②대사 없이 영상만 보여줌 ③영상은 정지하고 내레이션(narration) 방식을 사용함 ④영상을 흘러보내면서 내레이션 방식을 사용함
플롯 변형	동재가 아파트 단지 내에서 이삿짐 사다리차를 보고 불안하여 뛰어감	신발가게에서 외삼촌이 동재에게 신발을 사줌 (변형)
	동재가 엘리베이터 앞에서 쓰레기를 버리러 가는 길에 옆집아저씨를 처음 만남	동재가 현관 앞에서 이삿짐을 나르는 옆집아저씨를 처음 만남 (변형)
	현관 앞에서 동재가 바지에 실수를 함	현관 앞에서 동재가 바지에 실수를 함
	동재가 옆집아저씨 집에 가서 옷을 갈아입고 다음날 현관 앞에 신발이 놓여 있는 것을 발견	동재가 옆집아저씨 집에 가서 옷을 갈아입을 때 '뻐꾸기'와 '기러기'라는 말을 듣게 되고 다음날 현관 앞에 신발이 놓여 있는 것을 발견 (변형)
	문방구에 갔다가 오는 길에서 술에 취해 쓰러져 있는 옆집아저씨를 발견	놀이터에서 술에 취해 쓰러져 있는 옆집아저씨를 발견 (변형)
	쓰레기 분리수거장에서 옆집아저씨를 만나서 고맙다는 인사를 나누고 친구하기로 하며 '뻐꾸기'와 '기러기'라는 말을 듣게 됨	쓰레기 분리수거장에서 옆집아저씨를 만나 친구하기로 함 (변형)
	옆집아저씨네 집에 갔을 때 아저씨가 아픈 것을 발견하고 도와줌	(생략)
	쓰레기 분리수거장에서 옆집아저씨의 이름을 알게 됨	(생략)
	옆집아저씨네 집에 갔을 때 울고 있는 아저씨를 보게 됨	(생략)
	병원에서 동재가 누워 있음	병원에서 동재가 누워 있음
	쓰레기분리수거장에서 엄마이름이 적힌 택배상자를 보고 엄마주소를 알게 됨	쓰레기분리수거장에서 엄마이름이 적힌 택배상자를 보고 엄마주소를 알게 됨
	아파트계단에서 옆집아저씨가 동재에게 부산까지 데려다 주겠다고 말함	옆집아저씨 집에서 아저씨가 동재에게 부산까지 데려다주겠다고 말함 (변형)

기준	원작동화 『나는 뻐꾸기다』	TV드라마 〈나는 뻐꾸기다〉
	옆집아저씨 차를 타고 부산으로 감	옆집아저씨 차를 타고 부산으로 감
	.	놀이터에서 옆집아저씨와 아이스크림을 먹으면서 이야기함 (추가)
	엘리베이터에서 동재가 옆집아저씨와 아저씨아들을 보고 인사함	아파트야구장에서 옆집아저씨와 아저씨아들을 보고 인사함 (변형)

〈표 1〉을 보면 원작동화의 플롯이 단막극에서는 생략·변형되었다는 사실을 확인할 수 있다. 이는 원작동화에 비해 단막극이 분량의 제한을 받기 때문에 핵심이 되는 장면을 중심으로 다루고 사건 전개도 압축적인 형태로 드러낸 것이다.

1) 캐릭터의 생략과 변형

장편동화를 2회 분량의 단막극으로 각색하는 과정에서 인물들은 필연적으로 생략되거나 변형된다. 〈나는 뻐꾸기다〉에서도 캐릭터의 생략과 변형을 가져왔다. 먼저, 생략된 인물은 주인공 동재의 사촌 여동생 연이다. 동화에서 연이는 술에 취해 쓰러져 있던 아저씨를 동재가 도와주도록 이끌어내는 역할을 한다. 늦은 저녁, 연이가 미술 준비물을 사러 문방구에 가자고 졸라대는 바람에 동재는 할 수 없이 연이와 함께 문방구를 가고, 돌아오는 길에서 쓰러져 있는 아저씨를

---

6) "보여주기(showing)"란 사건이나 대화를 직접 보여주는 것이라고 볼 수 있는데, 이때 화자는 사라지고 독자는 자신이 보고 듣는 것으로부터 자력으로 결론을 이끌어내야만 한다. 이와는 달리 "말하기(telling)"는 화자의 중재를 통한 제시인데, 이때 화자는 연극에서처럼 사건이나 대화를 직접 보여주는 대신에 거기 관해 이야기를 하기도 하고 또 그것을 요약하기도 한다(한국문학평론가협회, 2018: 535).

만나게 된 것이다. 하지만 연이의 역할은 여기까지다. 더 이상 비중 있는 역할을 하지 않는다.

단막극에서는 연이가 생략되고 그의 역할을 사촌형 건이로 대치하여 건이의 캐릭터를 강화하였다. 밤늦게 들어온 건이가 외삼촌에게 야단을 맞자 동재는 화가 난 건이를 피해 잠시 놀이터로 나간다. 그때 놀이터에서 술에 취해 쓰러진 아저씨를 보게 된 것이다. 이처럼 연이의 캐릭터를 생략하면서 연이의 역할을 건이에게 부가시키고 사춘기를 겪는 건이의 캐릭터를 강화시켰다.

동재의 친구 유희의 할머니도 역할의 비중이 크지 않다. 동화에서 유희할머니는 경제적으로 여유가 있고 멋쟁이에다가 젊고 너그럽기까지 하다. 그런 할머니 손에서 자란 유희는 제멋대로이면서도 꾸밈이 없는 아이다. 동재에게 엄마가 없냐는 질문을 거리낌 없이 하고, 자신의 할머니에게도 동재를 엄마 아빠 없는 아이라고 소개하기도 한다. 하지만 유희는 엄마 없이 산다는 데에 동질감을 느끼며 동재를 도와주려고 한다. 자신의 바이올린을 팔아서 부산에 있는 동재의 엄마를 만나게 해주려고까지 한다.

그러나 단막극에서는 할머니 캐릭터를 생략함으로써 유희를 좀 더 강하고 개성 있는 캐릭터로 만들었다. 할머니 손에 자란 유희는 말투나 단어 선택에서 어른스럽고 거침없는 말을 사용한다. 어른들의 세계에 대해서 부정적인 선입견도 가지고 있다. 동재와 유희의 대화를 살펴보면 유희의 캐릭터를 확인할 수 있다.

김유희: 그러니까 요즘 너희 외숙모 짜증이 늘었다고?

이동재: 응, 꼭 나한테 그러는 건 아닌데 꼭 나 들으라는 것 같아.

김유희: 당연히 너한테 그러는 거지. 으이그, 객식구가 얼마나 스트레슨데.

이동재: 객식구가 뭐야?

김유희: 뭐긴 뭐냐? 남이라는 소리지.

이동재: 넌 말투가 왜그러냐?

김유희: 할머니 손에 자라서 그렇다. 왜?

—안소진, 〈나는 뻐꾸기다〉

　　위의 인용은 유희의 성격을 알게 하는 유희와 동재의 대화 내용이다. 여기서 "객식구", "객식구가 얼마나 스트레슨데", "할머니 손에 자라서 그렇다"는 말은 보통 아이들이 쓰지 않는 말이다. 유희가 할머니 손에서 자라 털털하고 거침없이 말한다는 것을 짐작하게 하는 장면이다.

김유희: 아저씨? 쳇, 어른들이 거기서 거지지. 괜찮긴 뭐가 괜찮냐?

이동재: 아냐, 좋은 아저씨야!

김유희: 야, 까페에 꼭 너 같은 애가 있었거든, 동네에서 오다가다 만난 아저씬데, 처음엔 디게 잘 해줬어. 근데 나중엔 앵벌이를 시키더래.

이동재: 앵벌이가 뭐야?

김유희: 뭐긴 뭐냐? 지하철에서 거지처럼 동냥질 다니는 거지.

이동재: 야, 이 아저씬 그런 사람 아냐.

김유희: 니가 어떻게 아냐? 우리 까페에…….

이동재: 야, 김유희! 너 그 까페에 탈퇴해. 너 점점 이상해지는 거 알아?

김유희: 야, 유유상종 몰라? 우리같이 버려진 애들 맘을 누가 알겠어?

이동재: 버려진 애들이라니?

―안소진, 〈나는 뻐꾸기다〉

동재와 유희가 옆집 아저씨에 대해 나누는 대화 내용은 유희의 가치관을 알게 한다. "어른들이 거기서 거지지"라는 말에서 어른들에 대한 불신이 강하게 드러난다. "우리같이 버려진 애들 맘을 누가 알겠어?"라는 말에서는 유희의 처지도 알 수 있다. 이런 유희가 동재의 삶에 자주 등장하며 지속적으로 개입하는 감초 같은 역할을 한다. 드라마에서 유희는 동재와 다섯 번의 만남을 갖는데, 주로 충고나 잔소리를 하면서 동재에게 갈등을 유발시킨다.

첫 번째 만남에서 유희는 외숙모의 짜증이 늘었다는 동재의 말을 듣고 인터넷까페에서 들은 이야기를 한다. 외삼촌 집에 살던 애가 있었는데, 수업을 마치고 집에 갔더니 모두 이사를 가버렸다는 것이다. 그러니까 동재도 조심하라는 말이다. 그 뒤로, 동재는 이삿짐 차만 보면 불안해한다. 두 번째 만남에서 유희는 옆집 아저씨가 잘해준다는 동재의 말을 듣자, 인터넷까페에서 들은 또 다른 이야기를 한다. 버려진 아이들에게 잘해준 아저씨가 있었는데, 결국 앵벌이를 시키는 나쁜 아저씨였다는 것이다. 동재는 아저씨를 믿지 못하는 유희를 이해하지 못한다.

세 번째 만남에서 유희는 동재와 함께 은행에 간다. 통장을 정리하기 위해서다. 통장에는 동재의 엄마가 보내준 돈이 들어 있다. 동재가 그 돈으로 부산에 있는 엄마를 만나러 간다고 하자 유희는 괜히 실망하니까 가지 말라고 한다. 오히려 동재가 유희한테 엄마를 만나보라고 권유했더니 유희는 엄마가 재혼하면 너도 끝이라고 버럭 화를 낸다. 동재는 엄마가 재혼했을 거라는 유희의 말에 무척 감정이 상했다.

네 번째 만남에서 동재는 유희의 심정을 이해하게 된다. 엄마를 만나러 부산에 다녀온 뒤, 재혼한 유희의 엄마처럼 동재의 엄마도 재혼했을 거라고 짐작했기 때문이다. 이로 인해 동재와 유희의 갈등은 해소되지만 엄마와의 갈등으로 다시 이어진다. 그러나 다섯 번째 유희를 만났을 때 엄마가 동재에게 찾아와 이야기함으로써 동재의 오해와 갈등은 모두 해소된다.

이처럼 장편동화를 단막극으로 각색하는 과정에서 〈나는 뻐꾸기다〉는 역할이 약한 연이와 유희할머니의 캐릭터를 생략하고 유희와 건이 캐릭터를 강화 또는 변형시키는 것으로 대체하였다. 연속극이었다면 더 많은 인물을 통해 이야기를 전개시킬 수 있었지만 단막극의 특성상 소수 등장인물에게 집중한 것이다. 하지만 유희할머니의 캐릭터를 생략하고 유희에게 할머니 캐릭터를 부가시킴으로써 엄마 없는 아이는 이러하다는 또 다른 전형성을 만들기도 했다.

2) 심리상태 표현

문자매체와 영상매체의 차이는 특히 심리 표현에 있어 두드러진다. "문자매체는 '말하기(telling)' 기법을 활용하여 캐릭터의 심리상태를 분명하게 드러낼 수 있지만, 영상매체는 그런 직접적인 표현이 어렵기"(최수웅, 2012) 때문이다. 동화 『나는 뻐꾸기다』에 제시된 심리상태는 그러한 차이를 잘 보여준다.

　　동재는 방으로 들어갔다. 건이 형이 컴퓨터 게임을 하고 있었다.
　　"형, 같이 먹자. 옆집 아저씨가 줬어."
　　대꾸가 없었다. 저녁 먹으면서 외숙모에게 혼난 것 때문에 아직도 기분
이 별로인 것 같았다. 동재는 과자 봉지를 뜯어서 건이 형에게 내밀었다.
건이 형이 좋아하는 옥수수칩이었다.
　　"저리 치워!"
　　건이 형이 동재 팔을 쳤다. 과자 봉지가 방바닥에 떨어져 과자가 쏟아졌
다. 과자들이 잘게 부서져 방바닥으로 퍼져나갔다. 동재는 얼른 과자를
주워서 봉지 안에 담았다. 과자 부스러기가 방바닥에 잔뜩 널려 있었다.
　　동재는 순간, 바닥이 두꺼운 신발을 신고 부스러기들을 밟아 모조리
부숴 버리고 싶다는 생각이 들었다. 꾹꾹 누르고 비벼서 완전히 가루로
만들어 버리고 싶었다. 완전히.
　　하지만 그건 생각뿐이었다. 동재는 얼른 빗자루를 가지고 와서 과자
부스러기를 쓸어 담았다. 속으로만 이렇게 투덜대면서.
　　'누가 과자 달라고 했나? 치, 맛대가리도 없는 거.'
　　생각해 보니 방금 전 쓰레기봉투가 터져 쓰레기를 주워 담았던 것도,
이것도 모두 옆집 아저씨 때문이다. 동재는 빗자루와 쓰레받기를 휴지통에
대고 탈탈 털어 내면서 생각했다.
　　'으이그, 재수 없어. 또 만나면 알은척도 하지 말아야지.'

—김혜연, 『나는 뻐꾸기다』

동재는 옆집아저씨한테 받은 과자로 인해 외숙모에게는 거지처럼 남이 주는 거 받지 말라는 잔소리를 듣게 되고 건이에게는 같이 먹자고 과자를 내밀었지만 거부를 당하게 된다. 그런 건이에게 동재는 화가 났어도 생각만 할 뿐 자신의 감정을 누르고 드러내지 못한다. 또 다시 버림받을지도 모른다는 두려움과 외삼촌 집에 얹혀사는 자신의 존재 자체가 가족들을 화나게 만든다는 생각을 가지고 있기 때문이다. 동재는 오히려 과자를 준 아저씨에게 화를 낸다.

　이처럼 한마디로 표현할 수 없는 동재의 심리상태를 단막극에서는 단 한 장면으로 대신한다. 동재는 외숙모의 잔소리를 듣고 아무도 없는 방에서 과자를 세게 던지며 이렇게 말한다. "진짜 이상한 아저씨야, 왜 이런 건 줘 갖고!" 하지만 이 장면만으로 동재의 섬세한 심리상태를 파악하기는 어렵다. 아저씨에게 화가 난 건지, 외숙모에게 화가 난 건지, 건이에게 화가 난 건지, 아니면 자신의 상황에 화가 난 건지, 모호하다. 동화는 아저씨에게 투덜대지만, 그 감정의 바탕에는 자기 처지에 대한 심정이 깔려 있다. 이처럼 동화에 나타난 복잡한 감정 표현이 드라마에서는 이루어지지 못한 것이다.

　한편, 캐릭터의 심리상태를 대사 없이 영상으로만 보여주기도 한다. 건이가 가출했을 때, 외숙모는 걱정스런 얼굴을 하고 거실에 앉아서 턱을 괴고 있다가 한숨을 쉬며 두 손으로 얼굴을 감싼다. 외삼촌은 밖에서 안절부절못하며 불안한 표정으로 한숨을 쉬며 건이가 오기만을 기다린다. 그런 외삼촌과 외숙모의 모습을 동재는 먼발치에서 바라만 보고 있다. 이때 동재의 생각이 내레이션으로 표현되어 그의 심리상태를 파악할 수 있게 된다. 즉, 동재는 자신을 걱정해주는 엄마 아빠가 없다는 생각을 하면서 동시에 엄마 아빠가 있어도 가출하는 건이에 대해 생각한다. 그리고 사람은 저마다 그 크기와 무게는 다르지만 마음에 고통이나 슬픔이 있다는 것을 깨닫는다.

〈나는 뻐꾸기다〉는 영상을 활용하여 심리상태를 표현하면서도 내레이션 방식을 자주 활용하고 있다. 물론 TV드라마에서 영상이 중요한 것은 사실이다. 하지만 라디오드라마에 계보를 둔 TV드라마는 말로 이야기하기를 중요하게 생각해 온 장르라는 점에서 내레이션 또한 주목해야 할 표현 방법이다.[7]

> 이동재(내레이션): 이제 904호는 언제든 갈 수 있는 내 비밀의 방이다. 유희는 계속 나와 아저씨 사이를 비웃지만 사실은 질투하는 거다. 그 버려진 아이들의 모임 같은 이상한 까페엔 아저씨 같은 사람이 없으니까. 유희도 그 비밀의 방에 초대할까? 이따 아저씨한테 물어봐야지.
>
> ―안소진, 〈나는 뻐꾸기다〉

옆집아저씨와 친구하기로 한 뒤, 동재의 심리상태가 그대로 노출되

---

7) 이다운은 라디오드라마에 계보를 둔 TV드라마에 대해 이렇게 말했다. "TV드라마는 '친절한(상세한) 말'을 통해 이야기하기를 중요하게 생각해 온 장르이다. 즉 TV드라마는 '말로 이야기하기'를 통해 영화와는 변별되는 위치를 점유해 왔으며 TV드라마의 존재성을 구축하게 해 준 것 역시 말이라고 해도 가언이 아니다. 또한 말의 역할이 중요하기 때문에 TV드라마는 말을 창조해내는 작가의 역할이 부각될 수밖에 없다. 창작의 주체 중 영화는 '감독'이 더 중요하게 생각되는 경향이 있는 반면 TV드라마는 '작가'가 중요하게 생각되는 경향이 있는 것 또한 이러한 이유에서이다."(이다운, 2013: 334) 이윤진도 TV드라마에서 "대중을 사로잡는 지점은 플롯이라기보다 말"(이윤진, 2005: 230)이라고 하였다.

는 장면이다. 아저씨와 잘 지내왔던 장면들이 영상으로 흘러나오면서 동재의 목소리로 내레이션이 나온다. 옆집아저씨가 동재에게 한마디 말도 없이 출장을 떠났을 때에도 동재가 느끼는 심리상태를 내레이션 방식으로 사용하였다.

> 이동재(내레이션): 난 또 버려졌어요.
>
> ―안소진, 〈나는 뻐꾸기다〉

위의 내레이션은 영상이 정지된 상태에서 나오는 동재의 내레이션 이다. 어둠 속에서 동재의 말과 작게 흐느끼는 울음은 화면을 잠식해 버리고 소리에 집중하게 한다. 동재가 평소 자신의 감정을 잘 드러내 지 않는 인물이라는 점에서 내레이션은 동재의 감정을 고스란히 드러 내는 장치로 활용되었다. 이것은 시청자로 하여금 인물이 느끼는 감정 에 몰입하게 되고 공감하게 만드는 효과가 있다.

> 이동재(내레이션): 신기하게도 이날 이후로 모든 게 다 잘됐다. 외숙모는
> 가끔 화를 냈지만 괜찮다. 외숙모 말대로 다른 엄마들도 다 그러니
> 까. 건이형도 마음을 잡은 것 같다. 예전처럼 나한테 잘 해준다.
> 무엇보다 좋은 건 엄마와 언제든 전화통화를 할 수 있다는 거다.
> 이제 난 하나도 안 외롭다.
>
> ―안소진, 〈나는 뻐꾸기다〉

엄마를 만나고 난 뒤, "모든 게 다 잘 됐다."는 내레이션을 통해

동재에게 안타까운 마음을 가졌던 시청자는 안도하게 된다. "이제 난 하나도 안 외롭다."는 말에서도 동재의 심리상태가 그대로 노출되고 있다. 동재의 내레이션이 시작되면서 영상은 후경화되고 목소리는 전경화되어 영상보다 소리에 집중할 수 있도록 '흘려보내기'의 방식이 구현된 것이다(이다운, 2013). 이는 단순히 서술의 편의를 위해 사용된 것이 아니라 극적 효과를 위해 전략적으로 사용된 기법이기 때문에 내레이션의 영향력이 가장 극대화되는 순간이다.

이처럼 드라마에서 인물의 심리상태는 비교적 잘 이루어졌다. 대사 없이 영상으로만 인물의 심리상태를 노출시킴으로써 영상을 본 시청 자들에게 감정이입과 몰입을 경험하게 하고 내레이션을 전략적으로 사용하기도 했다. 영상은 정지시키고 내레이션을 통해 인물의 심리상 태를 극대화시키는 한편, 영상에서 인물의 행동은 축소시키고 흘려보 내면서 목소리에 집중하기도 했다. 그러나 원작에서 장황한 문장으로 서술되는 복잡한 심리상태를 단 한 장면과 대사로 대신한다는 점에서 모호한 표현을 주는 한계가 있었다. 다시 말해, 단막극은 영상과 내레 이션 방법으로 인물의 심리상태를 함축적으로 묘사하여 단막극의 성 과를 냈지만 원작에 나타나는 복잡한 심리상태를 표현하는 데에는 한계가 보였다.

3) 플롯 변형

캐릭터의 변화와 함께 플롯에도 변화를 가져왔다. 플롯의 변화는 장소가 이동하면서 사건이 만들어지는 구조다. 원작에서 동재와 옆집

아저씨는 주로 쓰레기를 버리러 가는 길에서 반복적인 만남이 이루어진다. 즉 엘리베이터와 쓰레기 분리수거장, 옆집아저씨 집, 아파트 계단에서 만남이 진행됨에 따라 둘 사이는 점점 가까워진다.

그러나 단막극은 만나는 장면을 생략 추가 변형시켰다. 즉, 동재가 아저씨네 집에서 아픈 아저씨를 목격하는 장면, 쓰레기 분리수거장에서 아저씨 이름을 알게 되는 장면, 아저씨네 집에서 아저씨가 울고 있는 장면을 생략하였다. 이는 사건의 진행을 빠르게 하는 데 효과적이다. 한편, 놀이터에서 만나 대화하는 장면과 신발가게에서 이야기가 시작되는 장면은 추가되었다. 이야기의 흐름을 좀 더 자연스럽게 하기 위해 의도적으로 추가한 장면이다.

마지막 장면에서는 변형이 일어났다. 원작은 엘리베이터에서 옆집아저씨와 아저씨아들을 만나 가족처럼 인사를 나누고 이젠 더 이상 서로 뻐꾸기와 기러기가 아니라는 말을 하며 웃는다. 그러나 TV드라마는 아파트 단지 내 야구장에서 야구를 하고 있는 옆집아저씨와 아저씨아들을 만난다. 밖에서 야구를 하는 설정은 가족처럼 인사를 나눈다는 의미보다는 동재와 아저씨가 뻐꾸기나 기러기 신세에서 벗어났다는 것을 좀 더 상징적으로 표현한 것이다. 단막극이 원작의 이야기보다 상징성에 더 초점을 두고 있다는 것을 확인할 수 있다.

그밖에 '담배를 피우거'나 '술을 마시'는 장면은 생략하였다. 이것은 TV드라마의 공공성과 윤리성의 문제를 고려한 것이다. 특히 〈TV로 보는 원작동화〉가 EBS 교육방송이라는 점과 어린이를 대상으로 한 방송이라는 점에서 제재를 받을 수 있는 부분이기도 하다.

이와 같이 단막극은 공간을 줄이고 이야기를 단축시켰다. 자칫 지루

해질 수 있는 공간을 화면 구성의 다양성으로 극복하고 이야기 구성에 필요한 핵심 장면으로 재설정하였다. 이야기의 밀도를 높이는 데 효과적이면서도 짧은 시간 안에 이야기를 전달해야 하는 단막극의 특성을 살리기 위해서다. 시간의 제약은 소설을 "TV드라마로 전환할 때 가장 많이 나타나는 현상"(손정희, 2008)이지만 동화를 단막극으로 각색하는 과정에서도 도출될 수 있는 부분이다. 이로 인해 스토리의 배열도 달라지게 되었다. 게다가 TV드라마의 공공성은 원작보다 더 윤리적이어야 한다는 점에서 담배를 피우거나 술을 마시는 장면은 제재를 받을 수밖에 없다.

3. 단막극 〈나는 뻐꾸기다〉의 각색 의의

〈나는 뻐꾸기다〉는 EBS 〈TV로 보는 원작동화〉의 시리즈 중 하나다. 이 시리즈는 우리나라 동화가 드라마로 각색된 경우가 드물다는 점에서 주목할 만하며, 시리즈 중 〈나는 뻐꾸기다〉는 현대 사회에서 발생하는 가족의 현실을 반영하고 그 현실의 문제를 상징적인 단어로 보여주고 있다는 점에서 시사점이 있다. 이 드라마는 김혜연의 동화 『나는 뻐꾸기다』를 원작으로 삼은 작품이다. 『나는 뻐꾸기다』는 외삼촌 집에 얹혀사는 주인공 동재와 가족을 미국으로 유학 보내고 혼자 사는 옆집아저씨와의 우정을 뻐꾸기와 기러기라는 대칭 구도로 그려내고 있다.

단막극 〈나는 뻐꾸기다〉는 원작을 충실히 살리면서도 동시에 영상예술의 매체적 특성을 잘 살리는 다원적 각색의 방법을 활용하였다. 각색 과정에서 문자를 사용하는 문자매체와 영상을 사용하는 영상매체라는 점에서 근본적인 차이가 발생하지만 장편동화를 단막극으로 만들었다는 점에서 단막극의 특성을 잘 보여준다. 단막극은 짧은 시간 동안 핵심적인 이야기를 간결하고 담백하게 형상화한 드라마로, 이야기 구조가 함축적이라는 점이 특징이다.

이에 원작동화 『나는 뻐꾸기다』와 단막극 〈나는 뻐꾸기다〉는 매체 간의 차이로 인해 표현이 용이한 것과 표현할 수 없는 부분이 있었다. 표현이 용이한 부분은 이야기의 가치에서 이미 검증받은 원작의 플롯, 일상생활에서 쉽게 접할 수 있는 원작의 현실 공간, 사회적 현실을 반영하는 소재를 선택했다는 점이다. 그러나 단막극이라는 점에서 표현할 수 없는 부분은 드라마적 재구성이 두드러졌다. 이를 세 가지로 정리하면 다음과 같다.

첫째, 원작에 있는 캐릭터를 생략함으로써 다른 캐릭터를 강화하거나 변형시켰다. 장편동화를 2회 분량의 단막극으로 각색하는 과정에서 필연적으로 일어날 수 있는 일이다. 제한된 시간 안에 스토리를 마무리 지어야 하기 때문이다. 이로 인해 소수 캐릭터에게 집중함으로써 이야기의 밀도를 높이는 효과가 있었지만 또 다른 전형성을 만들기도 했다.

둘째, 캐릭터의 심리상태는 한 장면의 영상과 대사로 장황한 문장을 대신하는가 하면 내레이션 방식을 전략적으로 사용하기도 했다. 내레이션은 TV드라마가 말로 이야기하기를 중요하게 생각하는 장르라는 점에서 TV드라마의 존재성을 구축하게 해주는 방법이다. 영상은 정지하고 내레이션 방식을 사용하거나 영상을 흘려보내면서 내레이션 방식을 함께 사용하기도 했다. 그러나 인물의 복잡한 심리상태를 드러내기에는 한계가 있었다.

셋째, 플롯의 변형도 나타났다. 장편동화가 단막극으로 각색되는 과정에서 스토리 배열이 달라지고 공간을 줄임으로써 이야기를 단축시켰다. 이는 자칫 지루해질 수 있는 공간을 화면 구성의 다양성으로 극복하고 이야기 구성에 필요한 장면도 재설정함으로써 이야기의 밀도를 높인 것이다. 공공성을 생각하는 드라마가 원작보다 더 윤리적이어야 한다는 점에서도 플롯에 영향을 미쳤다.

이와 같이, 〈나는 뻐꾸기다〉는 문자와 영상이라는 두 매체간의 차이를 극복하고 단막극의 특성을 잘 살려 상호 보완적인 표현 방식으로 새로운 작품을 만들어냈다. 이것은 세 가지의 의미를 지닌다. 첫째, 단막극의 특성을 이용해 짧은 시간 안에 원작동화를 대중에게 알리는 효과를 가져왔다. 단막극은 1, 2회만으로도 원작을 모르거나 알았어도 읽지 않았던 아이들에게 원작의 내용을 쉽게 파악할 수 있도록 돕는다. 둘째, 시사성이 높은 이야기를 어린이드라마로 각색했다는 점에서 생각할 거리를 주었다. 이는 아이들에게 교육적 효과를 기대할 수 있게 하는 부분이다. 셋째, 기본적인 스토리가 잘 갖춰진 동화를 영상화함으로써 단막극에 질적 향상을 가져왔다. 이야기가 갖춰진 동화는 서사가 빈곤한 영상매체에 텍스트를 제공해줌으로써 이야기에 신뢰도를 갖게 한 것이다. 앞으로도 한국의 좋은 동화들이 단막극으로 각색되고 발전하기를 기대한다.

참고문헌

1. 기본 자료

김혜연(2009), 『나는 뻐꾸기다』, 비룡소.

안소진(2011), 〈나는 뻐꾸기다〉, TV로 보는 원작동화, EBS,
http://home.ebs.co.kr/tvtale/main(2011.6.7)

2. 단행본

손정희(2008), 『소설, TV드라마를 만나다』, 푸른사상.

이윤진(2005), 『한국의 이야기문화와 텔레비전 드라마』, 한국학술정보.

이형식·정연재·김명희(2004), 『문학텍스트에서 영화텍스트로』, 동인.

최수웅(2012), 『키워드로 읽는 어린이 문화 콘텐츠』, 청동거울.

한국문학평론가협회(2018), 『인문학용어대사전』, 국학자료원.

홍상우(2017), 『TV드라마의 이해』, 경상대학교출판사.

3. 논문 및 학술지

박종연(2011), 「소설과 텔레비전 드라마의 공생적 관계연구」, 중앙대학교
석사논문.

안병용(2009), 「알렉산드르 밤삘로프 단편 드라마 특성 연구」, 『노어노문학』
21(1), 노어노문학회, 165~190쪽.

윤석진(2008), 「한국 TV단막극의 영상미학 고찰」, 『비교한국학』 16, 국제비
교한국학회, 417~443쪽.

이다운(2013), 「TV드라마와 내레이션: 2000년대 미니시리즈 작품을 중심으로」, 『한국극예술연구』 41, 한국극예술학회, 319~344쪽.

이종호(2012), 「동화와 각색 애니메이션의 서사학적 비교 연구: 〈마당을 나온 암탉〉을 중심으로」, 『국제어문』 56, 국제어문학회, 35~96쪽.

이지현·이승하(2014), 「한국 동화의 드라마화 가능성 연구: 한정기의 〈플루토 비밀결사대〉를 중심으로」, 『한국 아동문학연구』 27, 한국아동문학학회, 85~115쪽.

최지현(2019), 「TV 애니메이션 〈구름빵〉의 시리즈별 차이가 시청자에게 미치는 영향: 스토리텔링 미장센을 중심으로」, 홍익대학교 석사논문.

황순영(2002), 「어린이 TV프로그램의 발전방안과 제작활성화에 대한 연구: 어린이 TV드라마 장르를 중심으로」, 동국대학교 석사논문.

텍스트마이닝 기법을 통해 본 『다문화콘텐츠연구』의 연구 경향 분석

강진구

1. 『다문화콘텐츠연구』에는 어떤 논문이 실렸나?

중앙대학교 문화콘텐츠기술연구원(이하 '연구원'으로 칭함)이 한국연구재단(구 한국학술진흥재단)의 중점연구소 지원 사업에 선정된 것은 2007년 12월이었다. 연구원이 제시한 핵심 아젠다는 "다문화사회에서의 소통과 공존을 위한 문화콘텐츠 연구·개발"이었다. 구체적인 연구 내용은 홈페이지에 게시되어 있는 연구소장의 인사말을 통해 확인할 수 있다.

이 연구는 다문화사회로 진입하는 한국사회의 문화적 갈등 양상과 그 실체를 분석하고, 새로운 시대에 적합한 민족정체성을 모색하며, 이것을 활용하여 다양한 문화가 공존·상생할 수 있는 문화콘텐츠를 개발하고자 하는 것입니다.

(http://www.m-culture.or.kr/sobis/mculture.jsp,검색일: 2019.10.20)

이상의 내용을 바탕으로 연구원에서는 중점연구소 사업 기간(2007. 12~2016.11)은 물론이고, 사업 종료 이후에도 다양한 다문화 관련 연구와 교육 프로그램을 개발하고 운영하였다. 또한 애니메이션과 다문화 동화와 같은 다문화콘텐츠를 제작 보급하는 등 명실공히 국내 최고의 다문화연구소로서의 역할을 하였다.

국내 다문화 관련 연구 분야에서 그간 연구원이 기여한 공로는 매우 광범위하지만, 필자는 가장 중요한 업적으로 연구원 학술지『다문화콘텐츠연구』의 발간이라고 판단한다. 『다문화콘텐츠연구』는 연구원의 연구 성과를 사회화하는 매개체로서의 역할뿐만 아니라, 국내 다문화 연구자들이 학문적으로 소통할 수 있는 공동체의 역할을 담당하였다. 기실,『다문화콘텐츠연구』에는 창간호부터 31집까지 다양한 전공의 연구자 210명이 저자로 참여하고 있다. 이들은 비록 전공은 다르지만『다문화콘텐츠연구』라는 매개체를 중심으로 '다문화' 또는 '다문화콘텐츠' 분야의 연구 성과를 공유하고 있는 셈인데, 이는 연구자의 네트워크 구축과 함께 학제 간 융합연구의 시발점이라는 점에서도 중요한 의미를 지닌다.

4차 산업혁명과 초연결(Hyperconnection), 그리고 초국적주의 등으로 통칭되는 오늘날, 한국사회가 직면하고 있는 문제는 매우 다양하

다. 그중에서도 이주로 인한 인구통계학적 변화가 가져온 파장은 대단
했는데, 학계 또한 예외는 아니었다. 1990년대 후반부터 다문화 관련
연구 성과들을 산출하기 시작한 국내 학계는 최근까지 약 2만 건을
상회하는 연구 성과를 상재하고 있다.[1] 하지만 이러한 양적 성장에도
불구하고 다문화 관련 분야에서 어떠한 연구들이 진행되었으며, 연구
경향은 시간의 흐름에 따라 어떻게 변해 왔는지에 대한 본격적인 검토
는 이루어지지 못했다.

따라서 이 글은 그간 국내 다문화 관련 분야 연구에서 중점적으로
다루었던 핵심 개념의 변화 추이를 살펴봄으로써 다문화 관련 분야의
연구 동향을 분석하였다. 이를 위해 국내 최초의 다문화 관련 전문
학술지인『다문화콘텐츠연구』에 게재된 논문을 대상으로 삼았다. 즉,
학회지가 처음 발행된 2006년부터 2019년 8월말에 발간된 31집까지
에 게재된 논문의 초록을 분석하였다. 분석 방법으로는 R프로그램의
다양한 패키지를 활용하였다. 대표적인 분석 방법으로는 이른바 비정
형 데이터 분석 기법 중 하나인 텍스트마이닝(Text Minning) 기법을
사용하였다. 텍스트마이닝 기법은 통계적인 접근을 통해 개념 간의
연결성과 영향 관계를 파악하고 이를 시각화함으로써 데이터가 보여
주는 의미를 도출하는 연구 방법 중 하나이다. 이 글은 국내 다문화
및 다문화콘텐츠 연구가 어디에 초점을 맞추어 진행되어 왔는지, 향후
어떠한 방향으로 진행될 것인지를 진단한다. 또한 학술지『다문화콘

---

1) '다문화'를 키워드로 국회전자도서관에서 검색을 하면 20,477건의 연구물들이 검색된다.
   이들 중 학위논문이 4,666건이고, 학술지 논문은 12,142건이다.
   (https://www.nanet.go.kr/main.do, 검색일: 2019.11.18)

텐츠연구』는 다문화 연구 분야에서 어떠한 역할을 해야 하는지를 가늠할 수 있다는 점에서 의미를 지닌다.

2. 텍스트마이닝(Text Minning) 분석은 어떻게 이루어지나?

1) 분석대상과 수집

『다문화콘텐츠연구』라는 특정 학술지에 게재된 논문을 분석한다는 점에서 이 글은 선행연구를 검토하는 전통적인 문헌연구 방법과 비슷하다. 하지만, 텍스트마이닝 기법을 활용한 본 연구는 문헌연구로는 접근하기 어려운 많은 양의 연구 자료를 대상으로 한다는 점과 수집된 정보를 분류하여 그 자료의 패턴과 의미를 도출하기 위한 통계학적 방법을 사용한다는 점에서 차이를 보인다(Lee & Hwang, 2013).

이 글에서는 앞서 밝혔듯이 『다문화콘텐츠연구』의 창간호부터 31집까지 게재된 논문의 한글 초록을 대상으로 다음과 같은 질문에 답하고자 했다.

첫째, 다문화 및 다문화콘텐츠 분야의 연구 동향은 어떠한가?

둘째, 『다문화콘텐츠연구』가 일반학술지, 등재후보지, 등재지로 성장하는 동안 연구 토픽들의 변화 과정은 있었는가? 변화가 있다면 그 변화는 무엇인가?

셋째, 국제학술지 신청을 위한 체계 변경 등 학술지의 체계 변경이 학술지에 미친 영향은 무엇인가?

이상의 질문에 답하기 위해 우선 연구 대상을 추출, 확정하였다. 분석 대상 추출은 2019년 10월 30일을 기준으로 국내학술지 논문을 온라인으로 검색할 수 있는 한국학술정보원(www.riss.kr)의 데이터베이스를 활용하였다. 검색 조건은 '다문화콘텐츠연구'를 검색어로 하여 1차 자료를 선별하였고, 1차 검색 결과에서 '중앙대문화콘텐츠기술연구원'으로 '결과 내 검색'을 하여 수집 대상 논문을 추출하였다. 동시에 연구원에 보관되어 있는 학술지 원본과 비교하여 누락된 논문이 없도록 확인하였다.

이상의 단계를 거쳐 수집된 자료 결과는 다음과 같다. 한국학술정보원의 데이터베이스를 통해 전체 402편의 논문을 추출하였지만, 중복 추출된 논문과 학술대회 발표문, 그리고 영문판에 게재된 영어 논문 24편을 제외하고, 총 252편을 최종 연구대상으로 확정하였다. 252편의 논문은 한국학술정보원(RISS)을 통해 관련 논문에 대한 상세정보(제목, 저자, 학술지명, 권호, 발행처, 자료유형, 수록면, 언어, 연도, 초록, 목차 등이 포함)를 다운로드 받았고, 분석 기준에 근거해 저자명, 권호수, 발행연도, 초록 등 연구에 필요한 요소들을 코딩하였다.

2) 분석 방법

수집된 자료에 대해 시계열 분석, 텍스트마이닝을 활용한 빈도 분석과 워드클라우드 산출, 그리고 토픽모델링과 의미연결망(SNA) 분석을 적용하였다.

먼저 시계열 분석은 252편의 논문을 연도별로 분류하여 시간의 흐름에 따라 어떠한 변화가 있는지를 분석하였다. 다음으로 빅데이터 분석 기법인 텍스트마이닝을 활용하여 빈도수를 산출하였고, 그 결과를 워드클라우드를 통해 제시하였다. 또한 토픽모델링을 통한 주제 도출과 그 결과에 대한 의미연결망 분석을 시도하였다. 이를 위해 R 패키지의 "KoNLP", "topicmodels", "qgraph", "wordclouds" 등 다양한 패키지를 사용하였다.

텍스트마이닝은 대규모 텍스트 형태의 비정형 데이터로부터 관계 데이터를 추출하는 방식으로 텍스트에 나타나는 단어를 정제하고, 특정 단어의 출현빈도, 연관성 분석 등을 통해 단어들 간의 관계를 조사하는 기법이다(Hwang & Hwang, 2016). 의미연결망 분석은 문서 내 주제어 간 관계를 이용한 분석기법으로 토픽모델링으로부터 추출한 토픽 간 관계를 분석하여 지식의 흐름을 파악하는 데 용이한 분석 방법이다(Hwang, 2019). 또한 "qgraph" 패키지를 활용하여 주요 단어 간의 네트워크를 시각화하여 가시적으로 보여주는 장점 또한 갖고 있다.

3. 텍스트마니잉 분석은 무엇을 이야기 하고 있나?

1) 시계열 분석

분석 대상 논문 252편을 대상으로 1차적인 시계열 분석을 시도했다. 〈그림 1〉에서 알 수 있듯이 창간 이후 연 평균 10편 내외의 논문을

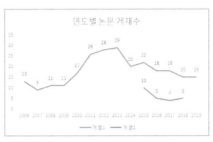

〈그림 1〉 연도별 논문 게재수

게재했던『다문화콘텐츠연구』는 학술지가 한국연구재단 등재후보지로 선정된 2010년에 총 17편의 논문을 게재하면서 학술지로서 안정성을 획득하였다. 2011년에는 26편으로 증가하였고, 등재학술지로 선정된 2013년에는 29편의 논문을 게재하는 등 성장세를 보이다 점차 게재논문수가 하락하는 추세를 보여주고 있다.『다문화콘텐츠연구』에 게재된 논문의 수가 중점연구소 지원 사업이 종료된 2016년을 기점으로 감소한 것은 사실이지만, 세부적인 사항을 살펴보면 크게 우려할 만한 사항은 아니라고 판단된다. 왜냐하면 게재논문 편수가 20편 이하로 떨어진 2016년의 경우에도 영문 논문 5편을 추가하면 총 23편으로 평균 이상의 논문을 게재하고 있기 때문이다.

보다 근본적인 문제는 게재 논문 편수의 하락에 있는 것이 아니라, 국내 최초의 다문화 관련 전문 학술지로서 독보적인 위상을 차지했던『다문화콘텐츠연구』가 인용지수 등에서 급격히 하락하는 양상을 보이고 있다는 점이다. 다시 말해, 등재후보지와 등재지 선정 당시 IF인용지수 1.24와 1.33을 기록하는 등 다문화 및 다문화콘텐츠 분야에서 매우 강한 영향력을 유지했던『다문화콘텐츠연구』는 2018년에는 IF

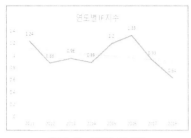

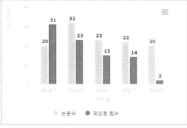

〈그림 2〉 연도별 IF 지수 　　　〈그림 3〉 2014~2018년 게재 논문당 피인용 횟수

인용지수 0.64로 급락하고 있으며, 〈그림 3〉에서 보듯이 2018년의
경우에 총 20편의 게재 논문 중에서 겨우 2편만이 다른 연구자의 선택
을 받는 상황으로까지 전락하고 있다. 이는 20편의 게재 논문 중에서
31회의 피인용 횟수를 기록한 2014년과 비교해 보면, 그 심각성이
더욱 확연하게 드러난다. 구체적인 수치를 통해 살펴보자.

한국학술지인용색인(https://www.kci.go.kr)에서 제공하고 있는 인
용 정보에 따르면『다문화콘텐츠연구』에 게재된 논문 중 피인용지수
TOP 10에 속한 논문들 중 다수가 등재지 이전에 게재된 논문들이다.
물론, 등재지 선정 이후 게재된 논문 중에서도「이주노동자 관련 범죄
보도 노출과 접촉 경험이 내국인의 제노포비아와 사회적 거리감에
미치는 영향에 관한 연구」(Woo & Woo, 2014, 20회 인용, 6위)나「한국
사회의 반다문화 담론에 대한 비판적 고찰」(Kang, 2014, 21회 인용,
5위) 등처럼 인용지수가 높은 논문들이 없는 것은 아니다. 하지만,
「출신 국가별 다문화가정 어머니의 자녀 교육관 및 부모역할 인식」
(Park & Lee, 2012, 28회 인용, 1위)과「독일과 한국의 다문화가족 정책에
대한 고찰: 다문화가족 관련 법제와 현황을 중심으로」(Kim, 2012, 26회

인용, 2위), 그리고 「한국의 다문화정책 관련법에 관한 일 고찰」(Lee, 2010, 25회, 3위) 등에서 알 수 있듯이 상위 1, 2, 3위가 모두 2013년 이전에 게재된 논문들이다. 이러한 현상은 학술지의 성장과는 달리 『다문화콘텐츠연구』에 게재된 논문들의 영향력은 상대적으로 감소하고 있다는 것을 의미한다.

그 원인은 무엇일까? 다양한 요인들이 중첩되어 현재와 같은 결과를 초래했다. 첫 번째 원인은 논문 투고 등에서 학자들의 논문 투고를 방해하는 까다로운 국제 표준 방식의 학술지 체계와 상대적으로 피인용 횟수가 적은 영문판 학술지 발간 등을 들 수 있다. 두 번째는 경쟁 학술지의 성장에 비해 중점연구소 지원 사업 종료 이후 우수 논문 투고를 위한 지원책의 부재이다. 셋째는 특정인의 논문이 중복 게재되는 등 연구자의 집중 또한 폭넓은 연구자들의 논문 투고를 방해하는 요인이 되었다. 『다문화콘텐츠연구』에 게재된 논문의 저자 TOP10은 김휘택(12), 강진구(10), 이명현·이성순(9), 최성환·이산호·전영준·박재영·김성문(6), 박영준·이춘복(5) 등이다. 이성순을 제외하고 모두 중점연구소 사업 참여자라는 점을 감안하더라도 게재 논문이 특정인에게 집중되어 있는 점은 향후 학술지 발전을 위해서라도 진지한 검토가 필요하다.

2) 출현빈도수 분석

『다문화콘텐츠연구』에 게재된 논문들은 주로 어떤 주제와 연구 대상, 그리고 방법론을 사용하였을까? 게재 논문의 초록에 대한 텍스트마이닝을 통한 빈도수 분석을 통해 확인해 보면 다음과 같다.

〈표 1〉 전체 논문의 출현빈도 상위 50위 단어

순위	주요 단어	출현빈도	순위	주요 단어	출현빈도
1	다문화	628	26	의미	84
2	사회	363	27	역사	83
3	교육	356	28	지원	83
4	문화	324	29	관련	80
5	문제	243	30	프로그램	80
6	결혼	197	31	이민자	79
7	분석	187	32	형성	79
8	이주	186	33	국가	75
9	여성	184	34	문학	74
10	한국	170	35	외국	74
11	다양	156	36	차이	73
12	정책	140	37	구성	72
13	결과	130	38	방식	70
14	과정	126	39	자신	70
15	이해	126	40	영화	68
16	대상	117	41	적응	68
17	가정	116	42	상황	64
18	인식	112	43	작품	64
19	관계	99	44	제시	64
20	필요	99	45	프랑스	63
21	정체성	98	46	활동	63
22	한국어	96	47	영향	62
23	수용	93	48	국제	60
24	변화	90	49	차별	59
25	경험	85	50	가족	58

〈표 1〉은 R통계 프로그램을 통해 전체 학술지 게재 논문에 대해

텍스트마이닝을 한 결과 상위 출현빈도수를 보인 단어들이다. 논문집의 제목인 '다문화콘텐츠연구'와 '다문화'를 제외하고 키워드를 분류해 보면 지금까지 『다문화콘텐츠연구』에 게재된 논문들은 ① 문화와 사회, ② 교육 일반과 한국어 교육, ③ 다문화 정책, ④ 결혼이주여성, ⑤ 이민과 이주, ⑥ 정체성, ⑦ 다문화가족, ⑧ 지원 프로그램, ⑨ 차이, ⑩ 적응과 수용, ⑪ 영화와 문학작품, ⑫ 유아교육 등 다양한 영역에서 진행되었다. 출현빈도수 상위 10위 단어에 한정해서 살펴보면, 『다문화콘텐츠연구』에 게재된 다문화 또는 다문화콘텐츠 논문들은 다문화, 다문화사회, 다문화교육, 다문화정책, 국제결혼, 현상 분석, 이해교육 등에 집중되었음을 알 수 있다. 이것은 『다문화콘텐츠연구』에 게재된 논문들이 '다문화주의' 등 이론적인 논의보다는 주로 한국사회에서 발현되고 있는 다문화 현상과 그 분석에 집중하고 있다는 것을 보여준다. 또한 상위 10위에는 속하지 않지만, '국가'나 '역사', '다문화가정', '유아' 등의 단어에서 알 수 있듯이 국내 다문화 또는 다문화콘텐츠 연구가 사회 전반으로 확대되어 진행되고 있음도 확인할 수 있었다.

이상의 빈도수 분석은 시각화를 통해 보면 더욱 직관적으로 확인할 수 있다.

〈그림 4〉는 R통계 분석을 통해 산출된 키워드를 워드클라우드 방식을 통해 시각화한 것이다. 252편의 논문 초록을 R통계 프로그램에 입력한 후, 의미를

〈그림 4〉 전체 논문에서 상위 출현한 단어에 대한 워드클라우드 기법의 시각화

지니고 있다고 판단되는 주제어, 즉 2단어 이상의 명사만을 추출하였다. 추출된 어휘 중에서 '논문', '이후', '년대', '때문', '무엇', '이것', '그것', '첫째', '둘째', '부분' 등과 같은 54개의 어휘를 불용어로 삭제하고 유사한 어휘를 한 단어로 통합하는 전처리 과정을 거친 후, 50회 이상 등장한 어휘만을 워드클라우드 방식으로 시각화했다. 빈도수가 높은 단어가 중심에 위치하고 있으며, 글자 포인트가 큰 것을 감안했을 때, 『다문화콘텐츠연구』에는 다문화, 문화, 사회, 문제, 교육, 분석, 다양성, 정책, 결혼 등에 집중되어 있음을 알 수 있다.

그런데 단어의 출현빈도수 분석을 통해서는 『다문화콘텐츠연구』에 게재된 논문의 전반적인 연구 경향을 파악할 수는 있지만, 『다문화콘텐츠연구』에 게재된 논문들의 연구 내용에서 다문화 및 다문화콘텐츠 분야의 연구가 어떻게 변했는지에 대해서는 충분한 정보를 제공하지 못한다. 이에 창간호부터 등재후보지까지의 시기와 한국 연구재단 등재지 선정 시기를 구분하여 그 변화 과정을 살펴보는 방법을 시도하였다.

먼저 창간호부터 등재지 이전 시기는 『다문화콘텐츠연구』가 창간호를 발간한 2006년부터 2012년 까지를 말한다. 이 기간 동안 『다문화콘텐츠연구』에는 모두 115편의 논문이 게재되었다.

〈표 2〉는 R통계 프로그램을 통해 등재지 이전 시기에 학술지에 게재된 논문에 대한 텍스트마이닝을 한 결과 상위 20위까지 출현빈도수를 보인 단어들이다. 상위 출현빈도 단어들을 통해 살펴보면, 6위까지는 전체 논문을 대상으로 한 빈도분석과 동일하지만, 7위부터는 조금씩 다른 양상을 보인다. 자세히 살펴보면, 전체 논문에서는 9위를

<표 2> 등재지 이전 시기 출현빈도 상위 20

순위	주요 단어	출현빈도	순위	주요 단어	출현빈도
1	다문화	276	11	가정	60
2	사회	150	12	이주	56
3	교육	149	13	정책	54
4	문화	141	14	이해	53
5	문제	109	15	역사	52
6	결혼	106	16	과정	48
7	여성	98	17	대상	47
8	분석	74	18	게임·의미·인식	42
9	다양	68	19	작품	40
10	한국	68	20	이민자	38

차지하고 있는 '여성'과 17위인 '가정' 27위의 '역사', 그리고 50위를 기록하고 있는 '가족' 등의 어휘가 각각 7위와 11위, 15위, 그리고 30위를 차지하고 있는 등 변화를 보인다. 또한 전체 논문을 대상으로 한 빈도수 분석에서는 상위에 랭크되지 않았던 '게임'이란 어휘가 18위에 등장하는 특이점을 보이고 있다. 이는 『다문화콘텐츠연구』가 재단의 등재 학술지가 되기 이전, 다시 말해 연구원이 대학중점연구소 사업에 선정되기 이전에는 '콘텐츠' 또는 '문화콘텐츠' 분야의 연구 논문들이 주로 게재되었고, 중점연구소 사업에 선정되면서부터 한국사회의 인구통계학적 변화를 중심으로 한 연구가 진행되었다는 점을 유추하게 한다.

이상의 빈도 분석을 통해 등재 이전 시기 『다문화콘텐츠연구』에는 게임과 문학 텍스트 분석 등을 중심으로 한 논문들과 이주여성, 그리고 이들 이주여성들이 결혼을 통해 형성하게 된 가족과 그들에 대한 정책과 이해 등이 혼재되어 연구의 중심 토픽을 구성하고 있다는 점을 확인할 수 있었다. 문화콘텐츠 분야의 대표적인 연구로는 「복합학 관점에서의 게임에 대한 고찰」(Park, 2007) 등을 들 수 있으며, 초기 다문화 연구를 대표하는 연구로는 『나마스테』에 나타난 외국인 노동자의 재현 양상」(Hong, 2009)과 「다문화가족지원센터의 다문화가정을 위한 지원서비스: 현황과 발전방향에 관한 연구」(Park, 2009) 등을 들 수 있다.

〈표 3〉은 R통계 프로그램을 통해 등재지 선정 이후『다문화콘텐츠 연구』에 게재된 논문에 대한 텍스트마이닝을 한 결과 상위 20위까지 출현빈도수를 보인 단어들이다. 상위 출현빈도 단어들을 통해 살펴보면, 5위까지는 전체 학술지의 출현빈도와 차이가 없다. 하지만 6위와 8위, 9위 등에서 기존의 출현빈도와 다른 양상을 보여준다. 등재지 이후에 게재된 논문들의 경우 '이주'와 '한국', '결과' 등의 단어가 상위

〈표 3〉 등재지 시기 출현빈도 상위 20

순위	주요 단어	출현빈도	순위	주요 단어	출현빈도
1	다문화	352	11	다양	88
2	사회	213	12	여성	86
3	교육	208	13	정책	86
4	문화	183	14	과정	78
5	문제	134	15	이해	73
6	이주	130	16	관계	72
7	분석	113	17	대상	70
8	한국	102	18	인식	70
9	결과	92	19	수용	68
10	결혼	91	20	경험 ·정체성	67

에 포진해 있으며, 초창기에 상대적으로 중요한 위치를 차지했던 '여성'은 7위에서 12위로 출현빈도수가 하락하고 있다. 또한 특이한 점은 등재 이전 시기에서 46위로 TOP 20위 밖 출현빈도를 보였던 '관계'라는 어휘가 16위의 출현빈도를 보이고 있다는 점이다.

이러한 사실은 『다문화콘텐츠연구』에 게재된 논문의 연구 경향에 미묘한 변화가 있음을 의미한다. 물론 이 같은 변화를 연구 트렌드의 변화로 확정지을 수는 없다. 왜냐하면 이 글에서는 어디까지나 『다문화콘텐츠연구』에 게재된 논문만을 대상으로 했기 때문이다. 다시 말해, 『다문화콘텐츠연구』에 게재되지 않은 연구들에서는 얼마든지 다른 결과가 나올 수 있다는 점이다.

이 같은 한계에도 불구하고 등재지 선정 이후의 빈도수 분석은 『다문화콘텐츠연구』에 게재된 논문들이 결혼이주여성에 집중되었던 초창기 연구와는 달리 점진적으로 한국정부에 의해 시행되었던 다문화 정책에 대한 검토와 분석 등으로 확대되고 있음을 보여준다. 게다가 16위에 랭크되어 있는 '관계'라는 어휘를 통해 다문화 가족과 한국인들의 관계 형성의 문제가 중요한 연구 토픽으로 부상하고 있음도 확인할 수 있는데, 이것은 한국의 다문화 또는 다문화콘텐츠 연구가 시류적인 유행에서 벗어나 점차 학문의 영역으로 자리 잡기 시작했다는 것을 보여준다.

한편, 정부의 다문화 정책의 한계와 그 개선책 등을 모색하는 논문들이 다수 게재되었다는 것은 국내 다문화 연구가 정치적 올바름(Political Correctness) 등 윤리적 차원에서 탈피하여 객관화를 시도하고 있다는 반증이기도 하다. 그렇다면 이 같은 변화는 어디로부터 온 것일까? 이것은 다문화 담론을 둘러싼 학계의 학문적 성숙도와 함께 한국사회의 일련의 여건 변화―가령, 정부의 다문화 정책을 반대하는 반다문화 담론과 '차오포비아'로 대표되는 혐오 표현의 증가―가 직·간접적으로 영향을 미쳤을 것이라 판단한다.

3) 토픽모델링 분석

『다문화콘텐츠연구』에 게재된 논문들의 연구 주제를 분석하기 위해 수집된 252편의 논문에서 중심이 되는 주제와 관련 키워드를 추출하기 위해 토픽모델링 분석을 시도하였다. 토픽모델링 분석을 위해 R에서 패키지로 제공되는 "topicmodels"을 활용하여 LDA(Latent Dirichlet Allocation) 기반 토픽모델링 알고리즘을 사용하였다.

일반적으로 토픽모델링에서는 텍스트에 잠재되어 있는 토픽을 파악하는 LDA 기법을 많이 사용한다. LDA란 자연어 처리에서 주로 사용하는 방법으로 주어진 문서에 대하여 각 문서에 어떤 주제들이 존재하는지를 확률적 찾아주는 토픽모델 기법 중 하나이다(Blei & Andrew, & Michael, 2003). 다시 말해, 주제별 단어 수 분포를 바탕으로 주어진 문서에서 발견된 단어 수 분포를 분석함으로써 해당 문서가 어떤 주제들을 다루고 있을지를 파악하는 것이다.

토픽모델링 분석은 출현빈도수 분석만으로 찾아낼 수 없었던 의미를 탐색한다는 점에서 유의미한 연구방법으로 각광받고 있는데, 최적의 결과를 산출하기 위해서는 연구자가 토픽 개수를 정해줘야 하는 한계 또한 갖고 있다. 다시 말해, 연구자는 토픽의 개수(K값)를 미리

지정하여 반복 검사를 실시한 후 적정 토픽 개수를 확정해야 한다. 최적의 결과 산출을 위해 K=4에서부터 최대 12까지로 변경하면서 적정 토픽을 추출하려 하였다. R프로그램의 "topicmodels" 패키지는 연구자의 요구 조건(num. iterations=5000; burnin=1000)에 따라 지정된 토픽 개수에 근거해 텍스트에 포함된 모든 단어들을 자동적으로 각 토픽에 할당하여 확률값이 큰 순서대로 배열한다.

토픽모델링을 통해 추출된 8개의 주제와 이를 구성하는 단어는 〈표 4〉와 같다.

〈표 4〉 토픽모델링 결과

순위	주제1	주제2	주제3	주제4	주제5	주제6	주제7	주제8
1	다문화	결혼	정책	다문화	교육	문화	인식	국제
2	다문화주의	가족	방식	다문화사회	다양성	대상	경험	교육
3	외국	다문화사회	지원	차이	여성	필요	프로그램	변화
4	역할	이주민	한국	작품	분석	언어	결과	학생
5	이주	공동체	문제	존재	영화	문학	관계	유아
6	통합	접근	적응	한국	서사	학습	결혼	필요
7	프랑스	긍정적	표현	한국어	문제	가정	정책	이론
8	역사	이민	참여	모색	구성	한국어	사회통합	활동
9	가정	방향	재현	정체성	파악	제시	세계	자료
10	사회	결과	분석	과정	일반	형성	제공	개선

토픽모델링 결과를 통해 각 주제를 구성하고 있는 연관 단어들을 중심으로 주제들의 의미를 해석해 볼 수 있다. '다문화', '다문화주의', '외국'이 상위에 랭크된 주제 1은 '이주', '통합', '프랑스', '역사' 등의 연관 단어로 구성되어 있어 주로 외국의 다문화 사례를 비롯해 이주와

관련된 다문화주의 이론적인 면을 중심으로 연구가 진행되고 있음을 보여준다.

'결혼', '가족', '다문화사회'가 상위에 랭크된 주제 2는 '이주민', '공동체', '이민' 등의 단어와 연관 관계를 이루면서 결혼이주를 통해 새로운 가족관계를 형성한 다문화가정이 어떻게 하면 긍정적인 측면에서 한국사회에 적응할 수 있는지가 중요한 연구 주제였음을 제시하고 있다. 주제 3은 정부의 다문화 정책과 이주민의 한국사회 적응의 문제에 집중되어 있으며, 주제 4는 한국사회의 다문화 현상을 재현하고 있는 문학작품에 나타난 이주민과 정주민 간의 '차이'의 문제나 이주민들의 정체성 탐색으로 수렴되고 있다.

주제 5는 '교육', '다양성', '여성' 등의 단어가 '분석', '영화', '서사' 등과 연관 단어를 구성함으로써 다문화 영화를 대상으로 한 분석과 그 결과의 다양한 교육적 활용 방안에 대한 논의들도 활발하게 진행되었음을 보여준다. 주제 6은 다문화 가정을 대상으로 이들의 언어교육, 다시 말해, 한국어 교육과 관련된 다양한 학습 방법론에 대한 논의로 수렴되고 있고, 주제 7은 다문화 인식 개선을 위해 제공되고 있는 각종 프로그램에 대한 소개와 체험, 그리고 프로그램에 대한 효과 검증 등 사회통합과 관련된 일련의 사회적 실천 등도 중요한 주제였음을 확인시키고 있다.

마지막으로 '국제', '교육', '변화' 등이 상위에 랭크된 주제 8은 '학생', '유아', '이론', '활동' 과 연관 단어를 구성함으로써 다문화 교육 일반 및 국제이해교육, 또는 학생과 유아를 대상으로 한 다문화 교육 프로그램과 콘텐츠에 대한 논의 또한『다문화콘텐츠연구』게재 논문의 중요한 연구 주제였음을 제시하고 있다.

이상의 토픽모델링을 통해 우리는 『다문화콘텐츠연구』에 게재된 논문들이 다문화 현상에 대한 분석은 물론이고, 이론과 정책, 그리고 영화와 문학작품에 대한 분석, 각종 다문화 관련 실천 프로그램에 대한 진단 및 다문화 교육 등 전 분야에 걸쳐 진행된 결과물이라는 것을 확인할 수 있었다.

4) 의미연결망 분석

의미연결망 분석(SNA: Semantic Network Analysis)은 사회연결망 이론을 전제로 만들어졌다. 즉 사회연결망 분석(Social Network Analysis)에서 사용하는 개인(node)과 연결 관계(link)가 의미연결망 분석에서는 '노드'는 '단어'로 대체되며, '연결 관계'는 '단어 간 연결 관계'로 전환된다. 따라서 의미연결망 분석은 개별 단어들이 어떠한 상호 관련이 있는지 연결 관계를 보여줄 뿐만 아니라, 단어 사이의 거리와 연결선의 굵기 등으로 분석 대상 텍스트가 어떠한 단어를 중심으로 담론을 구축하고 있는지 가시적으로 보여준다. 또한 의미연결망 분석은 단어 간의 연결 구조를 가시화함으로써 특정 이슈들이 어떠한 방식과 담론 구조를 통해 구성되고 있는지 분석을 가능하게 한다.

의미망 분석을 위해 빈도수 분석을 통해 추출된 단어들의 동시출현(Co-Occurence) 빈도수를 조사하였다. 동시출현을 분석한 이유는 단어의 정확한 의미 파악은 단독의 단어보다는 함께 쓰이는 단어에 따라 다를 수 있기 때문이다. 가령, 동음이의어 '밤(chestnuts; night)'이란 단어는 함께 쓰이는 단어가 '다람쥐'냐 '잠'이냐에 따라 그 의미가 달라진다. 따라서 이 같은 혼란을 피하고 단어의 정확한 의미 파악을 위해 텍스트마이닝 기법에서는 동시 출현(Co-Occurence)을 자주 활용한다.

『다문화콘텐츠연구』의 초록 안에서 동시 출현하는 단어들의 네트워크를 분석하고 이를 시각화하기 위해 R프로그램의 "qgraph" 패키지를 사용하였다. 그 결과는 〈그림 5〉와 같다.

〈그림 5〉는 『다문화콘텐츠연구』에 게재된 논문들의 초록 전체를 대상으로 동시 출현빈도수를 조사하여 상위 20위에 대해 네트워크를 분석한 것이다. qgraph를 이용한 네트워크 분석에서 글자와 원은 클수록 빈도가 높으

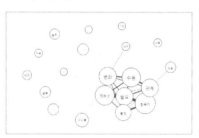

〈그림 5〉 『다문화콘텐츠연구』 논문 전체에 대한 네트워크 분석

며, 연결선은 굵을수록 중첩되어 나타나는 것을 의미한다. 또한 관련성이 큰 단어일수록 가까이에 위치해 있고, 관련성이 없는 단어들은 상대적으로 멀리 배치되는 특징을 보인다.

이상의 특성에 근거해 『다문화콘텐츠연구』에 게재된 논문에 대한 네트워크 분석을 해석해 보면, 한국의 다문화 또는 다문화콘텐츠 분야 연구에서는 다문화사회의 도래와 함께 한국사회의 인구통계학적 변화와 관련된 주제들이 밀접한 연관성을 지니면서 왕성하게 진행되었음을 알 수 있다. 다시 말해, 결혼이주여성과 외국인노동자의 급증으로 인한 한국사회의 '변화'와 직접적으로 관련이 있는 연구가 왕성하게 진행되었다. 이는 '정체성', '필요', '한국어'가 굵은 네트워크로 연결되

어 하나의 의미군을 형성하고 있으며, 이들 의미군이 '변화' '수용', '관계' 등의 의미군과 '수용'과 '관계'라는 측면에서 연관을 맺고 있는 그림을 통해서도 확인 가능하다. 이 밖에도 '목적'이나 '대체', 그리고 '대화'등이 비교적 중심 의미군과 근접 거리에 위치함으로써 전체 연구 경향은 대체로 다문화 사회의 도래로 인한 한국사회의 변화상과 그에 대응하는 정부의 정책, 그리고 정책의 성과 분석에 집중되어 있다는 것을 보여준다.

또한 중심 의미군과 상대적으로 먼 거리에 '난민', '거부', '논리' 등의 어휘가 하나의 의미군으로 자리 잡고 있고, '남북'과 '구미호' 등이 독립적으로 자리하고 있는 것으로 보아 『다문화콘텐츠연구』에는 앞서 언급했던 주제 이외에도 최근 한국사회에서 사회적 현안으로 등장했던 난민의 문제나 북한이탈주민 등과 관련한 북한 관련 담론, 그리고 전통적인 콘텐츠 영역 등도 함께 게재 되는 등 다문화 또는 다문화콘텐츠 영역의 전문 학술지로서의 위상 또한 잃지 않고 있음을 알 수 있다.

그런데 네트워크 분석을 등재 이전과 이후로 구분해서 살펴보면 연구 경향에 일정한 변화가 있음도 확인된다. 이는 앞서 분석한 키워드 분석을 통해 어느 정도 예측 가능했지만, 네트워크의 시각화를 통해 그 변화를 더욱 선명하게 확인할 수 있었다.

〈그림 6〉은 등재지 이전에 게재된 논문들의 동시출현빈도수

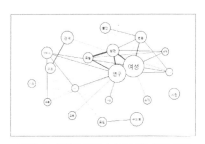

〈그림 6〉 등재지 이전 논문의 네트워크 분석

중 상위 20위에 대해 네트워크를 분석한 것이다. '여성'을 중심으로 '남편'과 '모형', '연구'들이 중심적인 의미군을 형성하고 있다. 이는 등재지 이전 시기인 초창기에는 주로 결혼이주여성에 대한 연구들이 진행되었음을 의미한다. 즉, 결혼이주여성을 중심에 놓고, 그 배우자인 남편, 그리고 국제결혼과 이주로 인한 결혼이주여성의 불안과 정체성의 변용 및 한국사회에 적합한 다문화 모형 등에 대한 탐색이 주조를 이루고 있는 것이다.

그런데 한 가지 흥미로운 점은 '시인'이 다른 어휘들과 네트워크 관계를 형성하지 않고 독립적으로 제시되고 있는데, 이는 한국사회의 다문화 현상을 문학적으로 형상화한 시인과 시 작품에 대한 분석 등 문학 작품의 재현체계 등도 중요한 이슈로 다루어졌다는 것을 보여준다. 대표적인 논문으로는 「하종오 시에 나타난 다문화 연구: 시집 '입국자들'과 '제국'을 중심으로」(Ryu, 2011) 등을 들 수 있다.

〈그림 7〉은 등재지 선정 이후인 2013년부터 2019년까지 게재된 논문들의 동시출현빈도수 중 상위 20위에 대해 네트워크를 분석한 것이다. 핵심 키워드는 '결혼'과 '결과'인데, 이들 두 어

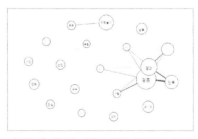

〈그림 7〉 등재지 이후 논문의 네트워크 분석

휘는 매우 가까이에 배치되어 있다. 이는 이 두 단어가 비록 직접적인 네트워크를 통해 의미군을 형성하고 있지는 않지만, 밀접한 관련 속에서 연구가 진행되었음을 보여준다. 이것은 국내 다문화 또는 다문화콘텐츠 연구가 시기적으로 2013년도를 경과하면서 결혼이주여성이나

한국사회의 다문화현상에 대한 분석에서 벗어나 점차 결혼이주여성의 삶의 만족도나 정부 정책에 대한 성과 검증 등으로 확대되고 있음을 나타낸다.

대표적인 연구로는 「한국 다문화교육의 문제점과 대안 고찰」(Park, 2016)과 「법무부 결혼이민자 조기적응프로그램의 운영 현황과 과제: 목원대학교 조기적응지원센터를 중심으로」(Lee, 2017)등이 있다.

또한 '난민'이란 어휘가 등장하고 있는데, 이 어휘는 등재지 이전에는 나타나지 않는 단어이다. 기실, 난민 문제는 2013년 한국 정부에 의한 아시아 최초로 난민법 재정과 2015년 전 세계를 뒤흔든 아일란 쿠르디(Alan Kurdi) 사건 등으로 학계의 주요 관심사 중 하나였다. 하지만 한국사회에서 '난민 문제'는 "'지금ー여기'의 문제가 아니라, 지구 반대편에서나 일어나는 일쯤으로 치부되었다"(Kang & Lee, 2019). 그런데 제주도로 집단 입국한 예멘인들은 일거에 난민문제를 사회적 현안으로 불러왔다. 『다문화콘텐츠연구』에는 이 같은 난민 이슈를 반영하듯 「한국중세시대에 보이는 난민들」(Park, 2019)과 「텍스트마이닝(Text Minning)을 통해 본 제주 예멘 난민: 네이버 뉴스 댓글을 중심으로」(Kang & Lee, 2019) 등과 같은 논문이 게재되어 있는데, 이를 네트워크 분석이 시각적으로 보여준 것이다.

4. 텍스트마이닝 분석으로 살펴본 『다문화콘텐츠연구』

이 글은 국내 최초의 다문화 관련 전문 학술지인 『다문화콘텐츠연구』가 처음 발행된 2006년부터 2019년 8월 말까지 게재된 논문을 대상으로 국내 다문화 및 다문화 콘텐츠 관련 분야의 연구 경향 분석을 위해 텍스트마이닝을 실시하였다.

구체적인 분석 결과는 다음과 같다.

첫째, 『다문화콘텐츠연구』가 국내 최초 다문화 관련 전문 학술지로서 높은 인용지수와 폭넓은 연구자 네트워크 구축 등을 통해 국내 다문화 연구를 선도해 왔음을 통계적인 수치를 통해 확인할 수 있었다.

둘째, 국내 다문화 및 다문화콘텐츠 분야 연구 트랜드에 일정한 변화가 있다는 점이다. 텍스트마이닝 결과는 국내 다문화 관련 연구는 결혼이주여성이나 한국사회의 다문화 현상에서 점차 다문화 정책과 관련 법, 그리고 각종 다문화 프로그램에 대한 성과 검증으로 확산되고 있다.

셋째, 국내 다문화 관련 연구를 선도해 왔던 『다문화콘텐츠연구』는 인용지수나 영향력 등에서 대학 중점연구소 지원 사업 종료를 기점으로 급격한 하락세를 보이고 있다. 이 같은 문제점을 해결하기 위해서는 투고자들의 투고에만 의존하는 수동적인 방식에서 벗어나 국내 다문화 및 다문화콘텐츠 연구를 선도할 수 있는 새로운 연구 아이템을 발굴·조직화할 수 있는 다양한 방법과 우수 논문에 대한 지원책 등이 강구되어야 한다.

넷째, 국제적인 기준에 근거한 학술지 체계를 투고자 편의성에 맞게

개정하여 보다 다양한 연구자들이 투고할 수 있도록 만들어야 한다. 또한 일부 연구자들의 지나친 중복 게재 등도 개선해야할 부분이다.

국내 최초로 다문화 전문 학술지인『다문화콘텐츠연구』에 게재된 논문들을 텍스트마이닝 기법을 통해 연구 경향을 파악했다는 점과 『다문화콘텐츠연구』가 국내 다문화 및 다문화 콘텐츠 연구 분야에서 차지했던 역할 등을 살펴볼 수 있다는 점에서 의미를 지닌다고 할 수 있겠다. 하지만, 이러한 성과에도 불구하고 이 글은 한국의 다문화 및 다문화 콘텐츠 분야 연구 전체를 조망하기에는 큰 한계를 지니고 있다. 왜냐하면 연구 대상이『다문화콘텐츠연구』로 한정되어 경쟁 관계에 있는 유수의 학술지에 게재된 논문들이 모두 배제되었기 때문이다. 추후 연구를 통해 부족한 부분을 보완하길 기대한다.

참고문헌

Blei, D.M., Andrew, Y. N, & Michael I. J.(2003), Latent dirichlet allocation, *The Journal of machine Learning research*, 3, MIT Press, pp. 993~1022.

홍원경(2009), 「『나마스테』에 나타난 외국인 노동자의 재현 양상」, 『다문화콘텐츠연구』 7, 중앙대학교 문화콘텐츠기술연구원, 153~177쪽.

황서이(2019), 「한국 예술경영 연구의 동향 변화: 국내 학술지(1988년~2017년) 빅테이터 분석을 중심으로」, 중앙대학교 박사논문.

황동열·황고은(2016), 「빅데이터 기술을 활용한 인문콘텐츠 분양의 의미연결망 분석」, 『인문콘텐츠』 43, 인문콘텐츠학회, 229~255쪽.

강진구·이기성(2019), 「텍스트마이닝(Text Minning)을 통해 본 제주 예멘 난민- 네이버 뉴스 댓글을 중심으로」, 『다문화콘텐츠연구』 30, 중앙대학교 문화콘텐츠기술연구원, 103~135쪽.

강진구(2014), 「한국사회의 반다문화 담론에 대한 비판적 고찰」, 『다문화콘텐츠연구』 17, 중앙대학교 문화콘텐츠기술연구원, 7~37쪽.

김영란(2012), 「독일과 한국의 다문화가족 정책에 대한 고찰: 다문화가족 관련 법제와 현황을 중심으로」, 『다문화콘텐츠연구』 13, 중앙대학교 문화콘텐츠기술연구원, 31~67쪽.

이인희·황경아(2013), 「다문화 관련 미디어 보도 프레임 연구에 대한 메타분석」, 『다문화사회연구』 6(2), 숙명여자대학교 아시아여성연구원, 83~108쪽.

이종윤(2010), 「한국의 다문화정책 관련법에 관한 일 고찰」, 『다문화콘텐츠
연구』 9, 중앙대학교 문화콘텐츠기술연구원, 163~186쪽.

이성순(2017), 「법무부 결혼이민자 조기적응프로그램의 운영 현황과 과제:
목원대학교 조기적응지원센터를 중심으로」, 『다문화콘텐츠연구』 24,
중앙대학교 문화콘텐츠기술연구원, 7~38쪽.

박찬옥·이은경(2012), 「출신 국가별 다문화가정 어머니의 자녀 교육관 및
부모역할 인식」, 『다문화콘텐츠연구』 12, 중앙대학교 문화콘텐츠기술
연구원, 65~94쪽.

박진완(2007), 「복합학 관점에서의 게임에 대한 고찰」, 『다문화콘텐츠연구』
3, 중앙대학교 문화콘텐츠기술연구원, 17~26쪽.

박영환(2019), 「한국중세시대에 보이는 난민들」, 『다문화콘텐츠연구』 30,
중앙대학교 문화콘텐츠기술연구원, 73~102쪽.

박영준(2016), 「한국 다문화교육의 문제점과 대안 고찰」, 『다문화콘텐츠연
구』 21, 중앙대학교 문화콘텐츠기술연구원, 297~322쪽.

박정윤(2009), 「다문화가족지원센터의 다문화가정을 위한 지원서비스: 현황
과 발전방향에 관한 연구」, 『다문화콘텐츠연구』 7, 중앙대학교 문화콘
텐츠기술연구원, 31~62쪽.

류찬열(2011), 「하종오 시에 나타난 다문화 연구: 시집 '입국자들'과 '제국'을
중심으로」, 『다문화콘텐츠연구』 11, 중앙대학교 문화콘텐츠기술연구
원, 265~286쪽.

우충완·우형진(2014), 「이주노동자 관련 범죄보도 노출과 접촉 경험이 내국
인의 제노포비아와 사회적 거리감에 미치는 영향에 관한 연구」, 『다문화
콘텐츠연구』 17, 중앙대학교 문화콘텐츠기술연구원, 185~227쪽.

http://www.m-culture.or.kr/sobis/mculture.jsp (검색일: 2019.11.18)

https://www.kci.go.kr (검색일: 2019.10.15)

https://www.nanet.go.kr/main.do (검색일: 2019.11.18)

http://www.riss4u.net/index.do (검색일: 2019.11.12)

제2부 영상콘텐츠와 문화다양성

영상콘텐츠에 재현된 공포와 전복의 욕망

: 원귀와 괴수 소재 영상콘텐츠를 중심으로

진수현

1. 서론

최근 귀신과 요괴 소재의 영상콘텐츠들이 큰 인기를 끌며 그 제재도 다양화되고 있다. 대표적인 예로 영화 〈곡성〉, 〈부산행〉, 〈곤지암〉, 드라마 〈도깨비〉, 〈손 the guest〉, 〈구미호뎐〉, 〈킹덤〉, 〈스위트 홈〉 등이 있다. 앞의 영상콘텐츠 사례들로부터 과거에는 다루지 않았던 좀비나 뱀파이어, 퇴마 등의―서양의 전유물이던―서사도 활발히 제작되고 있음을 알 수 있다. 이는 우리 민족만의 고유한 원형적 사고, 인식 등이 세계의 여러 문화적 코드와 융합, 새로운 형태로 생산되고 있음을 말한다.

21세기 미디어의 발달은 "이미 소멸되었던 신화적 사고가 문학과 디지털 기술이 융합되어"(안기수, 2018: 171~172)[1] 영상매체로 재현 가능한 세계가 확장된 결과이기도 하다. 세계화의 진행 과정에서—문화 간 교류를 통해—그 영역이 확대되고 이로써 공포장르[2]의 제재 확장에 따라 다양한 공포장르의 영상콘텐츠가 제작되고 있다. 그러나 공포장르의 영상콘텐츠가 단순 재미만을 위해 다수 제작되는 것은 아니다.

즉 영상콘텐츠에서 재현하는 공포는 단순 재미만을 위한 것이 아닌 인간의 심리 및 무의식[3]을 자극한다. 이로써 관람자에게 불안과 공포, 두려움을 불러일으킨다. 이 공포는 영상콘텐츠 내, 상징적 의미가 내재한 원초적이며 유전적 코드들로 구성된다. 예컨대 공포의 발생 주체 즉 원귀, 괴수가 극 내부에서 표출시키는 공포는 사회, 문화적 배경과 밀접한 관련성이 있다. 따라서 공포장르의 영상콘텐츠가 재현하는 세계는 우리의 현실에서 만나는 현실적 불안과 공포, 두려움이며 인간의 원초적이며 유전적인 코드가 그 바탕이 된다.

---

1) 다음은 고전문학의 문화콘텐츠화 및 그 활용성을 논한 연구물이다. 안기수, 「홍길동전의 게임 스토리텔링 방안 연구」, 『어문론집』 58, 중앙어문학회, 2014; 「고소설 〈전우치전〉의 게임화 방안 연구」, 『어문론집』 67, 중앙어문학회, 2016; 「영웅 스토리에 수용된 '요괴퇴치담'의 게임화 방안 연구」, 『어문론집』 55, 중앙어문학회, 2013; 「영웅소설의 게임 콘텐츠화 방안 연구」, 『우리문학연구』 23, 우리문학회, 2008; 「한국 영웅소설의 게임 스토리텔링 방안 연구」, 『우리문학연구』 29, 우리문학회, 2010.

2) 공포장르로는 유령·요괴·괴물 등이 등장하는 괴기물, 초자연적·마술적·신비적인 것을 소재로 한 오컬트물, 살인·범죄를 제재로 한 스플래터물, SF 영화, 특수 효과로 연출한 SFX 물, 공포와 전율에 역점을 둔 호러물 등이 있다.

3) 영상콘텐츠 내에는 인류의 원형적 사고가 코드화되어 재현된다. 이들 원형적 사고는 한 집단의 사회, 문화 내에서 상징적 형태들로 나타난다. 또한 이 원형적 사고는 하나의 집단 경계를 넘어 시간과 공간, 지리적 조건, 인종의 차이를 초월하기도 한다.

그러나 문제는 공포장르 영상콘텐츠의 수용자가 경험하는 공포란 스크린에 재현된 장면을 통해서만―불안과 공포, 두려움의 상황과― 직면한다는 것이다. 즉 관람자가 경험하는 불안과 공포, 두려움은 실 재하지 않는 것이다. 따라서 관람자가 느끼는 불안과 공포, 두려움은 즐거움과 짜릿한 스릴, 재미와 카타르시스로 교환된다.

그러나 스크린에 재현된 세계가 우리의 현실을 반영한 것이거나 우리 인간이 가진 무의식적이며 근원적 공포를 자극한다면, 향유자의 불안과 공포, 두려움은 실체화된다. 즉 공포물이 다루는 폭력과 죽음 이 사회적 현실이 반영된 실체라면, 관람객의 두려움은 사실적으로 다가오게 되는 것이다.

또한, 인간의 지식과 경험의 범주 밖의 세계관, 즉 인간이 인지할 수 없는 죽음, 영적인 세계를 재현한 것에서도 불안과 공포가 야기될 수 있다. 이처럼 공포물은 관람객의 개인적 심리 차원과 사회·문화적 차원에서 초래된 불안과 공포를 실체화한다고 볼 수 있다.

이에 본 논문은 공포장르 영상콘텐츠 속의 세계관이 우리의 무의식 과 사회·문화적 현상의 반영과 현실에서의 금기, 개인의 은밀한 사적 욕망의 표출, 사회 전복에 대한 욕망의 재현에 대해 논하고자 한다.

예컨대 "피해자가 원혼으로 나타나 복수를 하는 아랑형 설화, 소설 로는 〈장화홍련전〉 유형에서 본다면"(차충환·안영훈, 2015: 173) 이러 한 이야기들은 남성의 사적 욕망으로서 대상화된 여성이 겪는 공포와 사회적 신원의 회복이라는 사회 내적인 욕망이 재현된 것으로 볼 여지 가 있다.

따라서 공포장르 영상콘텐츠에서 그리는 세계가 우리 사회·문화적 공간을 재현하며 특정한 공포와 욕망을 이야기한다면, 이것은 단순한 흥미와 재미라는 측면에서의 서사로만 읽을 수 없다. 즉 영상콘텐츠 내 공포의 재현을 통해 우리사회에 특정한 메시지를 주는 것이기 때문이다. 이러한 시각에서 공포장르 영상콘텐츠에 재현된 공포와 욕망, 전복의 일면이 있다.

2. 전통적 여성 원귀 소재 영상콘텐츠에 재현된 공포와 욕망

1) 귀신 소재 영상콘텐츠의 사회, 문화적 의미

이 장에서는 전통적 여성 원귀 소재 문화콘텐츠[4]에 공포와 욕망의 재현 양상에 대해 살핀다. 여성 원귀는 한국적 문화원형의 하나로 우리 민족 고유의 인식과 사고, 상징을 엿볼 수 있는 소재이다. 이 때문에 공포장르 영상콘텐츠로 널리 활용되고 있다. 특히, 문화 융·복합 시대의 귀신의 다양한 이야기적 요소는 이질적인 다른 요소와 결

---

4) "문화콘텐츠는 문화예술과 인문학을 기반으로 하는 콘텐츠가 기계적 기술과 융합하면서 탄생한 디지털 시대의 산물로서, 인간의 감성과 감동을 고부가가치로 창출한다."(허만욱, 2011: 431) 즉 문화콘텐츠는 문화기술이 그 기반이 되는 산업이며 이 문화기술은 인문학적 상상력의 재현을 가능하게 만들고 있다. 문화콘텐츠에서 말하는 문화란 "지식, 믿음, 예술, 도덕, 법, 관습, 그리고 사회 구성원으로서 인간이 획득한 기타 능력과 습관을 포함한 복합적 전체"(장 코팡, 김영모 역, 2008: 106~107)이다. 따라서 문화콘텐츠는 문화적 생산물인 것이다. 이에 따라 원귀 소재 영상콘텐츠의 이해 역시 문화적 측면에서 분석 대상이 된다.

합, 새로운 이야기로 창조하기에 적합한 소재적인 가치를 지닌다. 이는 귀신에 관한 이야기가 특정 시기 단일하게 형성된 것이 아니라 매우 이질적이면서도 다양한 주체와 시간의 층을 포괄하면서 전승되었기 때문이다. 이러한 적층성과 구비전승에 따른 변이는 문화 융·복합에서 요구하는 개방성, 탈경계화, 수용성에도 부합한다. 이 때문에 공포장르 영상콘텐츠에서 재현하는 공포는 현 사회에 특정한 시사점을 준다.

귀신은 초자연적인 사건과 현상들의 집합체로 인간의 경험적 소산물이며 문화적 자산이다. 보통 귀신은 천신의 의미에서 사용되기 보다는 인간의 사후에 남는 혼으로 인식하는 대상이다.[5]

이 귀신에 내재된 의미는 사회·문화적으로 다채롭게 해석되며 현 사회에 특정한 시사점을 준다. 예컨대 억울한 죽음으로 인한 원귀의 '恨'은 사회 제도의 모순을 제거할 것을 요구하는 기호이다. 이처럼 귀신·요괴는 사회·문화적 지식의 담론이자 결과물이다. 따라서 전통적 여성 원귀 소재 영상콘텐츠의 분석을 통해 과거 사회·문화적 담론의 형성과 성격 파악은 물론 그 사회·문화적 의미를 이해할 수 있게 된다.

나아가 이러한 작업은 현시점에서 여귀의 사회·문화적 의미 변이를 고찰할 수 있는 기본토대가 된다. 이러한 측면에서 여귀 소재 영상콘텐츠에 재현된 공포와 욕망의 분석은 사회의 한 단면을 바라보는 지표

---

5) 요괴는 인간을 제외한 모든 자연 만물에 영혼이 깃들어 생성된 존재로 인식한다. 즉 귀신은 인간형, 요괴는 비인간형으로 나눌 수 있다.

로 기능하며 사회적 현상으로써 여귀의 의미 파악이 가능해진다.

이에 과거부터 현재까지 원귀에 대한 인식 변화의 추이와 여귀 소재 영상콘텐츠들 간의 상호 관계 양상, 의미의 일면도 살필 수 있게 된다. 또한, 여귀의 인식과 그 개념의 양상이 현재 매체에 어떤 방식으로 재현되고 있는지에 대해서도 살필 수 있다. 요컨대 이들 귀신은 인간이 구축한 사회·문화적 시스템 내에서 무수히 많은 상징적 코드들로 나타난다.

즉 귀신은 한 사회의 이데올로기, 종교, 경제, 젠더, 매체의 변화 등 문화적 특수성에 따라 변이되는 양상을 띤다. 이러한 상징적 의미를 띠는 귀신 소재 영상콘텐츠의 이해는 사회, 문화적 현상과 불가분의 관계이다.

2) 영화 〈월하의 공동묘지〉, 〈깊은 밤 갑자기〉, 〈여곡성〉에 재현된 공포와 욕망

공포장르 영상콘텐츠의 면면에는 우리의 공포와 욕망하는 바가 담겨 있다. 요컨대 문화콘텐츠에는 사회 공동체 구성원들의 삶의 양상과 우리 사회를 구성하며 작동시키는 특정한 사고의 재현이다. 이제 영화 〈월하의 공동묘지〉(1967)·〈깊은 밤 갑자기〉(1981)·〈여곡성〉(1986)과 리메이크 〈여곡성〉(2018)에 재현된 공포와 욕망을 살펴 이를 분석한다. 이들 영화에서 공포의 핵심은 여귀(女鬼)의 재현과 공포, 욕망에 있다. 그리고 여귀가 불러오는 공포는 귀신의 욕망하는 바와 일치한다. 즉 공포가 욕망의 재현으로 치환된다.

이와 같은 여성 원귀의 대표는 아랑형 이야기이다. 예컨대 2006년 개봉작 영화 〈아랑〉은 이 아랑형 이야기가 모티프이며 원한의 맺음과 해원(解冤)의 측면에서 동일 구조를 띤다. 즉 남성에 의해 정절을 유린 당하고 억울한 죽음을 맞은 여성이 원귀가 되어 사회적 공포를 확산시 킨다는 측면이다. 이는 가부장적 사회지배질서 내에서 남성의 폭력과 억압, 희생된 여성들이 표출하는 공포이며 남성이 여성에게 가한 폭력 의 흔적, 죄의식의 기록인 것이다. 따라서 사회적 약자가 표출하는 공포가 이 여성 원귀를 통해 재현되고 있다.

해원의 과정 역시 설화와 동일 구조를 갖는다. 설화 상 고을의 원님 — 남성권력—에 의해 원귀의 한이 해원된 것처럼 영화 〈아랑〉도 같은 구조로 원귀의 한 맺힘이 풀린다. 영화 〈아랑〉에서 경찰(남성권 력)에 의해 사건이 해결되며 마무리된 것은 모두 가부장적 지배질서 내 공권력에 의해 해원이 이루어지는 구조로 동일하다.

(1) 영화 〈월하의 공동묘지〉(1967)

영화 〈월하의 공동묘지〉(1967)는 여성 한의 공포가 스크린에 재현 된다. 전통 사회에서의 여성 원귀는 남성 권력에 의해 철저히 타자화 되고 억압받는 피해자로 그려진다. 영화 〈월하의 공동묘지〉(1967) 속 여성 원귀 역시 피해자이다.

영화 〈월하의 공동묘지〉는 곽철휘 감독의 1967년 작품으로 그 시대 적 배경은 일제강점기이다. 작품의 대략적인 줄거리는 다음과 같다.

명선의 오빠 춘식과 애인 한수는 학생사건으로 일제에 의해 투옥된다. 명선은 이들의 옥바라지를 위해 기생이 된다. 명선의 기명은 월향이다. 명선의 고생이 안타까웠던 오빠 춘식은 모든 혐의를 자신이 뒤집어쓰고 한수는 석방된다. 이후, 명선과 한수는 혼인을 하고 아들을 낳는다. 한수의 사업은 번창해 많은 돈을 벌지만 명선은 옥살이를 하는 오빠 춘식의 걱정에 병을 얻는다. 명선의 병세가 나아지지 않자 찬모 난주를 집에 들여 집안일과 병수발을 들게 한다. 한편 난주는 명선과 그의 아들을 없애고 자신이 안주인이 되려는 음모를 꾸민다. 의사 태호는 난주의 음모를 눈치 챘지만, 그녀와 모의해 명선을 독살하고 재산을 빼앗으려 한다. 춘식은 난주의 유혹을 뿌리치지 못하고 부정을 저지르지만 명선은 그를 감싸준다. 그러다 명선은 난주의 계략에 자결을 하게 된다. 어린 아들에 대한 걱정 때문에 명선은 원귀가 되어 피의 복수를 시작한다.

영화 〈월하의 공동묘지〉의 주 제는 모성애와 여성의 한으로 집 약된다. 영화 〈월하의 공동묘지〉 는 앞서 언급한 '아랑형' 설화와  는 서사 전개 양상이 다르다. 이 영화의 원귀는 자신의 어린 아들을 지켜주기 위해 나타난다. 즉 본 영화에서의 원귀에 새겨진 공포는 모성애의 재현이다. 그러나 이 모성애 역시 사회·문화적으로 여성에 게 요구되는 측면이 있다. 이러한 측면에서 여성의 모성은 사회·문화 적 욕망으로 치환되고, 이 사회·문화적 욕망이 공포로 재현된 것이다.

(2) 영화 〈깊은 밤 갑자기〉(1981)

영화 〈깊은 밤 갑자기〉(1981)는 젊은 육체에 대한 욕망과 신분 상승의 욕망이 재현되었다. 작품의 대략적인 줄거리는 다음과 같다.

강유진은 생물학계의 권위자이다. 지방에서 나비 채집을 마치고 집으로 돌아온다. 연구의 성과를 담은 슬라이드 필름에서 목각인형이 찍힌 사진이 발견된다. 그의 아내는 알 수 없는 불길함을 느낀다. 이후, 남편은 다시 나비 채집을 떠났다. 집으로 돌아온 남편은 화재로 무당인 어머니를 잃고 홀로 남은 미옥을 데려와 가정부로 삼는다. 유진의 아내는 미옥을 반갑게 맞이하지만 자신과 달리 젊고 아름다운 미옥을 못마땅해 한다. 급기야 유진의 아내 선희는 미옥과 남편의 사이를 의심하게 된다. 이에 아내는 사고를 가장해 미옥을 죽인다. 그러나 미옥이 죽은 뒤, 목각인형이 선희를 괴롭히기 시작한다. 혼자 집에 남아 있던 선희는 목각인형의 습격을 받고 칼로 목각인형의 가슴을 내리친다. 다음 날 돌아온 남편의 눈에 목각인형처럼 분장한 아내가 보인다.

이 여성의 욕망은 개인적인 것이면서 또한 사회적이다. 즉 미옥의 젊고 아름다운 육체를 본 유진의 아내는 자신의 남편을 빼앗길 수 있겠다는 불안에 이상 심리를 보이게 된다. 이러한 측면에서 본다면 본 영화는 여성의 사회적 욕망—아름다움—을 공포로 재현한 것으로 볼 수 있다.

결국, 유진 아내 선희의 정신분열은 가정 내에서 자신의 위치가—젊고 아름다운 육체에 인해―전복
될 수 있다는 불안에서 시작된 것
이다. 또한, 가정이라는 울타리
에서 배제될 불안함을 갖는 수동
적 여성 캐릭터로 파악할 수 있
다. 반면 원귀로 나타나는 미옥은 가부장적 지배질서를 지키려는 여성
인물을 파멸시킴으로써 기존 체제의 전복을 유도하는 인물로 볼 수
있다.6)

이는 다음의 장면과 대사에서 확인할 수 있다.

"네가 아무리 우리 집에 들어오려 해도 난 받아들이지 않아. 다시는
오지마라 악령아."

위의 대사는 계속해서 되돌아
오는 목각인형을 버리며 유진의
아내가 한 말이다. 이 말에서 외
부로부터 들어온 부정한 것을 받
아들이지 않겠다는 의지가 보인
다. 이 의지는 앞서 언급한 바대

---

6) 한편 미옥은 자신의 젊고 아름다운 육체를 통해 사회적 신분 상승에 대한 욕망을 드러낸
   다. 자신의 사회적 신분은 무당의 딸이다. 이렇듯 사회적으로 불안한 계층인 자신의
   신분을 상승시키기 위해 미옥이 내세우는 것은 젊음이다. 이 젊음은 선희의 알 수 없는
   불안과 관련을 맺는다. 결국, 선희의 가정 내에서의 존재감 획득이라는 개인적 욕망과
   신분 상승이라는 미옥의 사회적 욕망의 충돌로 본 영화를 파악할 개연성이 충분하다.

로 가정 내에서 자신의 위치를 빼앗기지 않겠다는 욕망의 표현이다. 즉 기존 질서의 전복을 원하지 않고 그대로 지키고자 하는 마음의 표현이다. 결국, 이 둘의 대결은 기존질서의 수호와 전복의 서사이다. 영화 〈하녀〉의 여성 인물 역시 영화 〈깊은 밤 갑자기〉와 동일한 측면에서 해석될 수 있다.

영화 〈하녀〉는 임신한 아내가 요양을 위해 친정에 간 사이 남편을 유혹, 관계를 맺고 그의 아이를 임신한다. 하지만 이 사실을 알게 된 아내가 하녀를 계단에서 밀고, 아이를 유산한 하녀가 복수를 시작한다는 내용이다. 앞서 언급한 영화 〈하녀, 2010〉는 1960년 김기영 감독의 연출작을 리메이크 한 작품이다. 영화 〈하녀, 2010〉의 하녀도 영화 〈깊은 밤 갑자기〉의 미옥처럼 신분 상승의 욕망을 지닌 인물로 그려진다. 물론 하녀가 귀신으로 나타나 복수하는 내용의 영상콘텐츠는 아니다. 그러나 두 작품 모두 사회적으로 취약한 계층의 인물이 자신의 신분을 상승시키기 위해서는 기존질서의 전복을 욕망할 수밖에 없는 캐릭터로 재현된 것에서 유사성이 있다.

(3) 영화 〈여곡성〉(1986)과 리메이크 〈여곡성〉(2018)

1986년 개봉한 〈여곡성〉은 이혁수 감독이 연출을 맡은 작품이다. 이 작품에는 세 여성인물의 욕망이 재현되어 있다. 그 줄거리(2018년 리메이크 작)는 다음과 같다.

이씨가문의 신씨부인에게는 3명의 아들이 있었는데, 첫째와 둘째 아들은 혼사를 치룬 첫날 밤에 비명횡사했다. 신씨부인은 막내아들인 명규를 지키기 위해 하인인 연두에게 명규의 사주를 지니고 명규 행세를 하고 돈을 주고 사온 옥분을 혼인시키려 한다. 하지만 명규가 이를 거절하고 악귀를 직접 물리치려 하지만 옥분과 첫날밤을 보낸 후, 귀신에 의해 죽임을 당한다. 신씨부인은 혹시 옥분이 수태를 하였을 수도 있기 때문에 100

일 후에 집을 나가라고 하면서, 머무는 동안 본인의 허락없이 집을 나가서
도 안 되고, 이 집안에서 일어난 일을 말하지 말고, 곳간을 들여다보지
말라고 명한다. 이는 곳간에는 신씨부인의 남편인 이대감이 실성한 채로
갇혀 있었기 때문이다. 신씨부인은 한양에서 가장 용한 무당인 해천비를
불러 가문에 씌인 악귀를 물리쳐달라고 하는데, 해천비는 혼을 멸하려
하지 말고 달래야 한다고 하며 굿을 권유하지만 무당들이 귀신에 의해
죽고 실패로 돌아간다. 아이를 수태한 옥분에게 해천비는 이곳은 악귀의
집이며, 태중의 아이를 노리고 있기 때문에 이 집을 떠나라 권유하지만
옥분은 이를 거절한다. 이후 신씨부인은 귀신에 씌여 갑자기 옥분에게
친절하게 대하고, 곳간 열쇠를 주며 곳간 안에 있는 작은 문은 열어보지
말라고 한다. 그러나 옥분은 그곳을 열어 보고, 이대감이 발견된다. 귀신에
씌인 신씨부인은 동물의 피를 산채로 마시거나 몸종을 살해하고 이대감을
홀려서 사람들을 죽이게 만든다. 옥분의 꿈에는 귀신이 된 기생 월아의
사연이 보인다. 이 대감은 자신의 아이를 수태한 기생 월아를 살해하고
우물에 넣은 후 돌로 덮어 버렸기 때문에 월아는 이씨 가문의 대대손손
씨를 말리겠다고 저주하였던 것이다. 해천비는 옥분에게 이제 도망치기에
도 늦었기 때문에 악귀를 직접 멸해야 하며, 그 방법으로 혼이 빠져나간
신씨 부인 육신의 목을 베어야 한다며 칼을 준다. 해천비가 월아 귀신과
대적하는 동안, 옥분은 우물 속에서 신씨 부인의 육신을 발견하고 목을
베어 귀신을 물리친다. 하지만 귀신은 '모든 것을 다 얻는 순간 모든 것을
잃는 법'이라는 의미심장한 말을 남긴다. 10년 후, 옥분의 아들은 신씨
부인의 귀신을 마주하며 끝이 난다.

이대감은 출세지향적인 인물이다. 기생 월아는 이대감의 아이를 수태한 대가로 자신을 안주인으로 받아줄 것을 요구했다. 즉 이 영화에서 월아는 신분 상승의 욕망을 지닌 여성 인물이다.

"그게 무슨 소리더냐?"
"말씀드린 대로입니다. 전 대감의 아이를 수태하였습니다."
"그래서 네가 바라는 것이 무엇이냐?"
"그저 소녀를 대감댁 안방에 앉혀주시면 되옵니다."

결국, 월아는 이대감이라는 남성권력의 희생자가 된다. 그러나 월아라는 인물이 쉽게 이해되기 어려운 까닭은 자신의 목숨이 경각에 달했음에도, 수동적 태도를 고수하고 있다는 점이다. 또한, 자신을 죽이려 하는 남성의 아이를 정성껏 키우겠다고 말하는 부분 역시 납득하기 힘들다. 그러나 자신의 욕망이 좌절된 그 순간, 원귀로 나타난 월아는 사회를 전복시키려는 적극적 캐릭터로 변한다.

"다시 한 번 묻겠다. 그 사실을 누구에게 발설하였느냐?"
"그런적 없사옵니다. 소녀 어찌 그런 망발을 하겠습니까?"
"아니 이년이 여봐라."
"이래도 계속 잡아뗄 생각이냐?"
"진정이옵니다. 대감. 제발 벌을 거두어주십시오."
"허. 사내들 품에서 세치 혀로 거짓말만 말해 온 년이 진정이라? 당장 이실직고 하지 않는다면 내 너를 갈기갈기 찢어버릴 것이야."

(…중략…)

"목숨만은 살려주십시오."

"살려만 주신다면 복중의 아기와 멀리 떠나 평생 대감의 아이를 정성스레 키우겠습니다."

"이런 독한 년을 봤나."

2018년 리메이크작에서 해천비는 월아의 고통과 한을 사사롭다 말한다. 게다가 개인보다 사회가 더 큰 가치라고 훈계한다. 권위 의식이 해체된 사회에서, 과거 전통적인 계층 인식과 그 답습이 나타났다. 1980년대의 남성과 여성의 사회적 성 인식과 현재는 많은 측면에서 변화했다. 1980년대는 여전히 남아선호가 사회적으로 횡횡했듯, 남녀의 사회적 지위는 지금보다 훨씬 고정적이었다. 그러나 1980년대 남녀의 사회적 지위 차이는 현재와는 비할 수 없을 만큼 달라졌다. 이러한 변화된 시대 상황의 재현이 이루어지지 못한 채, 기존 작품을 그대로 답습했다는 점이 관람객의 공감을 얻는 것에 실패한 원인으로 지적된다.

해천비: 꼭 이래야만 하겠느냐

월아: 니가 내 고통을 아느냐. 니가 한을 풀지 못하고 구천을 떠도는 이 심정을 아느냐? 난 절대 용서할 수 없다.

해천비: 그깟 사사로운 복수심으로 세상을 해할 셈이냐?

월아: 사사로운 복수? 감히 내게 그런 말을.

그러나 위의 대화에서 나타난 월아의 언급을 적극적으로 해석한다면, 기존질서의 전복을 욕망한 인물로도 볼 수 있다.

이 영화에는 월아와 더불어 신씨부인과 옥분이라는 여성인물도 등장한다. 신씨부인은 정실부인이 아니기에 가문의 대를 잇고 집안을 지켜야 한다는 욕망을 갖고 있는 인물이다. 옥분은 가문의 대를 잇기 위해 이대감 집으로 들어온 인물이다. 후에 옥분은 임신을 하게 되고 이 아이를 통해 신분상승의 욕망을 드러낸다. 결국, 영화 〈여곡성〉은 이 세 여성의 욕망과 그 투쟁의 이야기로 치환된다.

즉 이 영화의 여성 인물들은 남성 권력에 의해 자신들의 욕망을 실현시키려 한다. 즉 신씨부인과 옥분, 월아 모두는 각자가 가진 아이(男兒)를 통해 그 욕망의 실현을 원하고 있다. 이 점에서 가부장적 지배질서 내에서 주체적이지 못한 여성상을 스크린에 재현하고 있다.

3) 영화 〈월하의 공동묘지〉, 〈깊은 밤 갑자기〉, 〈여곡성〉의 사회, 문화적 의미

세 작품의 여성 인물 모두 기존의 남성 지배질서 내에서—남성 권력에 의해—자신의 사회적 욕망(慾望)의 획책을 원하므로 주도적 여성상과 온도차가 많다. 이 때문에 영화 〈여곡성〉(2018)은 전 시대의 문화적 코드를 그대로 답습하고 있다. 그러나 앞서 언급한바, 월아의 복수가 불러온 공포가 사회 내 공고한 지배질서의 전복을 위한 서사로 해석된다면 이는 달라질 수 있다. 즉 기존질서의 수호를 원하는 여성인물들과—신씨 부인, 옥분—월아의 대결로 읽을 수 있게 된다.

요컨대 영화 〈월하의 공동묘지〉, 〈깊은 밤 갑자기〉와 〈여곡성〉은 모두 여성 원귀가 등장하며 여성의 좌절된 욕망이 공포로 재현된 이야기이다. 또한, 이들 영화는 모두 여성이 주체적으로 자신의 문제를 해결하지 못하며, 남성의 지배질서에 편입되려는 욕망의 재현이다. 그러나 이를 조금 더 확장한다면, 기존질서의 전복에 대한 욕망과 그 좌절로도 읽을 수 있다.

결국, 이들 작품이 아랑형 설화처럼 가부장적 사회지배질서의 원리를 충실히 따르는 서사로 구성되었음이 확인되었다. 물론 영화 〈월하의 공동묘지〉가 제작 발표되었던 시기는 1960년대로 여성에 대한 남성의 사회적 인식이 지금과 달랐음은 주지의 사실이다. 또한, 여성은 사회적 참여보다는 가정에 충실해야 한다는 인식이 지배했던 시기였음도 고려할 필요는 있다.

그에 반해 2006년 개봉작인 영화 〈아랑〉이 영화 〈월하의 공동묘지〉에서와 동일한 관점에서 여성과 여성 원귀(冤鬼)를 그리고 있다는 점은 재고해야 한다. 설화와 영화 〈월하의 공동묘지〉에서처럼 억울한 죽음을 맞은 여성 원귀를 사회적 약자가 표출하는 공포로만 단순 재현시키고 있는 점이 그것이다. 또한, 설화 상 고을의 원님―남성권력―에 의해 원귀의 한이 해원된 것처럼 영화 〈아랑〉도 같은 구조로 원귀의 해원이 이루어진다. 즉 가부장적 지배질서 내 공권력에 의해 모두 해원을 이루는 것이다.

영화 〈아랑〉에서는 경찰 신분의 주인공에 의해 해원이 이루어진다. 하지만 결국, 설화와 영화 〈아랑〉의 원귀 해원의 구조는 모두 공권력에 의한 것이라는 점에서 동일하다. 이에 따라 여성 원귀 서사가 여성의 수동성을 재생산한다고 해석될 여지가 있다. 그러나 여성 원귀로 인한 공포와 해원의 욕망이 결국 사회에 만연한 남성 중심의 권력 지향에 균열과 전복을 가하기 위함이라고 해석할 경우, 이러한 해석은 여성의 수동성에서 능동성으로 바뀔 수 있다. 물론 현대적 관점에서 재현하려면 여성과 원귀에 대한 천착이 필요한 것은 사실이다.

3. 현대적 원귀 소재 영상콘텐츠에 재현된 공포와 욕망

영화 〈곡성〉에서는 종구의 딸이 귀신에 빙의된다. 빙의된 종구의 딸은 난폭한 행동과 폭식을 하는 등 이상행동을 보인다. 이러한 이상 증세는 대부분 식욕과 폭력성의 증가로 재현된다.

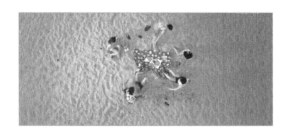

  드라마 〈손〉의 장면도 마찬가지이다. 이처럼 원귀는 폭력성을 보이는 존재로 재현된다. 대부분의 영상콘텐츠에서 재현되는 귀신의 양상일 것이다. 하지만 앞서 살핀 여성 원귀 소재 영상콘텐츠와는 달리 보다 개인적이고 파편화된 욕망의 실현을 위한 공포로 재현되는 특징을 보인다.

  "그것은 동쪽 바다에서 온다. 그것은 사람에게 쓴다. 사람의 어두운 마음 약한 마음에 파고들어 사람에게 빙의된다. 그것에 쓴 사람은 더 이상 사람이 아니다. 사람의 죽음에 기뻐하고 사람을 기만하고 비웃는다. 손은 동쪽의 바다에서 온다."

  위의 내레이션에서처럼 원귀는 사람의 내면 어두운 부분에 기생해, 인간을 잠식하며 타인을 무차별적으로 공격하는 폭력성의 재현이다. 즉 과거 전통적인 원귀는 자신의 욕망 좌절이 사회질서에 의한 것이기에, 이에 대한 전복을 위한 공포로 재현되었다. 반면 현대 영상콘텐츠에 재현되는 원귀는 보다 개인적인 욕망 실현의 좌절로 인한 복수로써 사회 전복의 공포를 표출한다.

예컨대 타인에 대한 신뢰와 믿음이 깨져버린 현대인의 자화상이 재현되어 있으며 이는 공동체의 해체가 가져온 현대인의 비극을 형상화한 것이다(진수현, 2015: 207).[7] 개인이 곧 우주인 시대를 살아가는 현대인의 불안함이 공포로 재현된 셈이다.

예컨대 영화 〈검은 사제들〉 역시 드라마 〈손〉과 동일 측면에서, 어두운 마음에 기생, 인간의 영혼과 육체를 잠식한 악령이 그려지고 있다. 이 악령의 존재는 폭력적이며 타인에 대한 미움과 질투로 재현된다. 이 역시 인간의 내면에 자리한 인간이 마주하고 싶지 않은 어둠과 맞닿아 있다. 이 때문에 현대적 원귀의 서사는 좌절된 욕망이 공포로 나타나는 것이 아닌 공포와 폭력성의 재현에 있다. 이러한 유형의 영상콘텐츠는 공포와 폭력의 재현이 얼마나 현실적이며 현 사회를 전복시킬만한 위력이 있는가가 핵심이 된다. 그리고 퇴치로 극이 전개된다. 이는 현대인의 불안과 어두운 내면의 심리가 반영된 것이다.

---

7) "이는 현대인의 한치 앞도 예측할 수 없는 삶, 해체된 공동체에서 비롯된 타인에 대한 불신과 불안감에서 기인한 것으로도 볼 여지가 있다."(진수현, 2015: 207)

영화 〈여우계단〉의 배경이 되는 예술고등학교의 기숙사로 오르는 숲길에 28개의 층계로 된 계단이 있다. 이 계단은 여우가 소원을 들어준다고 해서 여우계단이라 부른다. 간절히 소원을 품고 이 계단을 오르면, 없던 29번째 계단이 생기게 되고 그 소원을 들어준다는 것이다. 지금까지 살핀 작품들은 모두 개인적 욕망과 그 좌절로 인한 공포를 재현했다. 이로써 보다 개인적이고 파편화된 욕망의 재현이 현대적 원귀 소재 영상콘텐츠에 주요 서사임을 파악할 수 있다.

요컨대 현대의 원귀 소재 영상콘텐츠에서는 아무런 이유 없이 원귀가 되는 사례들이 많다. 이는 현대 사회를 살아가는 인간 무의식에 내재한 공포를 자극하기에 더 적합하기 때문이다. 우리가 뉴스에서 흔히 접하는 '묻지마 범죄'는 이유 없이 위해를 가하는 원귀와 닮았다.

즉 드라마 〈손〉에서는 인간에 대한 무차별적인 위해가 그려지며 이러한 폭력성이 실재적인 공포로 재현된다. 이 무차별적 위해가 불러오는 공포는 실재적이며 나만 조심한다고 피할 수 있는 것이 아니다. 이러한 원귀의 공포 재현은 현대 사회의 구성원에게 더욱 실재적이다.

영화 〈귀접〉에서 무당은 귀신의 욕정이 한 여인에게 향해 있으며,

이는 피할 방법이 없다고 이야기 한다. 이 귀접 현상은 과학적으로 규명되지 않았지만 그 통정 사례는 찾아볼 수 있다(진수현, 2011: 99~ 100). 프로이트는 성 관계를 맺는 꿈은 욕구불만의 리비도의 표출로 규정했다(프로이트, 오태환 역, 2003: 93). 이와 같은 관점에서는 인간의 내적 리비도가 귀신 존재를 만들어낸 것일 수 있다. 하지만 귀신과의 통정은 정신분석적 측면만으로 해석하기에 어려운 측면이 있다.

"악귀야 악귀. 악귀 중에서도 아주 드러운 색마가 들어 붙었구면." "피할 수 있는 방법이" "없어." "받아드리지 않으면, 버티다가 말라 죽는거지" "그럼 언제쯤 떨어질까요?" "몰라 알 수 없어."

그러나 영화 〈귀접〉에서 귀신과의 통정은 현대를 살아가는 여성이 가지는 불안의 표출이다. 즉 현대 여성이 가진 성적 대상으로서 노출된 개인의 심리적 불안과 공포가 귀신과의 통정으로 재현된 것이다. 이는 스토커에게 위협을 당하는 여성의 불안과 겹치며 서사가 진행되고 있다는 점도 이를 뒷받침한다.

종합하면 원귀 소재 영상콘텐츠에서 귀신은 위해의 존재이다. 이

위해는 인간의 심리적 공포에 기인한다. 이와 같은 재현의 큰 바탕에서 위의 영화는 현대 사회의 여성이 가진 불안과 공포라는 이미지를 더하였다.

지금까지 살펴본 영상콘텐츠에서 귀신은 원귀이다. 원귀는 한 맺힌 존재이며 이의 해소를 원한다. 따라서 전통적 서사구조를 띠는 영화 〈월하의 공동묘지〉, 〈깊은 밤 갑자기〉, 〈여곡성〉에 등장하는 여성 원귀들의 욕망은 보다 사회적이다.

또한, 이 사회적 욕망의 좌절은 한 사회의 지배질서를 전복시키려는 공포로 재현되는 경향이 짙다. 그러나 현대 사회의 불안이 원귀의 공포로 재현될 때, 그 서사의 방향은 무목적성의 폭력과 위해로 진행된다. 즉 원귀가 가진 한의 원인이 강조되지 않고 무차별적 위해에 초점이 맞춰지는 것이다. 따라서 이 무차별적 위해가 얼마나 현 사회를 전복시킬 수 있는 위력이 있는 공포인지가 부각 된다고 볼 수 있다.

그러한 예는 영화 〈곡성〉에서도 찾을 수 있다. 영화 〈곡성〉에 등장하는 외지인의 존재가 귀신인지 악령인지는 불분명하나, 외부로부터 침입한 존재에 의해 무차별적 위해와 공격을 받는다. 이 무차별적

위해가 공동체의 안위를 실재적으로 위협할 만큼 위력적인 것으로 재현될 때, 그 공포는 현실적이게 된다.

"뭣이 중헌디"

"정말 이럴겨?"

"뭣이 중허냐고 뭐시, 뭐시, 긍께 중허냐고? 뭐시 중요헌지도 모름서, 왜자꾸 캐묻구 지랄이여 지랄이"

영화 〈곡성〉에서 딸 효진에게 씐 귀신 역시 악귀로, 사람들을 공격하는 이유는 중요하지 않다. 즉 현대 영상콘텐츠에서 재현되는 원귀의 공포는 무차별적 위해의 양상을 띤다. 이는 현대인의 공포의 근원이 현대 사회를 살아가는 존재 자체의 불안과 우울한 심리에 기인한다.

4. 영화 〈물괴〉와 〈창궐〉에 나타난 공포와 전복

영화 〈물괴〉와 〈창궐〉에서는 영화 〈곡성〉과 마찬가지로 외부세계에서 공동체 사회의 내부로 침입한 존재들이 공포를 확산시킨다. 따라서 이러한 외부세계의 적들은 퇴치의 대상이 된다. 이 외부세계의 적들은 내부세계가 전복될 수 있다는 공포로 재현된다.

위의 그림은 영화 〈창궐〉 속 귀신의 형상을 잘 보여준다. 영화 〈창궐〉에 재현된 야귀(夜鬼)는 서양의 흡혈귀이다. 서양에서 온 흡혈귀는 우리의 외부에서 온 존재이다. 이 존재는 기 사회의 질서를 무너트릴 만큼 위협적이다. 결국, 이러한 영상콘텐츠의 공포는 외부세계의 존재가 현 사회의 내부에 가하는 전복의 위협이라 할 수 있다.

"뭐요 저 사람은? 사람이요? 짐승이요?"
"아직까지는 사람이지만 내일은 어찌될지 모르지 야귀로 변할지도…"
"야귀?"
"인간도 아니고 짐승도 아닌 것들인데, 눈이 변하고 송곳니가 돋습니다. 햇빛을 견디지 못해 밤에만 움직입니다. 인간의 살을 물어뜯고 피를 마십니다. 야귀에게 물린 사람들이 야귀로 변하고 그 야귀는 다시 산 사람을 물어뜯고, 야귀가 곧 역병이지요. 놈들을 막지 못하면 온 세상에 야귀떼가 창궐할 것입니다."

이러한 측면에서 영화 〈창궐〉의 서사는 외부에서 온 존재와 벌이는 대결이며 내부의 승리는 기존 체제의 수호를 의미한다. 2018년 개봉된 영화 〈물괴〉는 『조선왕조실록』의 기록을 바탕으로 제작되었다. 영화 〈물괴〉는 중종 22년 기록 3건과 상상력을 결합시켜 만든 상업적 문화콘텐츠라 할 수 있다. 이 『조선왕조실록』의 기록을 근거로 영화 〈물괴〉는 현대사회의 공포를 스크린에 재현시켰다.

본 영화에서 물괴는 인간이 만들어낸 존재이다. 인간의 무자비함에 의해 탄생된 물괴는 사회 내부에 틈입해 사회 전복의 공포를 퍼트린다. 아래의 두 인물의 대사는 공포의 실체에 대한 그 인식의 차이를 드러낸다. 그리고 이 인식의 차이가 본 영화의 주제를 압축적으로 보여준다고 할 수 있다.

중종: "물괴는 없다."
윤겸: "물괴는 있습니다. 두렵고 무서워하는 백성들의 마음에 물괴는 있습니다. 하루 빨리 물괴의 진위를 밝혀 민심을 바로잡아야 할 것입니다."

즉 이 공포는 사실 사회의 외부에서 온 것이 아니다. 사회 내부의 모순으로 인한 갈등이 표면화된 것이다. 영화 〈깊은 밤 갑자기〉, 〈여 곡성〉 등에서 볼 수 있듯, 남성 권력의 횡포와 사회적으로 낮은 지위에 대한 불만 등의 사회 내부적 요인들이 공포로 재현된 것이다. 또한, 영화 〈창귈〉과 〈물괴〉에서의 공포와 그 실체는 공동체 구성원의 마음에 깃든 것이다. 이러한 공동체 구성원의 불만이 외부적 존재의 공포로 나타나며 이로써 공동체 해체 즉 전복의 실재적 공포를 재현한다.

5. 맺음말

영상콘텐츠에서 재현되는 원귀는 인간의 공포를 자극한다. 이 공포는 인간의 무의식에 기인하나, 사회 내에서의 소외와 배제로 인해 발생한다. 즉 현 사회의 제도와 시스템에서 소외된 타자의 문제가 원귀의 공포를 통해 표출된다고 볼 수 있다. 여성 원귀 소재 영상콘텐츠에 나타난 인간에게 위해를 가하는 원귀는 전통적인 수동적 여성상을 재현한다. 즉 남성 권력에 의해 사회적 해원을 이루는 '아랑형' 이야기와 동일한 구조로 파악될 수 있다. 그러나 원귀의 공포가 사회의 구조적 모순에 균열을 가하는 기능을 한다고 해석한다면, 사회 체제의 수정과 전복의 욕망이 공포로 치환된 것으로 볼 여지가 생긴다.

반면 현대적 원귀 소재의 영상콘텐츠는 보다 개인적이며 파편화된 욕망이 공포로 재현되고 있다. 이 때문에 원귀의 위해는 그 이유가 없고 폭력적으로 그려진다. 그리고 이 위해의 공포가 현 사회를 전복시킬 위협으로 재현해 실재적으로 형상화한다. 외부세계에서 온 존재에 의해 공포의 확산과 사회 전복의 실재적 위협도 동일한 측면에서 그려진다. 그리고 이는 모두 퇴치의 서사로 귀결된다.

참고문헌

박기수·안승범·이동은·한혜원(2012), 「문화콘텐츠 스토리텔링의 현황과 전망」, 『인문콘텐츠』 27, 인문콘텐츠학회, 9~25쪽.

박성의(1967), 「고대인의 귀신관과 국문학」, 『어문논총』 8, 고려대학교 문과대학.

박유희(2007), 「디지털영화의 스토리텔링 전략」, 『인문콘텐츠』 10, 인문콘텐츠학회, 347~362쪽.

박진규(2017), 「대중문화 콘텐츠 속 초자연적 존재 판타지의 정치적 의미: 〈오 나의 귀신님〉과 〈싸우자 귀신아〉 사례를 중심으로」, 『한국콘텐츠학회논문지』 17, 한국콘텐츠학회, 492~502쪽.

백문임(2001), 「미지와의 조우 "아랑형(阿郞型)" 여귀(女鬼)영화」, 『현대문학의 연구』 17, 한국문학연구학회, 69~92쪽.

안기수(2008), 「영웅소설의 게임 콘텐츠화 방안 연구」, 『우리문학연구』 23, 우리문학회, 95~125쪽.

안기수(2010), 「한국 영웅소설의 게임 스토리텔링 방안 연구」, 『우리문학연구』 29, 우리문학회, 67~98쪽.

안기수(2013), 「영웅 스토리에 수용된 '요괴퇴치담'의 게임화 방안 연구」, 『어문론집』 55, 중앙어문학회, 117~147쪽.

안기수(2014), 「홍길동전의 게임 스토리텔링 방안 연구」, 『어문론집』 58, 중앙어문학회, 199~224쪽.

안기수(2016), 「고소설 〈전우치전〉의 게임화 방안 연구」, 『어문론집』 67,

중앙어문학회, 67~96쪽.

안기수(2018), 「영웅소설에 수용된 〈道術〉의 게임 스토리텔링 방안 연구」, 『어문론집』 75, 중앙어문학회, 169~202쪽.

장 코팡, 김영모 역(2008), 『민족학과 인류학개론』, 동문선.

진수현(2011), 「무당의 종교체험(宗敎體驗)과 꿈의 기능: 무당 K씨의 생애사를 중심으로」, 중앙대학교 석사논문.

진수현(2015), 「女鬼의 變移樣相 考察: 說話와 都市怪談의 比較를 通하여」, 『동아시아고대학』 39, 동아시아고대학회, 221~245쪽.

차충환·안영훈(2015), 「〈신라국 홍무왕전〉의 구성방식과 지향」, 『우리문학연구』 47, 우리문학회, 159~185쪽.

프로이트, 오태환 역(2003), 『정신분석입문』, 선영사.

허만욱(2011), 「문화콘텐츠산업에서 판타지 문학의 서사 전략과 발전 방안 연구」, 『우리문학연구』 32, 우리문학회, 427~456쪽.

쇼와레트로와 뉴트로

: 〈올웨이즈 3번가의 석양〉과 〈응답하라 1988〉의 비교

김화영

1. 향수에 빠진 시대

레트로란 과거에 대한 그리움과 동경을 의미하는데, 레트로 현상은 한국에서만 일어난 특수한 현상이 아닌 유럽, 미국, 일본 등에서 일어난 세계적인 현상이기도 하다. 사회학자 지그문트 바우만은 '20세기는 미래의 유토피아로 시작해 향수로 끝났다'고 선언했다. 이 시기에 같은 기억을 가진 공동체를 감성적으로 동경하며 분열된 세상에서 계속적으로 이어져가길 바라는 '향수라는 세계적인 유행병의 시대'라고 정의한다. 또한 토마스 모어식 유토피아의 이중부정에서 지금의 레트로토피아(retrotopia)가 등장하게 되었다(지그문트 바우만, 2018: 25~28).

레트로토피아란 '아직 발생하지 않아 존재하지도 않는 미래에 의지하는 대신에, 잃어버렸고 빼앗겼으며 버려졌지만 아직 죽지 않은 비전(vision)이 존재한다'고 생각하는 것을 의미한다.

한국에서 1980~90년대를 동경하여 2000년대부터 레트로 문화가 유행하고 있으며, '뉴트로(new-tro)'라는 새로운 현상이 일어났다. 이러한 레트로를 젊은 세대도 새로운 문화로써 받아들이는 분위기가 만들어졌다. 일본에서는 이미 1980년대부터 레트로 현상이 존재하였고, 1990년 중반부터 2000년 중반에 걸쳐서 쇼와시대(昭和時代), 특히 쇼와 30년대(1955~1964)를 그리워하고 동경하여 드라마, 광고, 드라마, 예능 등에서 자주 등장하게 되었다. 이것을 '쇼와붐(昭和ブーム)'이나 '쇼와레트로(昭和レトロ)'라고 부른다. '뉴트로'와 '쇼와레트로'는 레트로라는 문화현상 위에 만들어진 업그레이드된 현상이라고 할 수 있는데 두 레트로 현상은 국가는 다르나 상당히 유사한 부분을 가지고 있다.

쇼와붐에 대한 대표적인 연구는 아사오카 다카유키(浅岡隆裕, 2004)의 논문이다. 쇼와 30년대 이미지에 대해서 정리하고 규범과 이상으로서의 30년대, 고발대상으로서의 30년대, 비교대상으로서의 30년대, 회고대상으로서의 30년대라는 4가지로 30년대를 구별하여 분석하였는데. 이 연구가 쇼와 30년대를 분석하는 데 매우 귀중한 자료이기도 하다. 이후 영화 〈올웨이즈 3번가의 석양(ALWAYS 3丁目の夕日)〉가 엄청난 반향을 일으키면서 쇼와 30년대는 어느 때보다 관심이 고조된다. 2010년대 이후에도 쇼와 30년대에 대한 분석은 이어지고 있다.

한국의 레트로 현상 분석은 대체로 디자인 쪽에서 시작하는데 박혜원·이미숙(2002)의 연구가 대표적이다. 그리고 tvn 드라마 〈응답하라〉 시리즈 방영으로 인해 '복고' 취향에 매우 관심을 가지게 되었으며 드라마와 복고 취향에 맞춘 연구가 진행되고 있다.

나는 한일 레트로 문화연구를 〈올웨이즈 3번가의 석양〉과 〈응답하라 1988〉을 통해 진행해 왔다(김화영, 2021). 김화영(2021)에서는 두 작품에 그려진 가족주의와 당시 일어난 사건들을 비교하며 각국의 레트로 현상의 특징을 분석하였다.

이 글에서는 〈응답하라 1988〉과 〈올웨이즈 3번가의 석양〉, 그리고 속편 〈올웨이즈續·3번가의 석양(ALWAYS續·3丁目の夕日)〉을 추가로 넣어서, 이들 작품을 통해 한일 레트로 현상을 보다 다양한 키워드로 이야기해보려고 한다.

2. 쇼와레트로와 뉴트로

1) 쇼와레트로

쇼와레트로란 무엇인가? 1990년대 중반부터 2000년대 중반에 걸쳐서 '쇼와 30년대(1955~1964) 붐'을 상징하는 것들이 빈번하게 미디어 등에서 등장하게 된다. 1926년부터 시작하여 1989년까지 64년이란 긴 기간 이어진 쇼와시대가 끝나자, '쇼와'는 회고의 대상이 되었다. 캐롤 클락(Gluck, carol)에 의하면 "(쇼와)천황이 죽고 공공의 기억과 개인의 추억, 모든 장르에 걸친 쇼와에 대한 회고의 홍수였다. (…중략…) 쇼와의 세상이 끝나고, 이 시대가 비로소 하나의 정리가 되었고 쇼와라는 의식이 높아졌다."(Gluck 著, 沢田博 訳, 2001: 193)라고 했다. 쇼와 30년대와 관련된 서적이 다량으로 출판되고 쇼와시대를 상징하는 박물관과 전시시설이 각 지역마다 만들어졌다.

쇼와 30년대 붐 이전에도 '레트로 붐'이라는 현상이 있었다. 『현대용어의 기초지식(現代用語の基礎知識)』(1986)에 '레트로 붐/복고조 붐'이라는 항목에는 "1920년대를 그리워한다"라고 설명하고 있다. 당시의 '레트로 붐'에 있어서 쇼와레트로는 다이쇼로망이나 1960년대 레트로 현상 중 하나에 지나지 않았다. 이러한 레트로 현상은 비즈니스 기회를 만들어줄 수 있다는 기대도 존재했다. 1980년대 후반의 레트로는 역도산(力道山), 이시하라 유지로(石原祐次郎), 도쿄타워 건설, 황태자의 결혼과, 당시의 잡지나 방송, 광고에 대한 회고가 주로 이어졌다.

1990년대에 들어서자 1989년 쇼와시대가 끝나고 본격적인 쇼와시대에 대한 회고가 시작되었다. 특히 쇼와 30년대 붐을 이끈 주요한 요소는 박물관과 전시시설, 테마파크의 건설이었다. 전국 각지에서 쇼와 30년대를 테마로 한 박물관과 전시가 이루어졌는데 예를 들면 사가현립 박물관 「농촌생활 쇼와39년 토미에의 집(農村のくらし・昭和39年の富江家)」을 들 수 있다. 이들 박물관의 특징은 휴머니즘의 강조, 가족과 가정의 단란함을 강조하였다. 이어서 1994년 신요코하마 라면박물관도 쇼와시대를 잘 나타낸 박물관으로 알려져 있다. 라면박물관은 쇼와 33년을 주제로 가상의 공간을 만들고 그 시절의 향수를 불러일으킬 분위기를 만들어 사람들에게 매우 인기를 끌었다. 이렇듯 쇼와

레트로를 이용한 상업시설의 확대가 1990년대의 특징 가운데 하나라고 할 수 있다. 당시의 쇼와레트로는 쇼와 30년대를 모르는 세대에게도 새로운 공감대를 형성하게 된다.

2000년대 들어서는 쇼와 30년대를 테마로 한 시설, 전시, 테마파크가 점점 증가하게 되고, 그 시절을 회고하는 서적들이 많이 출간하게 된다. 그리고 매스미디어를 통한 쇼와시대를 테마로 한 방송과 영화가 제작되게 된다. 2002년에는 도쿄 오다이바에 쇼와 30년대를 테마로 한 상점들이 오픈되고 2003년에는 유행어로서 '쇼와'가 뽑히기도 했다. 2005년에는 영화 〈올웨이즈 3번가의 석양〉이 개봉되어 인기를 얻었으며, 이후 2007년에는 속편이 제작되기도 했다. 그리고 지역문화활성을 위해서 각지에서 '쇼와'를 주제로 한 박물관, 전시 등이 만들어진다.[1]

쇼와 30년대라는 이미지를 결정지게 된 것이 영화 〈올웨이즈 3번가의 석양〉의 영향이라고 한다. 영화에는 냉장고, 텔레비전, 도쿄타워, 자동차, 카레라이스, 담뱃가게, 문방구 점등 옛 시절을 상징하는 물건들이 대거 나온다. 이러한 것을 일본인들은 보면서 쇼와 30년대를 연상시키고 그리워하고 이상화하게 된다.

---

1) 일본의 쇼와레트로에 관한 내용은 아오키 쿠미코(青木久美子)의 논문을 참조하였다(青木久美子, 2011: 91~96).

2) 뉴트로

레트로는 과거를 추억하고 회상하는 것을 기본으로 하며 전통적인 양식이나 취향에 대하여 향수를 느끼고 재현한다는 것에 초점을 둔다. 한국에서는 2000년 초반 '복고 영화'라고 불리는 영화들이 있었다. 예를 들면 〈친구〉(2001), 〈말죽거리 잔혹사〉(2004)들을 복고영화라고 하는데 이들은 대부분 남성성이 강조된 '과거의 화려했던' '행복했던' 시절을 되돌아보며 그리워하는 영화들이었다. 하지만 2010년대에 들어서면서 복고를 지향하는 영화들은 "역사적인 사건이 아니라 당시에 유행했던 대중문화와 이벤트에 초점"을 맞춘 내용을 가지고 있다. 권은선(2014)에 의하면 이러한 드라마 유행하는 이유는 '복고나 향수를 주제로 한 드라마이지만 현재 사회가 정체성의 혼란을 경험하고' 있기 때문이라고 한다. 즉 현재의 부정적인 감정이 과거에 대한 향수로 대체되는 것이다.

특히 2010년대 응답하라 시리즈는 8090시대에 대한 향수를 불러일으켰다. 이 드라마는 과거와 현재를 오가며 2000년대와 1980~90년대 모습을 함께 볼 수 있다. 거기에 영국의 전설적인 그룹 퀸(Queen)을 담은 영화 〈보헤미안 렙소디(Bohemian Rhapsody)〉가 한국에서 엄청난 인기를 끌면서 퀸을 아는 중장년층 세대부터 그들을 모르는 어린 세대까지 퀸에 열광하고 과거의 것에 많은 세대가 공감하게 된다. 그리고 '트랜드 코리아 2019년'에 '요즘 옛날, 뉴트로'를 핵심 트랜드 키워드로 선정하였으며, 뉴트로의 영향력은 커져만 갔다.

김난도는 "뉴트로는 복고 트랜드와 미묘한 차이가 있다"고 지적하며

"복고는 그 문화 코드를 누렸던 중장년층이 향수를 추구하는 것이라면 지금 젊은 층이 과거의 콘텐츠에 찾는 것은 본인들이 경험하지 못한 색다름에 끌리는 것"이라고 설명한다. 다시 말해 레트로가 그때 그 시절을 '똑같이' 즐기는 향수를 자극하는 것이라면, 뉴트로는 재현이라 기보다는 재해석이라는 것이다(김민형·전하민·김동영, 2019: 57~58). 이러한 뉴트로에 대한 갈구는 "밝은 미래를 꿈꿀 수 없는 현실에 대한 도피처로써" 그리고 "이들이 느껴 보지 못한 옛 것에 대한 긍정적이고 이색적인 경험으로" 신성함을 추구하는 것이다.

이러한 뉴트로 현상은 게임산업, 식품산업, 패션산업 등 산업적인 측면에서 사용되고 있으며, 영화, 드라마, 예능에서 문화산업적 측면에서 크게 이용되고 있다. 2020년 여름, MBC의 예능프로그램 〈놀면 뭐하니?〉에서 1990년대 스타 비와 이효리를 앞세워 개그맨인 유재석과 그룹을 만들고 1990년대 감성에 맞은 노래를 만들어서 대히트를 했다. 2020년부터 KBSN joy에서 시작한, 지금은 KBS2의 추억의 레트로 음악차트쇼 프로그램 〈20세기 히트송〉에서는, 1921년 3월 현재도 〈시선 강탈! 시대를 앞서간 콘셉트 장인 힛─트송〉 등을 방송하며 예전에 활동했던 음악과 가수를 송환하고 있다.

쇼와레트로와 뉴트로가 유사한 부분은 특정 시대에 대한 향수라는 것을 들 수 있다. 쇼와레트로는 쇼와 30년대를, 뉴트로는 1990년대를 배경으로 한다. 그리고 과거를 살았던 중장년층만이 향유하는 것이 아닌 그 시대를 겪어보지 못한 세대도 같이 향유하는 점이 유사하다.

3. 레트로 감수성

1) 가족애

〈올웨이즈 3번가의 석양〉은 각본을 코사와 료타(古沢良太)가 쓰고 감독을 야마자키 다카시(山崎貴)가 담당하여 2005년 11월에 개봉한 영화이다. 전쟁이 끝나고 경제부흥을 위한 도약을 한 시기로, 도쿄타워를 건설하는 1957년부터 완공하는 1958년을 배경으로 하고 있다. 1974년부터 시작하여 현재에도 출간되고 있는 사이간 료헤이(西岸良平)의 만화 〈3번가의 석양(三丁目の夕日)〉을 원작으로 만들어졌다. 2006년 일본아카데미상에서 전 13개 부문 가운데 12개 부문에서 수상을 했다. 스즈키오토 가게에 아오모리의 무쓰코가 직원으로 들어오면서 스즈키 가족 구성원이 되어 가는 과정과 차가와 집에는 어머니에게 버림받은 준노스케가 맡겨지면서 일어나는 일들로 내용이 구성되어 있다. 그리고 2007년 제작된 속편 〈올웨이즈續·3번가의 석양(ALWAYS續·3丁目の夕日)〉에서는 스즈키 가족에게 조카 미카가 아버지의 사업이 어려워서 맡겨진다. 그리고 준노스케를 데려가려는 친부와 준노스케와 같이 살고 싶어하는 차가와의 갈등이 주요한 내용을 이루고 있다.

tvN에서 '응답하라 시리즈'를 2012년 〈응답하라 1997〉를 시작으로, 2013년에는 〈응답하라 1994〉 그리고 2015년부터 2016년에 걸쳐 〈응답하라 1988〉를 내놓았다. 1990년대를 배경으로 한 전작들과는 달리 〈응답하라 1988〉은 서울올림픽을 시작으로 1988년(1~8화)부터 1989년(9~17화) 그리고 1994년(18~20화), 서울시 도봉구 쌍문동 골목길에서 살아가는 가족들의 이야기로 이루어졌다.

이들 작품의 공통된 첫 번째 특징은 가족들의 이야기, 가족애를 담고 있다는 것이다. 기존연구에서도 본 작품의 특징을 '가족주의'로 설명하고 있다.[2] 작품 모두 시작부터 '가족'의 이야기가 작품의 주요한 소재임을 이야기한다. 다음 인용은 〈올웨이즈 3번가의 석양〉의 예고편에 나오는 설명이다.

> 오늘 우리집에 새로운 가족이 찾아온다.
> 일자리를 찾아 아오모리에서 온 로쿠코누나.
> 툭하면 화내는 아빠와 착한 엄마
> 구멍가게 차가와 아저씨는 술집주인 히로미 아줌마를 좋아한다.
> 이건 우리집과 우리동네 사람들의 이야기이다.[3]

그리고 〈응답하라 1988〉 제1화에서도, 〈올웨이즈 3번가의 석양〉의 시작과 같은 내용이 나온다.

> 어쩜 가족이 제일 모른다. 하지만 아는 게 뭐 그리 중요할까? 결국 벽을 넘게 만드는 건, 시시콜콜 아는 머리가 아니라 손에 손잡고 끝끝내 놓지 않을 가슴인데 말이다. 결국 가족이다. 영웅 아니라 영웅할배라도 마지막 순간 돌아갈 제자리는 결국 가족이다. 대문 밖 세상에서의 상처도 저마다

---

2) 대표적인 논문으로 백소연(2019)과 김화영(2021)의 연구가 있다.

3) 〈올웨이즈 삼번가의 석양〉(Eins M&M, 국내발매DVD, 2007)에서 인용함. 본문 내 밑줄은 작성자에 의함.

의 삶에 패여 있는 흉터도 심지어 가족이 안겨준 설움조차도 보듬어줄 마지막 내편, 결국 가족이다. (제1화, '손에 손잡고')[4]

〈올웨이즈 3번가의 석양〉의 인용은 9살 잇페이의 나래이션으로 '우리집에 새로운 가족이 찾아온다'고 하는데, 스즈키 오토 가게에 직원으로 들어오는 로쿠코(무쓰코)를 잇페이는 가족이라고 한다. 우연히 준노스케와 함께 살게 된 문방구점 주인이자 작가인 차가와는 준노스케와 정이 쌓이면서 가족이 된다. 준노스케가 친부와 떠나던 날, 준노스케는 차가와에게 "저는 아저씨와 함께 살 때가 가장 즐거웠어요"라고 편지를 남긴다. 편지를 읽은 차가와는 준노스케를 다시 찾아오려고 미친 듯이 달려가고, 준노스케도 친부의 자동차에서 내려서 차가와에게 다시 돌아온다.

또한 속편 〈올웨이즈續·3번가의 석양〉에서도 차가와와 준노스케, 히로미가 가족이 되는 것이 매우 중요한 소재이다. 준노스케의 아버지는 거듭 찾아와서 준노스케를 데려가려고 하지만 차가와는 준노스케를 놓지 않으려고 노력한다. 준노스케를 부양하기 위해 차가와는 아쿠다가와상에 도전한다. 상을 타서 명성과 돈을 얻어서 준노스케를 부양하겠다고 준노스케 친부와 약속을 한다. 그는 상을 받지 못한다면 준노스케는 아버지에게 보내기로 한다.

차가와: 한번만 더 기회를 주십시오, 제가 준노스케를 잘 키울 수 있다는

---

4) 이하 본문은 TV 방송 〈응답하라 1988〉(tvN, 총20회, 2015.11.06~2016.01.16)에서 인용함. 또한 본문 내 밑줄은 작성자에 의함.

것을 증명하겠습니다.

가와부치(준노스케의 친부): 뭘 해서 말인가? 약속하지. 대신 증명하지

못한다면 그때는 ....

차가와는 자신의 꿈이자 준노스케를 지키기 위해 각오를 세우고 밤낮으로 작품에 몰두한다. 차가와의 수상이 예상되고, 동네 이웃들까지 차가와의 수상을 기대하며 도와준다. 하지만 차가와는 수상을 하지 못한다. 상을 수상할 것이라는 예상을 빗나갔지만 돈보다 소중한 것들을 지키게 된다. 차가와의 작품을 읽고 히로미도 3번가로 돌아와 차가와와 히로미, 준노스케 세 가족은 완성되게 된다.

앞선 덕선의 내레이션처럼 가족은 어떠한 시련을 넘게 해주는 울타리이면서 세상에서 받은 상처도 보듬어줄 곳도 가족이라고 강조하는데, 이러한 내레이션은 〈올웨이즈 3번가의 석양〉의 가족의 의미와도 통하고 있다고 할 수 있다. 다만 〈응답하라 1988〉은 혈연관계로 이루어진 가족을 강조하고 있으며, 일본의 작품은 혈연관계가 아니라 타인과의 결합으로 이루어진 '신가족'이라는 것이 다른 점이다. 이것은 혈연관계로 이루어지지 않은 타자를 양자로 들여서 가계를 계승하기도 한 일본의 전통적 가족 관계와 관련 있는 것을 알 수 있다(김화영, 2021: 265). 따라서 전혀 위화감 없이 타인을 가족으로 받아들이게 된 것이라고 할 수 있다.

작품 모두 '가족'을 매우 중요한 키워드로 하고 있음을 인용을 통해 알 수 있다. 자본주의로 인한 산업화 그리고 도시화는 생존 경쟁을 심화시키고 언제나 인간관계의 긴장관계를 만들고 가족 내에서도 정

서적인 불안감을 조성하고 가족의 정서적 기능을 강하게 요구하게 되었다. 이로 인해 가족의 실질적인 의미를 정서적 결속에서 찾으며 무엇보다도 가족의 정서적 불안 해소에 우선순위를 부여하여 가족주의가 등장하게 되었다(박통희, 2004: 99). 이러한 '가족주의'가 한일 레트로 작품에서는 주요한 요소로서 작용하고 있다.

2) 골목길

〈올웨이즈 3번가의 석양〉에서는 첫 장면은 초등학교 3학년 잇페이가 날린 모형비행기가 3번가 골목길을 훑고 지나가며 멀리 도쿄타워가 완성되어 가는 모습을 보여준다. 3번가 골목에는 스즈키가 운영하는 자동차 수리점, 차가와가 운영하는 문방구, 담배 가게들이 올망졸망 모여 있으며 동네 사람들은 이웃이 어떻게 사는지 가족만큼이나 잘 알고 있다. 스즈키 집으로 텔레비전이 처음 들어오던 날도 동네 사람들이 모여서 함께 단란하게 시청하며, 잇페와 준노스케가 없어졌을 때 이웃이 함께 찾아 나선다. 차가와가 아쿠다가와상을 타기 위해 작품 집필을 할 때도 스즈키 가족은 준노스케를 자기 자식처럼 돌봐주고, 골목길 이웃들은 함께 차가와를 응원해준다.

눈 감으면 아련히 떠오르는 시절

풍요롭지 않았지만

내일에 대한 꿈이 있었다.

당신의 마음 속 가장 따뜻한 곳으로 (〈올웨이즈 삼번가의 석양〉)

〈응답하라 1988〉에서 골목길은 매우 중요한 역할을 한다. 쌍문동 골목길 사이로 다섯 가족의 이야기를 담고 있다. 다섯 가족은 이웃의 이야기를 귀담아 들으며 위기가 있을 때는 먼저 도와주려고 나선다. 어찌 보면 마치 하나의 공동체처럼 보인다.

골목은 그저, 시간만으로 친구를 만든다.
(제2화 당신이 나에 대한 착각하는 한 가지)

오래된 내 것 만큼 지겹고 초라한 것도 없다.
하지만 지겨움과 초라함의 다른 말은 익숙함과 편안함일 수도 있다. 오랜 시간 만들어준 익숙한 내 것과 편안한 내 사람들만이 진심으로 나를 알아주고 안아주고 토닥여줄 수 있다. 지겹고 초라하고 때로는 꼴도 보기 싫지만 그래도 세상에서 나를 지켜줄 수 있는 건 내 사람들이다. 익숙하고 편안한 오랜 내 사람들 그래서 사랑 않을 수 없다. 사랑하지 않을 수 없다. (제4화 Can't help ~ing ~하지 않을 수 없다. 정환의 대사)

봉황당 골목을 다시 찾았을 땐 골목도 나이 들은 뒤였다. 다시 되돌아갈 수 없는건 내 청춘도 이 골목도 마찬가지였다. 시간은 기어코 흐른다. 모든 것은 기어코 지나가버리고 기어코 나이 들어간다. 청춘이 아름다운 이유는 아마도 그 때문일 것이다. 찰나의 순간을 눈부시게 반짝거리고는 다시 돌아볼 수 없기 때문일 것이다. 눈물 겹도록 푸르던 시절, 나에게도 그런 청춘이 있었다. (제20화 시간은 기어코 흐른다)

이렇듯 쌍문동 골목길과 삼번가의 골목길은 묘하게 닮아 있다. 골목
길은 현대와 비교하면 "오래되고 지겹고 초라한 장소"일지도 모른다.
하지만 골목길은 '익숙하고 편한 오랜 시간'을 이웃과 함께 추억을
쌓아온 장소이다. 진심으로 서로를 알아주던 장소이기도 하다. 일본
인과 한국인에게 '골목길'은 매우 의미 있는 장소이다.

사회학자 김홍중은 사람들에게 "골목길은 각별한 장소"이며, '1997
년 외환위기 이후의 한국사회가 잃어버렸다고 생각하는 모든 정서적
가치를 집결시키는 노스텔지어 공간'이라고 지적했다.

> 많은 한국인에게 골목길은 각별한 장소이다. 골목길은 친구들과 더불어
> 유년을 함께 보낸 공간이며, 가로등 밝혀진 어귀를 방황하면서 사춘기의
> 혼란을 겪었던 공간이기도 하며, 사랑의 흥분과 좌절, 귀가의 쓸쓸함 혹음
> 따스함이 욕화된 길이다. 골목길은 다른 어떤 길보다 우리의 기억에 깊이
> 스며든 공간이다. (김홍중, 2008: 140)

그는 골목길은 곧 '고향'을 상징한다고 한다. 골목길에서 자신이
나고 자란 고향이 주는 '정서적이고 상징적인 감각을 제공'하는 곳이라
고 한다. 고향은 '모성과 유년과 행복'을 담고 있다. 골목길에는 과거가
남아 있고 공동체가 존재하며 소소하지만 따뜻한 삶이 있는 곳이라고
한다(김홍중, 2008: 140).

쌍문동 골목길과 3번가 골목길과 같은 정취는 급격한 도시화로 인
해 현실에서 많이 사라졌다고 해도 과언이 아니다. 현대인의 바쁜
삶과 산업기술의 발달로 이웃과의 교류는 대면보다 비대면이 더 편해

진 것도 사실이다. 이제 골목길에 사는 공동체 모습은 그리운 과거가 되어서 드라마나 영화, 박물관으로 재현되고 있다. 작품 속 골목길은 한국인이나 일본인에게도 향수를 불러일으키고 고향과 같은 의미로 받아들여지고 있다고 볼 수 있다.

3) 첫사랑

응답하라 시리즈의 서사의 핵심은 '첫사랑'이라고 강조하고 그렇기 때문에 이 시리즈의 감성은 과거를 지향하고 있다고 지적한다(최수웅, 2018: 148~149). 〈응답하라 1988〉에서는 덕선을 두고 정환이와 택이의 묘한 첫사랑의 감정선이 그려지고 있다. 여주인공의 남편을 찾아주는 것이 가장 중요한 과제가 되어 버린 이 시리즈가 적극적으로 차용하는 극적 요소는 추리다. 드라마가 결말을 보여주기 이전에 여주인공이 누구와 결혼을 할 것인지 알아 맞추어야 할 것 같은 〈응답하라〉 남편찾기는 〈응답하라 1997〉, 〈응답하라 1994〉 등 이전 시리즈에서 모두 큰 성공을 거두었고 〈응답하라 1997〉에서도 여주인공 성덕선의 남편 유력후보로 열연한 배우 류준열, 박보검이 인기에 힘입어 폭발적인 관심을 불러일으켰다.

덕선을 사이에 두고 정환과 택이의 심적 갈등이 오랜 시간 이어진다. 정환이가 덕선을 좋아하는 모습이나, 택이가 덕선이를 좋아하는 모습을 군데군데 보여준다. 하지만 덕선이가 정환이를 좋아하는 마음은 어느 정도 추측은 할 수 있었으나 택이에 대한 덕선이의 마음은 알 수가 없는 정도인데 삼각관계를 형성하게 된다. 덕선이의 감정은 거의 알 수가 없을 정도라 러브라인의 여주인공의 감정이 감춰져 있는 것도 특징이다. 드라마가 끝나가는 그때까지 세 사람의 첫사랑은 과연 누구와 결실을 맺을 것인지가 수수께끼 놀이처럼 진행된다.[5]

또한 〈올웨이즈 3번가의 석양〉과 〈올웨이즈續·3번가의 석양〉에서는 차가와와 술집 아가씨 히로미의 관계가 첫사랑을 연상시킨다. 여성과의 이성관계가 전혀 없는 차가와는 히로미에게 자꾸 마음이 끌리고 히로미의 친구의 아이인 준노스케도 그녀의 부탁으로 흔쾌히 맡아서 키워준다. 차가와는 히로미에게 돈이 없어서 빈 보석함으로 프로포즈를 하게 되고, 히로미 또한 그의 마음을 받아주지만 결국 그를 떠나야 했다. 서로는 떨어져 있으면서도 몹시 그리워한다. 차가와가 아쿠다가와상을 수상하기 위해 잡지 『순정(純情)』에 발표한 〈오도리코(춤추는 아이)〉라는 소설에 여주인공은 첫사랑인 히로미를 연상시킨다. 떠나는 기차 안에서 이 글을 읽은 히로미는 차가와의 진심을 알고 그에게 돌아온다.

〈踊り子〉茶川竜之介 (춤추는 아이, 차가와 류노스케)

주변에서 설령 어떤 눈으로 당신을 보든 나는 알고 있어.
경박한 소리만 하는 주제에 다른 사람의 아이를 위해서 만든 라이스카레
있지도 않은 반지를 바라보면서 예쁘다고 속삭였던 당신의 눈물
날이 갈수록 시간을 보낼수록 그 때의 눈물이 내 마음을 아프게 해

---

5) 「'응답하라 덕선남편'이 되어 버린 응답하라 1988, 중요한 것은 남편 찾기가 아니다」, https://neodol.tistory.com/2009 (검색일: 2021.03.26)

보고 싶어. 그저 당신이 보고 싶을 뿐이야.

가늘어서 부러질 것 같은 그 손가락에

언젠가 진짜 반지를 끼워주고 싶어.

아련하게 웃는 그 얼굴을 진짜 행복으로 채워주고 싶어.

그저 서투른 사람끼리 서로 보듬으며 살아갈 수 있다면

당신의 얼굴을 보고 당신의 목소리를 들을 수 있다면

그게 내가 진짜로 원하는 거야.

우리는 일생에 한 번 정도 '가슴 아픈 통과의례'와 같은 첫사랑을 만나게 된다. 첫사랑은 긴 시간이 지나가도 쉽게 잊혀지지 않고 그 시절과 상대방을 그리는 날들이 종종 있곤 하다. 때문에 '첫사랑'도 '향수'의 대상이 충분히 될 수 있는 것이다. 첫사랑은 오랜 기간 문학적 측면에서도 다뤄져 왔던 테마이다. 첫사랑은 '나'의 청년기에 순수한 마음의 표시이며 주체할 수 없는 감정의 소용돌이를 처음 맞보는 경험이었다. 첫사랑은 삶의 하나의 원동력이며 인생에 커다란 영향을 끼치기도 하기에 문학적 테마로 자주 이용되어 왔다. 작품에서 첫사랑은 과거를 재구성하고 이상화되며 낭만화된다(정수남, 2016: 164~165).

두 작품의 첫사랑은 순수함이란 공통점이 있으며, 이 순수함은 앞서 말한 가족과 공동체의식과 더불어 고향과 같은 아늑함과 정겨움, 따뜻한 휴머니즘을 안겨주고 있다. 일반적인 작품에서는 첫사랑은 이루어지지 않기 때문에 아프고 아련한 기억을 상기시키지만, 두 작품에서는 첫사랑이 이루어졌다는 것이 특징일 것이다. 이렇게 연결된 첫사랑은 레트로의 감성인 따뜻함과 이상화된 사랑으로 특징을 지을 수 있다.

4. 작품 속 주인공과 소비 주체의 사이에서

1958년 초등학교 3학년인 잇페이는 자라서 2005년(영화 개봉년도)이면 57세가 된다. 1988년 덕선이는 고등학교 2학년이므로 드라마를 발표한 2015년(드라마 상연년도)에는 45세의 중년이 된다.

2015년 당시 일본에서 50대인 사람들은 전쟁이 끝나고 1947년에서 1949년에 태어난 베이붐세대로서 소위 단카이(団塊)세대라고 불리던 사람들이다. 어원은 경제기획청 장관을 역임한 사카이야 다이치(堺屋太一)가 1976년 잡지『현대(現代)』에 연재한 소설 〈단카이의 세대(団塊の世代)〉(1976)에서 만들어진 단어이며, 이 소설은 이들 세대가 앞으로 어떠한 미래를 살아갈지를 그린 소설이다. 단카이 세대는 1964년 도쿄올림픽을 거치는 일본의 고도성장기를 거쳤으며 대학생이 되어 1968년 전공투(全共鬪)와 전국학원투쟁을 거치는 학생운동을 거치며 기성세대에 대한 반항을 치열하게 보였던 청춘의 시대를 보냈다. 그리고 버블시대(1986~1991)에는 50대의 중년이 되어서 사회의 중심축으로서 커다란 역할을 맡아왔다. 이들은 2000년대 후반부터 정년을 맞이하여 새로운 소비의 주체로서 등장한다.

단카이 세대의 특징을 '감성'과 '소비' 그리고 '저항'으로 말하기도 한다. 그들은 젊은 시절 학생운동을 통한 기존 세대에 대한 불만을 토로하고, 기성세대의 '형식주의'에 반항하며 그들만의 감성으로 소비문화를 만들어내기도 했다. 일본의 경제성장기의 중심이었던 단카이 세대는 사회, 정치, 경제 등 다양한 방면에서 많은 영향을 미치게 된다(李顯周, 2017: 285~287).

다음 글은 영화 스텝의 이야기로, 자신이 경험한 1958년 당시를 회상하여 다음과 같이 이야기한다.

영화 속 잇페이를 보면 제 여덟 살 때가 떠올라요. 1958년 잇페이가 초등학교 3학년이란 설정이잖아요. 저도 초등학교 3학년때 미래에 대한 희망에 부풀어 있었죠. 이때는 좋은 시대였어요. 미래에 대한 좋은 시대 말이죠. 잇페이와 친구들이 21세기에 대해 이야기하는 장면이 있는데 그 시절 아이들은 21세기를 굉장히 동경했거든요. 21세기가 되면 멋진 일이 있을 거라고 말이죠. 지금 아이들은 22세기까지는 아니어도 이 영화를 보면서 50년 후 일본과 세계가 정말 행복할까? 그때의 석양도 아름다울까? 이렇게 50년 후 석양까지 생각해준다면 더할 나위 없이 기쁠 거에요. 단순히 옛 시대상을 다룬 게 아니라 미래를 볼 수 있는 영화라고 평가된다면 영화를 만든 보람이 있다고 생각해요.

매일 새로운 세계가 펼쳐진 시대같아요. 미래가 계속 펼쳐질 것 같은 느낌이랄까요?
끊임없이 희망찬 미래가 다가올 것 같은 즐거운 시간이라고 할까요?
내일에 대한 기대감요?
미래가 기다려지는 것이죠.
비디오도 없었기 때문에 오늘 본 프로그램 다음편을 보려고 일주일 내내 목을 빼고 기다릴테니까요.
그런 설레임이 일년이고 십년이고 가지 않았을까요?

1958년이란 시절을 '희망이 부풀어 있던' '좋은 시대'였다고 말한다. 희망이 있던 시절, 미래에 대한 막연한 기대가 가능했던 시절이라고 말하는데, 그 시절에는 희망을 가지면 뭐든 이루어낼 수 있던 시절이었고, 그런 경제성장기를 단카이세대는 몸소 겪으며 지나갔다. 꿈이 있으면 이루어질 수 있던 미래가 존재하던 시절임을 이야기한다.

한편 〈응답하라 1988〉의 주인공 덕선은 18살로 2015년 40대 후반의 나이라고 추측할 수 있다. 당시의 40대는 '386세대'라고 불리던 세대로 1960년대 태어나 1980년대에 대학을 다녔고 1990년대에는 30대로 사회활동을 활발히 하던 사람을 지칭한다. 2021년 현재 '386세대'는, 현재 나이 50대가 되었으므로 '586세대'로 불린다.

2015년 당시에 '386세대'는 대부분이 40대에 접어들어 한국사회에서 중년 세대를 이루던 사람들로 이들은 일반적으로 자기 정체성이 강하고, 현실에 안주하기보다는 변화를 추구하는 세대라고 알려져 있다. 또한 386세대는 1980년 광주항쟁과 1987년의 6월 항쟁이란 1980년의 민주화운동을 경험했으며, 20대 '대학생활' 중에 함께 공유했다는 사실은 다른 세대와는 다른 강한 공동체 의식을 갖고 있는 특성을 지니고 있다(정성호, 2006).

덕선이 열여덟이던 1988, 건국 이래 최고의 행사인 '서울올림픽'이 열렸고 학력고사를 치르던 1989년 베를린 장벽이 무너졌다. 대학에 입학하던 1990년, MBC 라디오 '배철수의 음악캠프'가 시작됐다. 누구에게나 내가 살아온 시대는 특별하기에 그날들을 선명히 기억한다. .... 너나 없이 나누고 살았던 골목 이웃들을 기억한다. 지나온 추억은 아련히 떠올라 밤잠을

뒤척이게 하고 오늘을 살아가는 발판이 된다. (1화 손에 손잡고)

〈응답하라 1988〉은 우리가 보낸 시간에 관한 이야기이며 그 시절 청춘을 보낸, 그리고 지금의 청춘들에 보내는 위로와 격려다. 현재를 살아가고, 견디며, 잘 지내고 있는 모든 이들에게 보내는 연가, 계절의 봄처럼 짧았고 청춘처럼 찰나로 지나간 그 시절의 여행을 떠날 것이다. (1화 손에 손잡고)

2000년 중반부터 시작된 비정규직이 늘고, 고용이 불안정해지면서 청년들의 미래는 너무도 불투명하기 시작했다. 2014년 웹툰을 원작으로 한 〈미생〉은 이러한 청년들의 서사드라마로 취업전선에서 고군분투하여 가까스로 직장에 들어갔어도 직장은 아직 끝나지 않는 전쟁터와 같고 살아남기 위해 뭐든 해내야 하는 청년들의 무겁고 어두운 현실을 잘 묘사했다. 〈미생〉에서 그려진 것처럼 2015년 청년들의 삶은 고단한 삶이 되었고 미래마저 알 수가 없었다. 〈응답하라 1989〉 제1화에서는 1988년과 1989년이란 시간을 '내가 살아온 시대는 특별하며' 지금을 '살아가는 발판'이 되어 준 시기라고 말한다. 그리고 현실의 청년들에게 보내는 '위로와 격려'가 되길 바란다고 위로한다. "현재를 살아가고 견디며" 살아가다 보면 찰나처럼 짧은 봄 같은 청춘으로 기억될 것이라고 전한다.

단카이세대와 386세대는 시간적인 차이는 있으나 유사한 집단으로 평가된다. 단카이세대가 일본의 고도경제성장기의 시작으로 1960년대 대학을 진학을 한 것처럼, 386세대도 1970~80년대 한국의 경제성장기에 성장하여 1980년대 대학에 진학하였고 두 세대 모두 기존세대에 대한 저항과, 뚜렷한 정치입장을 표명하며 민주화운동을 주도하였다. 이들 세대는 다른 세대에 비해 '공동체의식'이 강하다(이주현, 2017: 288~289).

이들의 작품의 특징은 당시의 단카이세대와 386세대의 과거에 대한 향수에 대한 소비가 매우 강하게 맞닿아 있던 것이라고 볼 수 있다.

> 어른들은 그저 견디고 있을 뿐이다. 어른으로서의 일들에 바빴을 뿐이고 나이의 무게감을 강한 적으로 버텨냈을 뿐이다. 어른도 아프다. (제2화 당신이 나에 대해 착각하는 한 가지)

이제 그들이 '50대', '40대'가 되어 느끼는 고단한 삶의 무게를 어릴 적 추억으로 위로와 격려를 받는 것이다. '어른'이기 때문에 감당해야 하는 현실이 사실은 '나이의 무게감'으로 이겨내고 있는 것일 뿐, 그래서 어른도 아프다는 〈응답하라 1988〉의 대사는 이들에게 거센 공감대를 형성하게 되었고 드라마로 인해 많은 위로가 되었을 것이다.

다음은 〈올웨이즈 3번가의 석양〉과 〈올웨이즈續·3번가의 석양〉의 마지막 장면이다. 완성된 도쿄타워를 뒤로 보이는 노을을 보고 스즈키 가족은 다음과 같이 말한다. 그리고 아래는 〈속편〉의 마지막 장면에서 가족이 된 차가와 가족이 말하는 장면이다.

> 도모에: 오늘도 예쁘구나
>
> 스즈키: 멋있구나.
>
> 잇페이: 그야 당연하지.

내일도 모레도 50년 뒤에도 저녁 노을은 계속 예쁠거야

도모에: 그래. 그러면 좋겠구나

스즈키: 그러면 좋겠다 (〈올웨이즈 3번가의 석양〉)

히로미: 노을이 예뻐요.

차가와: 오늘은 더욱 아름다워 보이네.

준노스케: 왜 그런지 알겠어요. 우리 셋이서 함께 바라보고 있으니까요.

히로미: 그렇네.

차가와: 그럴지도 몰라. (〈올웨이즈續·3번가의 석양〉)

〈올웨이즈 3번가의 석양〉과 〈올웨이즈續·3번가의 석양〉의 제목 '올웨이즈'란 단어와, '석양'이란 단어는 매우 중요한 의미를 내포하고 있다. 작품에서 석양은 완성된 도쿄타워 뒤로 환하게 펼쳐져 있다. 일본경제의 완성의 상징인 도쿄타워 뒤에 석양은 어떤 의미일까? 일반적으로 '석양'의 의미는 인생의 노년을 의미한다. 모든 세상 이치를 깨달은 높은 경지라고 한다면 완숙의 의미로 석양을 뜻할 수 있을 것이다. '2015년' 일본은 이어지는 경제불황 가운데 사람들은 매우 지쳐 있고 사회는 점점 개인주의가 심해진 시기였다. 영화의 마지막 장면을 바라보는 관객들은 희망이 과연 있을까라는 의문이 드는 암울한 현재에서 '희망'이 있던 과거를 다시 한번 상기할 것이다. 그리고 영화 속 '석양'처럼 자신의 앞날도 영원할 것이라는 따뜻한 위로를 받을 것이다.

5. 레트로는 향수, 그리움, 동경

지금까지 〈응답하라 1988〉과 〈올웨이즈 3번가의 석양〉 그리고 속편인 〈올웨이즈續·3번가의 석양〉을 통해 한일의 레트로 현상을 분석하여 보았다. 이들 작품은 양국의 레트로 문화를 잘 표현한 작품으로 알려져 있다. 레트로를 상기시키는 요소는 여러 가지가 있는데 그 가운데 가족애, 골목길, 첫사랑이란 키워드로 살펴보았다. 이들 세 가지 키워드는 작품에 공통적으로 있는 소재이며, '향수'를 자극하는 단어이기도 하다. 레트로의 가장 큰 요소는 향수이며, 그리움과 동경이기 때문에 이 키워드들은 매우 유효하다.

첫째, 〈응답하라 1988〉과 〈올웨이즈 3번가의 석양〉 그리고 속편인 〈올웨이즈續·3번가의 석양〉까지 가족 이야기가 중심이다. 〈응답하라 1988〉에서는 다섯 가족이 등장하면서 각 가족의 에피소드가 있는데 갈등이 있어도 가족 구성원이 이해하고 배려하며 위기를 헤쳐나가는 모습을 따뜻하게 그리고 있다. 또한 〈올웨이즈 3번가의 석양〉과 속편에서도 가족 안으로 타인이 들어와도 타인을 가족으로 인정하고 배려하는 모습이 그려져 있다. 가족애를 통해 따뜻한 휴머니티를 이상적으로 그리고 있다고 할 수 있다.

둘째, 골목길 위에 그려진 사람들의 이야기이다. 쌍문동 골목길과 3번가 골목길은 그 모양과 성격이 유사하다. 몇 걸음만 걸으면 이웃의 집에 도달한다. 그리고 이웃의 이야기도 내 가족의 이야기만큼 궁금해 간섭한다. 골목길은 향수를 자극하는 고향과 같다고 지적하듯이 작품에서 골목길은 편안함과 행복을 제공하는 장소로 그려져 있다.

셋째, 첫사랑이다. 첫사랑도 과거에 있던 일, 상대방에 대한 그리움으로 인한 것이듯 향수를 자극하는 요소이기 때문에 레트로의 중요한 요소가 될 수 있다. 첫사랑은 이루어지지 않아 아련하고 아픈 감정을 담고 있는 기존 작품과는 달리, 이들 작품에서는 첫사랑이 결실을 맺는다는 차이점을 찾을 수 있다.

참고문헌

권은선(2014), 「신자유주의 시대의 문화상품: 1990년대를 재현하는 향수/복고 영화와 드라마」, 『영상예술연구』 25, 영상예술학회, 35~55쪽.

김민형·전하민·김동영(2019), 「뉴트로트랜드」, 『마케팅』 53(2), 한국마케팅연구원, 57~65쪽.

김홍중(2008), 「골목길 풍경과 노스텔지어」, 『경제화 사회』 2008년 3월호, 비판사회학회, 139~168쪽.

김화영(2021), 「한일 레트로 감수성 연구: 『올웨이즈 3번가의 석양』과 『응답하가 1988』의 비교를 통해서」, 『일어일문연구』 116, 한국일어일문학회, 249~267쪽.

李顯周(2017), 「異文化の受容と受容層の世代研究: 韓国の'386世代'と日本の'団塊世代'を中心に」, 『日本言語文化』 40, 한국언어문화학회, 277~293쪽.

박통회(2004), 「가족주의 개념의 분할과 경험적 검토: 가족주의, 가족이기주의, 의사가족주의」, 『가족과 문화』 16(2), 한국가족학회, 93~125쪽.

박혜원·이미숙(2002), 「레트로(Retro) 패션의 특성과 문화산업적 의미 연구」, 『복식』 52(3), 한국복식학회, 171~187쪽.

백소연(2019), 「가족이라는 레트로토피아: 텔레비전드라마 〈응답하라1988〉를 중심으로」, 『한국극예술연구』 65, 한국극예술학회, 13~40쪽.

정성호(2006), 『중년의 사회학』, 살림.

정수남(2016), 「첫사랑의 후기근대적 운명과 노스텔지어에의 차가운 열정」,

『정신문화연구』 39(1), 한국학중앙연구원, 163~201쪽.

최수웅(2018), 「로맨스서사의 놀이성과 확장성 연구: TV드라마 '응답하라' 시리
즈를 중심으로」, 『한국문예창작』 17(3), 한국문예창작학회, 145~164쪽.

浅岡隆裕(2004), 「昭和年代へのまなざい: ある展示会の表象と受容の社会
学考察」, 『応用社会学研究』 46, 77~94面.

青木久美子(2011), 「変わりゆく『昭和30年代ブーム: キッチュからイデオ
ロギーへ』」, 『社会学論考』 32, 83~107面.

Gluck, carol 著, 沢田博 訳(2001), 「現在のなかの過去」, 『歴史としての戦
後日本』(上), みすず書房, 150~198面.

지그문트 바우만, 정일준 옮김(2018), 『레트로토피아: 실패한 낙원의 귀환』,
아르테.

「'응답하라 덕선남편'이 되어 버린 응답하라 1988. 중요한 것은 남편 찾기가
아니다」(https://neodol.tistory.com/2009) (검색일: 2021.03.26)

〈텍스트자료〉

방송

이우정 극본, 신원호 연출, 〈응답하라 1988〉(tvN, 총20회), 2015.11.06~
2016.01.16.

DVD

〈ALWAYS 3丁目の夕日〉, Eins M&M, 2007.

〈ALWAYS續·3丁目の夕日〉, Eins M&M, 2011.

한·중·일 전쟁 트라우마와 탈경계의 스토리텔링

: 〈평화 그림책〉 시리즈를 중심으로

강명주

1. 전쟁의 기억과 기록

인간은 전쟁에서 그리고 전쟁의 기억에서, 자유롭지 못하다. 기록되어 온 수많은 전쟁이 있으며 현재 우리가 살고 있는 지금 이 순간 역시 마찬가지다. 인간은 누구나 결핍을 가지고 있고, 그것을 끊임없이 욕망하면서 살아가는 존재다. 이야기를 만들 때 가장 중심이 되는 관계항을 결핍된 주체와 주체가 욕망하는 대상으로 설정해 온 것도 '끊임없이 욕망하는 것'이 인간을 규정하는 본질적인 심급이라 보았기 때문이다. 이러한 이분법적 관계항이 항상 옳은 것은 아니지만 인간의 욕망은 언제나 원초적인 지점에서 포착되어 왔으며 인간성의 필수

구성요소로 여겨진다. 그렇기에 인간들이 모여서 만든 사회에서는 각 구성원들 간 욕망이 서로 충돌할 수밖에 없으며 인간의 역사는 충돌의 역사로 말하는 것도 과언이 아니다. '절제'하거나 '분별'하지 못한 채 무력으로 이어질 때 전쟁이 일어난다.

동아시아 역시 지속적인 무력충돌과 국지전에 시달려 왔다. 작은 분쟁은 이루 말할 것 없이 많고 크게는 청일전쟁, 만주사변, 중일전쟁, 제2차 세계대전, 그리고 한국전쟁을 꼽을 수 있다. 특히 한국은 여전히 대외적으로 '분단'의 상황이고 한국전쟁이 발발한 1950년 6월 25일로부터 70여 년이 지났음에도 전쟁의 위협이 실상 내재되어 있는 불안한 공간이다. 종전(終戰)이 아니라 휴전(休戰)이기 때문이다. 전쟁의 기억에서도 여전히 자유롭지 못하다. 이는 일상생활에서 쉽게 사용하는 관용적 표현을 통해서도 나타난다. 관용어가 역사와 문화적 배경을 같이 하는 일반 언중들에 의해 자연스럽게 생성된, 사회의 문화적 은유를 내포하는 표현이라고 할 수 있다는 점에서 이는 의미 있는 현상이다. 앞장서서 무언가를 할 때 '내가 총대 매겠다.'라고 표현한다거나, 사람들이 어수선하게 모여 있는 모습을 두고 '난리도 그런 난리가 없다.' 혹은 '전쟁통인 줄 알았다.'의 표현을 무의식중에 사용한다. 그 외에도 갑자기 시끄러운 소리가 나면 '무슨 전쟁이라도 난 줄 알았어.'라고 하거나 짐을 잔뜩 들고 있으면 '너는 어디 피난가니?'라고 하는 말들도 흔히 쓰이는데 이것들은 모두 전쟁의 잔상에서 나오는 표현들이다. 이는 집단적 트라우마에 의한 것으로, 우리가 스스로 늘 의식하지 못한다고 해서 아무렇지 않은 것은 아니라는 점을 보여준다.

이러한 집단적 트라우마를 지닌 것은 비단 한국의 경우뿐 아니다.

통일 논쟁이나 이데올로기 정쟁, 분단 인식을 떠나 동아시아 국가들 사이에는 전쟁 트라우마, 역사적 트라우마에서 비롯된 청산되지 못한 전쟁의 기억과 감정적인 대립과 반목이 잔재한다. 집단적 감정이 개입된 한·중·일의 관계 개선은 "동아시아 3국의 사회 구성원들이 동의할 수 있는 수준의 역사적 '진실' 규명과 함께, 지금까지의 '진실' 규명 과정에서 주고받은 증오, 분노, 불신 등의 감정적 상처에 대한 치유와 회복이 동시에 이뤄"(문경희, 2016: 3)질 수 있을 때에야 가능한 것이다. 그러나 실상 '진실 규명'이라거나 '감정 치유'는 추상적이고 관념적인 것이다. 이를 실재의 영역으로 가져오기 위해서는 전쟁의 기억과 그로 인해 비롯된 트라우마를 재현해내는 과정이 필요하다. 전쟁 기억에 대한 재현과 재구성을 통해 트라우마의 실체에 보다 가까워질 수 있으며 이는 화해와 극복을 위한 첫 걸음이 된다. 이에 주목하여 전쟁 트라우마의 서사적 양상이 어떻게 나타나는지에 대한 분석을 바탕으로 공감과 화해의 가능성을 예단해보고, 나아가 동아시아 3국의 초국적 연대를 이끌 수 있는 탈경계 스토리텔링에 대한 방향을 제언해보고자 한다.

특정한 문화의 요소들이 이야기를 통해 재현되고 발화되는 방식은 다양하다. 기존의 역사와 문화는 스토리텔링으로 재구성되면서 새로운 의미망을 형성한다. 이를 동아시아 〈평화 그림책 시리즈〉를 중점적으로 살펴 볼 것이다. 〈평화 그림책 시리즈〉는 아직 해결되지 못한 동북아 역사청산 과정의 한 일환으로 2005년 일본의 그림책 작가 다시마 세이조의 제안으로 시도된 프로젝트다. 한국, 중국, 일본 각 나라의 작가들이 서로 연대하여 나라별로 전쟁과 평화를 주제로 한 그림책

4권씩 총 12권을 번역 출간하기로 기획된 것이다. "지난날을 정직하게 기록하고, 오늘의 아픔을 서로 나누며, 평화로운 내일로 함께 나아갈 것을 목표"로 의기투합했다는 것에 의미가 있는 프로젝트다. 각국의 입장에 간극이 있는 민감한 사안에 직접적으로 접근하면서 개별적 국가나 개인이 아니라 '우리', '함께'라는 공감의 연대를 시작하고자 실질적으로 시도한 것이기 때문이다.

특히 그림책의 스토리텔링은 이미지의 시각문법을 통해 직관적으로 전달할 수 있다는 점에서 아동들뿐 아니라 청소년, 성인에게도 효과적인 표현방식이다. 전쟁을 소재로 한 그림책을 통해 독자들은 상황에 자연스럽게 몰입하고 감정 이입을 통해 문제의식을 공유할 수 있게 된다. 하지만 초기의 기획의도대로 작가들의 연대가 쉽게 이루어진 것만은 아니다. 과정 중 각국 간의 갈등을 겪었으며 특히 한국 위안부 문제를 다룬 〈꽃할머니〉의 경우 출간은 일본에서는 8년 이 걸렸고 중국에서는 출간되지 못했다. 다만 "인식이 과거처럼 이념 대립으로 얼룩져 있거나 가해자와 피해자의 틀에 국한된다면 새로운 지평으로 나갈 수 없을뿐더러 갈등의 무한궤도 위에서 모두가 영원한 피해자로 남을 수밖에 없"(채대일, 2018: 250)다는 것을 경계해야 한다. 한·중·일의 전쟁 트라우마에 대하여 이야기 하는 책들이 모여 하나의 시리즈가 형성되는 과정에 있어 언급한 부분들이 잘 조율되고 있는지, 초국적 연대의 방향으로 나아가기 위해서는 어떠한 전략들이 필요한 지에 대하여 논의해보기로 한다.

2. 한·중·일 전쟁 트라우마의 서사적 양상

전쟁은 이해관계를 조율하는 것에 있어 가장 잔인한 폭력이며 파괴적인 수단이다. 군대만의 무력전으로 끝나는 것이 아니라 광범위한 영향을 미쳐 민간인에게도 인적 피해, 경제적 피해 등을 가져온다. 특히 전쟁은 종료된 이후에도 개인의 문제가 아닌 전 사회의 문제라는 점에서 공동체에 물리적으로나 정신적으로나 전방위적인 상흔을 남긴다. 그 중 정신적 상흔이 남은 형태를 두고 '전쟁 트라우마'로 명명해 볼 수 있다. 트라우마(trauma)는 주로 심리학 용어로 쓰이며 사전적으로 "여러 가지 정신 장애의 원인이 될 수 있는 것으로 정신에 지속적인 영향을 주는 격렬한 감정적 충격"로 정의된다. 그리스어 Traumat(상처)에서 기원했으며 의학용어로는 '외상(外傷)'을 뜻하지만, 정신건강의학이나 심리학의 용례로 사용되는 것이 대부분이다. "외부 자극에 대처하는 정신의 방어 기제가 뚫려 유기체에 대규모 혼란을 초래하는 정신적 충격, 즉 트라우마가 남게 되면 우리의 심리 기제는 가능한 한 모든 방어 장치를 가동하게 되는데 여러 외부 자극 중에서도 특히 전쟁은 모든 존재를 폭력과 파괴 앞에 무방비 상태로 노출시켜 놓음으로써 치명적인 트라우마"(채대일, 2018: 232)가 된다.

물론 사건의 크고 작음이나 경중에 관계없이 생길 수 있는 것이 트라우마이기 때문에 전쟁이 얼마나 끔찍한 것인지 씻을 수 없는 상처를 남기는 치명적인 것인지를 강조하려는 것이 아니다. 다만 이는 정신적인 것에서 비롯되는 만큼 물리적 외상보다 그 범위가 넓을 수 있으며 개인적 감정이므로 쉽게 예측할 수 없다는 점을 이해해야 한다는 것이다. 특히 사건을 직접 겪지 않은 경우에도 가까운 지인 혹은 미디어를 통한 간접 경험으로 생길 수도 있는 부분임을 인지해야 한다. 예를 들어 2014년 전라남도 진도군 부근 해상에서 전복된 후 수많은 사상자와 실종자를 낸 세월호 참사의 경우가 그렇다. 세월호 참사는 생존자나 유가족 외에도 "미디어를 통해 전달된 정보와 이미지의 충격성 때문에 이를 지켜본 대중"(김종엽, 2014: 101)도 함께 트라우마를 겪은 집단 트라우마의 성격을 보인다는 점에서 전쟁 트라우마와 비슷하다.

이 글에서는 전쟁 트라우마를 이처럼 단지 개인적 병리현상이 아닌 집단적·문화적으로 구성된 고통으로 이해하여 논의하고자 한다. 전쟁으로 물든 국가의 역사 안에서 국민들은 간접적으로라도 무력감 혹은 분노, 수치심, 당혹감, 비애 등의 다양한 양상의 감정적 고통을 겪는다. 특히 한국인이 경험한 트라우마는 식민지배 이후 해방이 되었으나 곧바로 발생한 전쟁과 분단의 상황, 이데올로기의 대립으로 인한 적대적 공생과 이산이라는 일련의 상황들과 감정에 기반하여 집단적이고도 역사적인 특징을 가진다. 이는 전쟁과 분단을 직접 경험한 세대뿐 아니라 "지속적으로 현재에도 세대적 전이가 이루어져 트라우마 경험이 세대 간으로도 전수됨"(전명희, 2016: 236)을 확인할 수 있다. 이러한 현상은 라카프라의 '전이'의 개념과 에리히 프롬(Erich Fromn)의 '사회적 성격과 사회적 무의식'을 통해 '역사적 트라우마'로 설명할 수 있다. 김종곤은 이에 대해 "과거가 과거로 끝나지 않고 치유되지 않은 사회구조적 조건이 유지됨으로써 '근원적 트라우마'와 부가적으로 양산된 '파생된 트라우마가' 착종되어 있는 결과"(김종곤,

2013: 60)라고 설명한다. 전쟁을 직접 겪은 세대가 사라지고 있지만, 그럼에도 우리 사회는 여전히 분단의 상황에 고착되어 있고 이것이 정치적으로 이용되어 오고 있다는 점에서 우리는 여전히 전쟁 트라우마에서 벗어나지 못했다.

이는 1945년의 제2차 세계대전 이후 전쟁으로 인한 혼란을 수습하고 회복을 도모하는 과정에서 외적(경제적, 정치적) 복구만이 이루어졌기 때문이다. 한국의 경우 경제적, 정치적 발전이 압축적으로 단기간에 이루어졌는데 그러한 과정에서 국가지도층은 내부적 단결을 위해 외부의 적을 강조하게 된다. 중국의 급속한 성장 역시 마찬가지로 '애국주의'를 견고히 하면서 이루어져 왔다. 즉 국가적 차원에서 "지도층의 권력유지와 강화, 지속에 유리한 입장에서 국가와 민족적 정체성을 확립하고자 노력했으며, 그 과정에서 '우리'집단의 윤리성과 도덕성을 강조하기 위해 과거에 대립 구도에 있었던 국가와 민족을 타자화하는 경향(문경희, 2017: 76)을 보였다. 이를 통해 형성된 민족주의는 사회, 문화, 역사 등의 분야를 망라하고 나아가 영토문제와 중첩되어 동아시아국가간의 갈등을 조장한다. 이러한 애국주의, 민족주의는 물론 혈통적인 것이고 개인의 정체성에도 긍정적 영향을 주는 문화적, 민족적 정체성을 공고히 하는 전통적인 것일 수도 있겠지만 한편으로는 실체가 없는 부분일 수 있다. 이를 지적한 것이 베네딕트 앤더슨이다. 그는 민족주의란 언어를 통해, 자본주의와 테크놀로지를 통해 만들어진 근대적 상상의 산물이며 상호작용의 결과로 만들어진 이미지(앤더슨, 2018: 80~81)라 주장한다. 어떤 기억을 소환하고 유통할 것인가에 대한 문제를 고려해야 한다. 그 중 특히 전쟁에 대한 기억은 가장 강력한데, 이는 국수적이며 배타적인 태도를 형성하게 만든다.

가령, 우리나라나 중국의 경우 일본에 대하여 '가해국'이라고 인식한다. "우리는 과거사에 대해 반성, 사과하지 않으며 민족적 타자의 고통을 외면하고, 오히려 역사 왜곡을 통해 전쟁의 정당화를 꾀하는 일본에 대해 비판한다. 정작 일본은 동아시아 전쟁의 패전국이라는 사실을 바탕으로 자신들도 피해자라는 입장에서 국가와 민족 정체성을 구축하려는 시도"(문경희, 2017: 77)를 해 왔다. '피해국'만 존재할 뿐 '가해국'은 어디에도 없는 것이다. 전쟁에 대한 올바른 인식과 반성은 반드시 촉구되어야 한다. 그러나 사실상 '피해자'와 '가해자' 나아가 민족과 국가 단위로 '피해국'과 '가해국'의 이분법적 구도를 만들면 서로의 화해가 어려울 수밖에 없다. 같은 민족 내에서도 가해자와 피해자가 나뉘기도 하고, 가해-피해의 구도가 전도되기도 하기 때문이다. 그러나 여전히 "동북아시아에서는 아직도 민족과 국가라는 집단적 단위를 중심으로 가해와 피해의 구도가 설정되는 상태"(류석진, 2020: 96)이고 서로 간 접합점을 찾지 못하고 희생자에 초점을 맞추는 민족주의 기억과 서사에 머물고 있다는 한계가 있다. 그러나 더 이상 여기에 머물러서는 진정한 '화해'로 나가는 것에 어려움이 있다. 그래도 희생자 서사에서 한 발짝 나아가고자 한 것이 〈평화 그림책 시리즈〉 프로젝트다. 물론 이 프로젝트는 시작점일 뿐 완전한 화해가 이루어졌다고 보기에는 힘들다. 그럼에도 불구하고 이 그림책이 가지는 의의와 어떤 방향으로 나아가면 좋을지에 대한 제언을 해보고자 한다.

〈평화 그림책 시리즈〉는 '평화'를 내세우고 있지만 실상 전쟁이야기다. 전쟁은 실상 폭력적 에너지의 극단적 형태라는 점에서 처참한

살육과 공포가 존재하는 부정적 소재로 볼 수도 있다. 그런 면에서 "어린 아이들의 정서와 세계 인식에 부정적인 영향을 미칠 것이라는 이유를 들어, 전쟁 이야기에 대한 노출을 꺼려"(나선희, 2015: 144)온 것도 사실이다. 그러나 빛이 있다는 것을 그림자를 통해 알 수 있고, 아픔을 통해서 성장할 수 있는 것처럼 '평화'와 '화해'를 알기 위해서 갈등의 근원에도 주목할 필요가 있다. 집단 간의 갈등 상황에서 어떤 본질적인 문제가 있는지 간접 경험하고 비판적으로 사고할 수 있는 기회다. 그림책을 통해 직접적으로 현실의 문제에 대해서 인식하고 도덕적 판단을 할 수 있도록 반응을 끌어내는 것이 필요하다.

이는 비단 어린 아동에게만 해당되는 내용은 아니다. 특히 〈평화 그림책 시리즈〉의 경우 두 번째 시리즈 『비무장 지대에 봄이 오면』, 세 번째 시리즈 『평화란 어떤 걸까』, 다섯 번째 시리즈 『내 목소리가 들리나요』, 여섯 번째 시리즈 『군화가 간다』, 열 번째 시리즈 『강냉이』 이렇게 현재 출간된 총 11편의 시리즈 중 다섯 편 정도만이 간단한 이야기, 큰 활자체, 이해하기 쉬운 정도의 짧은 문장의 특징을 갖고 있다. 남은 여섯 편의 경우 작은 활자체와 많은 이야기를 담고 있어 아주 어린 아동만을 대상으로 한 책은 아니라는 것을 알 수 있다. 사실 다루는 주제가 무겁고 전달하고자 하는 메시지 역시 많은 생각을 하게 만드는 만큼 이 그림책은 자라는 아동뿐 아니라 바른 방향을 제시해주어야 하는 청소년 시기의 학생들, 그리고 무엇보다 트라우마를 가지고 편견 속에서 벗어나지 못하는 상처받은 어른들을 위한 책이기도 하다.

개인과 사회에 대한 부정적이고 특정한 이미지를 고착화시킨다는 점에서 전쟁과 폭력, 편견은 분리될 수 없는데 전쟁에 따른 폭력, 불평등, 선과 악, 차별 등의 경험은 고정화되고 이는 신념이 되어 사회를 지배함으로써 더 무서운 폭력으로 작용한다(이은주, 2019: 49). 더욱이 편견이 무엇보다 문제가 되는 이유는 "편견은 충분한 사전지식과 이해가 없는 상태에서 다른 사람이나 상황에 대하여 갖는 부정적인 태도, 의견 혹은 감정을 말하는 것으로, 편견은 다른 사람이나 집단을 판단하여 좋아하거나 적대시"(Jones & Derman-Sparks, 1992; 전유영·이은영, 2012: 82에서 재인용)함으로써 화해의 여지를 가로막는 것이기 때문이다. 특히 부정적인 인식으로 한 번 고정되고 나면 좀처럼 인식을 바꾸기가 쉽지 않은데 개인적이든 집단적이든 벗어나고 피해야 하는 것이다. 그런 면에서 "전쟁의 피해와 고통을 부각시켜 반전 평화의 메시지를 강조하는 것은 통상적이나, 그러한 감정을 어떤 집합적 정체성 형성을 목표로 하느냐에 따라 기존에 존재하는 민족, 문화 공동체 의식을 강화시킬 수도, 또는 약화시킬 수도 있다"(문경희, 2017: 80)는 점에 유의할 필요가 있다. 즉, 편견에 갇히지 않는 구도에서 다양한 주체와 각각의 입장을 모두 다루어야 할 필요가 있다.

그림책의 독자들이 인종이나 민족 간의 감정, 국가 간의 차이를 넘어서는 인류 공동의 가치로써의 '평화'의 의미를 생각하게 해주어야 할 것이다. 그런 면에서 한 나라의 이야기가 아닌 삼국의 이야기를 교차적으로 접할 수 있게 만든 시리즈의 구성은 바람직하다. 한국, 일본, 중국의 이야기를 모두 포함함으로써 민족주의적 관점에서만 수용할 위험성을 많이 낮출 수 있었기 때문이다. 하지만 그럼에도 불구하고 여전히 민감한 사안을 다루었다는 점에서 각국 간의 이해를 완전히 조율하지 못했다는 한계를 지닌다. 특히 한국에서는 첫 번째 시리즈로 출간된 권윤덕 저자의 『꽃할머니』가 그렇다. 그림책이 완성된 이후에도 가장 많은 담론을 낳았던 시리즈다. 개인의 이야기를 구체적으로 다루고 있다는 점과 "흰저고리에 검정치마라는 단일한 위안부 이미지로 형상화됨으로써 복수가 아닌 단수의 경험으로 위안부의 문제를 통일시키려고 한 한계"(박사문, 2014: 408)가 있었다는 점에서는 아쉽다. 구체성과 감정적 표현으로 인해 상대국가와의 이해관계가 더욱 첨예하게 대립할 수밖에 없었기 때문이다. 『꽃할머니』가 한국에서는 2010년에 바로 출간된 것에 비해 중국과 일본에서는 출간이 연기되었다. 중국 정부는 그림책 삽화에 등장하는 지도에서 영토에 대한 문제를 들어 출간하지 않았고, 일본의 경우, 우익 세력의 반발을 내세워 8년이나 흐른 2018년에야 크라우드 펀딩을 시도하였다. 개인의 슬픈 과거사로 볼 것인가 국가적 성폭력으로 볼 것인가의 간극에서 양국의 역사 인식의 차이를 확인할 수 있다. 권윤덕 작가는 책이 만들어지기까지의 힘들었던 과정을 영화 〈그리고 싶은 것〉[1]을 통해 그려내기도 하였다. '위안부'라고 하는 역사적 사건에 대하여 비판적 시각으로 접근하고 여성의 인권에 대하여 진지하게 다가간다는 점에서 분명한 사회적 메시지를 전하는 작품이다. 특히 〈그리고 싶은 것〉을 통해 트랜스미디어 스토리텔링함으로써 그 의미를 더하였다. 작가는 『꽃할머니』 그림책에서도 직접적으로 '독자들에게'라는 란을 통해 자

---

1) 2013년 8월 15일 개봉한 92분짜리 다큐멘터리 영화로 권윤덕 작가의 『꽃할머니』 내용 자체가 아니라 위안부를 다룬 그림책이 출간에 난항을 겪는 부분을 보여줌으로써 오히려 그림책의 당위성을 역설하고자 하였다.

신의 목소리를 내고 있다.

전쟁은 한 집단이 다른 집단을 폭력으로 굴복시켜 이익을 얻으려 하는 짓입니다. 그러므로 전쟁은 늘 폭력을 피하거나 저항할 힘이 없는 사람들에게 큰 고통을 주지요. 대게 가난한 사람과 여성과 어린이가 여기에 속합니다. 그중에서도 여성은 더욱 큰 고통을 받게 됩니다. (…중략…) 전쟁과 관련한 성폭력은 국가의 승인이나 묵인, 방조 아래 이루어집니다. 더 큰 폭력으로 상대방을 이기는 것이 최고의 목적인 전쟁에서, 그리고 그 전쟁을 수행하는 군대에게 여성을 비롯한 약자들의 인권은 그저 수단에 지나지 않는 것입니다. 이 책의 주인공인 꽃할머니는 약자 중에서도 약자였습니다. 전쟁을 일으킨 나라의 식민지에 사는 가난하고 어린 여성이었습니다. 어디로 가는지도 모른 채 끌려가 차마 입에 담을 수조차 없고 평생 씻을 수 없는 고통을 당했습니다. 그리고 그러한 고통은 또 다른 전쟁 지역의 제2, 제3의 꽃할머니들에게로 이어지고 있습니다. 다시 그런 일이 일어나지 않도록 하기 위해서 우리는 전쟁에 반대해야 합니다. 인권을 존중해야 합니다. 전쟁을 일으키고 인권을 짓밟은 자들과 그 일을 승인하거나 묵인, 방조한 국가들로 하여금 사죄하게 해야 합니다. 그것이 양심을 가진 사람들의 도리입니다.[2]

이야기의 '전달자'를 넘어 글을 어떻게 읽어야 하는지, 어떤 메시지를

---

2) 평화시리즈 한국에서 출간된 제1권 『꽃할머니』 표지부에 나오는 '이 책을 읽는 독자에게'의 부분에서 발췌.

담고 있는지, 글을 읽은 후 어떤 생각을 해야 하는지에 대한 작가의 문제의식을 직접적으로 드러내는 '가이드'의 역할까지 하고 있음을 확인할 수 있다. 물론 종군 위안부의 강제동원은 반인권적인 역사이며 분명한 피해자가 존재한다. "역사를 잊은 민족에게는 미래가 없다"는 독립운동가 신채호 선생의 말처럼 이를 잊어서도 안 되며 일어난 사실에 대한 반성과 사과를 촉구해야 한다는 점에 동의한다. 그러나 '평화'를 논하는 그림책에서 '피해자─가해자'의 이분법적 대립구도를 내세우는 프레임을 직접적인 말로써 씌웠다는 부분에서 다소 아쉽다. 그림책은 이미지로 전달한다는 점에서 독자들이 내용을 스스로 구성하고 채워낼 여지가 많다. 일반적으로 "전쟁을 다룬 그림책은 그림책이라는 효과적인 장르를 통해 전쟁이라는 심각한 폭력과 그 결과가 낳은 고통과 비극을 넘어선 평화의 아름다움과 소중함, 평화를 이루려는 인간의 노력까지도 이미지로 전달"(장지은, 2017: 289)한다. 『꽃할머니』 역시 글뿐 아니라 이미지도 굉장히 많은 생각을 통해 구성되어 있다.

위안부 할머니의 얼굴을 땅과 비슷하게 표현하고 주름에 살아온 역사를 담아 보여주고,3) 씻을 수 없는 아픔을 겪어낸 그는 '꽃'으로 형상화하여 승화시켰다. 특히 과거의 순간들을 흑색으로 혹은 백색으로 표현함으로써 무기력하게 모든 것을 빼앗긴 고통과 아픔을 드러내고 빨갛고 검은 배경으로 피폐해진 상처를 나타낸다. 색채와 이미지를 통해 독자의 상상력을 자극하고 전쟁의 비극성이나 인간성에 대해

---

3) 할머니의 얼굴을 페이지가 가득 차도록 그리고 눈과 얼굴의 주름 사이 사이로 세월의 흔적을 나타내기 위해 어릴 적 동무들과 지내던 일상의 모습부터 전쟁의 모습까지 연대기를 그림으로 나타내며 오로지 꽃에만 채색되어 있다.

생각하고 고민할 수 있게 만드는 것이다. 다만 위안부 문제를 민족주의적 관점에서만 수용할 위험성을 경계할 수 있어야 할 것이다. 작가의 말에서도 위안부 문제가 한 국가나 민족에게만 비단 한정된 것이 아니며 제2, 제3의 꽃할머니가 또 다른 전쟁 지역에서 이어질 수 있음을 언급하고 있다. 그러나 이후 덧붙인 사죄 촉구와 비판으로 마무리하고 있어서 이로 인해 무게중심이 가해자에 대한 분노와 처벌에 있는 것처럼 오해될 소지가 있다. 『꽃할머니』는 위안부 피해자인 심달연 할머님의 증언을 토대로 쓰여졌다는 것을 밝히면서 시작된다. 심달연 할머니의 개인사가 아닌 제2, 제3의 꽃할머니의 가능성을 이야기 안에 스토리텔링으로 전달할 수 있는 방향이 필요하다.

용서와 화해를 위해서 필요한 것은 '구분-짓기'보다는 경계에 대한 풀어내기와 이해다. 피해자와 가해자, 사과받아야 하는 자와 사과해야 하는 자의 구도는 평화와 화해로 나가기보다 트라우마 안에 머물게 만들기 때문이다. 가해자의 처벌을 통해서가 아니라 먼저 내부적인 치유를 할 수 있어야 할 것이다. 그리고 그러기 위해서는 "공식적 기억에 균열을 일으키는 증언, 우리와 적의 경계를 교란시키는 증언, 동질화된 집단적 주체를 내파할 수 있는 증언, 그래서 우리가 상처 입을 수도 있는 증언, 그러나 그 상처가 자기반성과 변화의 기회가 되어 연대를 생성하는 증언을 이제는 찾아내고, 전시하고, 문학적으로 형상화"(박사문, 2014: 408)할 수 있어야 한다. 그리고 그 감정적, 정서적 치유는 스토리텔링을 통해 가능하다. 전쟁의 기억을 재현하고 재구성하는 것에서 나타나는 스토리의 양상과 나아가야 하는 방향을 다음 장에서 보다 자세히 살펴 볼 것이다.

3. 한·중·일 평화 그림책과 탈경계의 스토리텔링

한·중·일 평화 그림책은 처음부터 공동의 기획 아래 진행된 동아시아 평화 프로젝트의 일환이기 때문에 그만큼 목적과 의도가 상대적으로 분명하다. 단순히 전쟁의 비극적 참상만을 보여주는 것이 아니라 나아가 '화해'와 '연대'의 계기를 마련하는 것이 기획 의도다. 가까운 나라임에도 불구하고 동등하고 평화롭게 지내오지 못했으며 특히 근대에 힘을 앞세운 제국주의 세력으로 인해 겪었던 불행을 다시는 겪지 않았으면 하는 마음을 가지고 서로 의논하고 격려하면서 서술되어진 것들이다. 다만 서로 의논하고 격려했음에도 출판 과정에서 갈등과 난관을 겪기도 하였다. 그만큼 이 시리즈를 기획한 작가들 간의 간극이 존재한다는 뜻이다. 즉, 국가도 그에 따른 정체성도 하고 싶은 메시지도 입장도 다르다는 점에 주목할 만하다. 3국 12명 작가들이 각 한 권씩 제작하기로 하였으나 출판 과정을 거치면서 2005년 기획되고 2010년 첫 책이 나온 이후 출간된 책은 총 11권이다. 각각의 작품은 작가의 독자적인 전쟁과 평화에 대한 인식을 담고 있지만, "기록과 공감, 희망의 연대"라는 점에서 이해될 필요가 있다. 특히 3국의 입장이 첨예하게 다르게 기억될 수 있는 만큼 개별 작품뿐 아니라 나라별 스토리텔링의 차이를 각각 살펴보고자 한다. 그리고 이를 아우를 수 있는 화해의 스토리텔링 방향을 제언할 것이다. 총 11권의 그림책 시리즈를 목록으로 정리하면 〈표 1〉과 같다.

	제목	저자	나라
1	꽃할머니	권윤덕	한국
2	비무장지대에 봄이 오면	이억배	한국
3	평화란 어떤 걸까?	하마다 게이코	일본
4	1937년 친화이허 강가에서 경극이 사라진 날	야오홍	중국
5	내 목소리가 들리나요	다시마 세이조	일본
6	군화가 간다	와카야마 시즈코	일본
7	사쿠라	다바타 세이이치	일본
8	불타는 옛성, 1938	차이까오/아오쯔	중국
9	낡은 사진 속 이야기	천룽	중국
10	강냉이	권정생/김환영	한국
11	춘희는 아기란다	변기자	한국

먼저 동아시아 평화 프로젝트를 제안한 작가는 〈내 목소리가 들리나요〉를 저술한 다시마 세이조다. 다시마 세이조를 포함하여 하마다 게이코, 와카야마 시즈코, 다바타 세이이치 총 4명의 작가가 저술하였다. 일본 작가들이 저술한 그림책에 대하여는 이미 면담을 통해 수집한 내용으로 작가 의도와 스토리텔링을 분석한 연구[4]가 이미 존재한다. 그러나 11권이 다루고 있는 모든 작품에 대한 분석이 아니라 그 중 일본 작가의 작품 4편만을 집중적으로 다르고 있으므로 여기에서는 나머지 한국 작가들과 중국 작가들의 작품을 모두 살펴보는 것에 의미를 둔다. 일본 작가 네 명의 작품의 특징을 문경희(2017)는 주로

---

4) 문경희(2017), 「전쟁 고통의 재현과 평화」, 『한국민족문화』 62, 부산대학교 한국민족문화연구소, 75~116쪽에서 필자가 직접 하마다 게이코, 와카야마 시즈코, 다시마 세이조 3명의 일본 작가들을 2015년 7월 30일부터 2015년 8월 5일까지 면담한 것을 바탕으로 하여 평화 그림책 4편에 관한 스토리텔링과 작가의도 등을 분석한 바 있음을 참조함.

"전쟁광기로 인한 가족과 국가 공동체의 파괴, 고통과 죽음을 소재로 다루고 있으며 전쟁으로 인해 죽어가는 모든 생명에 대한 슬픔과 분노, 허무함 등이 작품 속에 투영된 지배적인 감정"(문경희, 2017: 93)으로 본다.

먼저 하마다 게이코의 『평화란 어떤 걸까』를 살펴보면 '평화'에 대한 접근을 아동의 눈높이에 맞추어 생각하게 만든다. 추상적일 수 있는 개념에 대하여 구체적으로 접근함으로써 작가가 생각하는 이상적인 세계를 그리고 있는 것이다. 배가 고프면 밥을 먹고, 좋아하는 노래를 마음껏 부르고, 아침까지 푹 잘 수 있는 아주 사소하고 일상적인 행복을 이야기하면서 가까이 있는 평화를 이야기한다. 알록달록한 색채로 한 페이지에 한 문장이나 두 문장으로 평화란 무엇인지에 대한 물음을 주고받는 형식으로 구성되어 있다. 어려운 구성이 아니고 정보를 전달하기보다는 생각을 이끌어내는 방식이기에 전체를 다 읽더라도 글이 길지 않아 아래 전문을 함께 살펴보고자 한다.

전쟁을 하지 않는 것. 폭탄 따위는 떨어뜨리지 않는 것. 집과 마을을 파괴하지 않는 것. 왜냐면, 사랑하는 사람과 언제까지나 함께 있고 싶으니까. 배가 고프면 누구든 밥을 먹을 수 있고, 친구들과 함께 공부도 할 수 있는 것. 그리고 또 형화란 이런 것 일거야. 사람들 앞에서 좋아하는 노래를 맘껏 부를 수 있는 것. 싫은 건 싫다고 혼자서라도 당당히 말할 수 있는 것. 잘못을 저질렀다면 잘못했다고 사과하는 것. 어떤 신을 믿더라도, 신을 믿지 않더라도, 서로서로 화를 내지 않는 것. 마음껏 뛰어놀 수 있고 아침까지 푹 잘 수 있는 것. 목숨은 한 사람에게 하나씩. 오직 하나뿐인 귀중한 목숨. 그러니까 절대 죽여서는 안돼. 죽임을 당해도 안돼. 무기 따위는 필요 없어. 애들아 모두 함께 잔치를 준비하자. 기다리고 기다리던 날이 왔다. 다 같이 신나게 행진을 하자. 평화란 내가 태어나길 잘했다고 하는 것. 네가 태어나길 정말 잘했다고 하는 것. 그리고 너와 내가 친구가 될 수 있는 것 (하마다 게이코, 2011)

첫 문장은 "전쟁을 하지 않는 것"으로 시작한다. 평화란 전쟁을 하지 않는 것이며 전쟁을 하는 것은 폭탄을 떨어트리고 집과 마을을 파괴하는 것이라는 생각으로 전개해나가고 있다. '폭탄을 떨어트리는 것'은 히로시마·나가사키의 원폭 투하를 떠올리게 한다. 일본이 가진 전쟁에 대한 기억은 죄책감 이전에 그들이 입은 피해인 것이다. "일본사회에서 이러한 피해자 중심의 전쟁 기억이 지배적인 것에 반해 일본이 침략전쟁을 일으킨 이유와 책임 문제를 포함한 가해국으로의 기억은 주변화된 측면"(문경희, 2017: 83)이 있다. 하마다 게이코의 작품에서 역시 어떤 역사적 반성보다는 평화로운 일상을 기대하며 내일과 미래를 그리는 희망을 그려내고 있다.

다이마 세이조의 『내 목소리가 들리나요』의 경우에는 그보다 비애에 가까운 감정이 드러난다. 느껴지는 분위기와 표현법이 하마다 게이코와는 다르다. 하마다 게이코는 평화라는 추상적 표현에 대한 구체적 설명을 했다면, 다이마 세이조의 경우 군인의 이야기를 반추상과 반구상의 뭉개진 선과 색채로 그려낸다. 감정을 색채로만 표현하며 형체도 어렴풋하여 구분하기가 어렵다. 전쟁이라고 하는 상황에서 정확하게 표현할 수 없는 불특정한 그 누구도 피해자가 될 수 있으며 이유 없는 붉은색 분노는 처절한 푸른색 슬픔이 되어 버릴 수 있음을 스토리텔링하고 있다. 처음 평화 프로젝트를 제안한 작가이며 가장 기획의도에 부합하는 스토리텔링을 했다고 볼 수 있다. 왜 공격해야 하는지도 모른 채 "나와 똑같은 사람"을 향해 총을 쏘았다는 것, 알 수 없는 증오와 분노는 누구에게 어디로 향해야 하는 것인지, 내편과 네편의 경계는 어디에 있는지에 대한 의문을 연속적으로 제기하면서 기존의 가해자—피해자라는 이분법적 경계를 흐리게 하고 있다는 점이 그렇다. 평화 그림책의 내용과 그림의 낯선 문화와 경험에 대한 이미지들을 자신의 내면에서 결합하여 서로 다른 입장에 서서 갈등 상황에 공감하고, 기존에 자신의 내면에 지녔던 전쟁 가해자와 피해자라는 고정적인 사고의 틀을 분리 해체하고 창조적으로 문제를 해결하려는 의지(장수경, 2015: 206)를 보여줄 필요가 있다.

와카야마 시즈코의 『군화가 간다』의 경우는 앞서 살펴본 하마다 게이코의 작품과 결이 비슷하다. 강렬한 색채, 그리고 짧은 문장으로 이루어져 있으며 물음을 던지고 독자가 생각할 수 있도록 하는 문답형식을 통해 메시지를 드러내고 있다. 또한 그 역시 모두가 전쟁에 대한 '피해자'임을 강조하고 있다. 침략 전쟁이 나타나게 된 이유나 반성, 치유를 위한 노력을 말하기 보다는 전쟁이란 슬픈 것, 미래에는 전쟁 없는 세상을 만들자는 희망을 이야기한다는 점에서 하마다 게이코와 비슷한 스토리텔링 양상을 가지고 있다. 일본 작가의 작품 중에서는 마지막으로 살펴 볼 다바타 세이이치의 『사쿠라』도 마찬가지다. 헤아릴 수도 없는 수많은 젊은이들이 사쿠라처럼 져버리고 소중한 사람을 빼앗긴 한과 슬픔을 이야기하며 전쟁에 대하여 의심한다. 전쟁은 있어서는 안 되며 전쟁이 없는 미래를 이야기하고 있다. 결국 일본의 네 작가들은 거시적으로 전쟁을 일으킨 국가적 차원의 죄책감이나 역사적 반성과 청산보다는 미시적인 관점에서 민간인들이 겪어야 했던 피해에 보다 중점을 두고 있다고 할 수 있겠다. 전반적으로 과거 전쟁에 대한 기억을 국가에서 동원했던 것, 시켜서 아무것도 모르고 했던 것, 하지만 나쁜 것이라는 인식을 보인다. 또한 과거나 현재를 이야기하기보다는 희망찬 미래에 대하여 서술하는 양상을 보인다.

다음으로는 중국 작가들의 작품 3편을 살펴보려고 한다. 야오홍의 『1937년 친화이허 강가에서 경극이 사라진 날』, 차이까오와 아오즈가 집필한 『불타는 옛 성, 1938』, 천룽의 『낡은 사진 속 이야기』가 그것이다. 우선 작품의 제목으로만 봐도 알 수 있는 것은 일본 작가들의 작품이 추상적인 제목이나 거시적인 관점의 제목들인 것에 반해 중국의 작품은 셋 다 과거의 어떤 한 지점을 구체적으로 나타내고 있다는 점이다. 1937년, 1938년, 그리고 『낡은 사진 속 이야기』에서 나오는 시점도 1938년이다. 1937년 중일 양국 간의 마찰을 시작으로 민간인을 상대로 한 난징 대학살이라는 참상이 있었던 시기이다. 세 편의 작품은 스토리라인이 모두 비슷하며 특히 천룽의 『낡은 사진 속 이야기』를 제외한 앞의 두 편은 거의 흡사한 구성을 가지고 있다. 초반부는 평화로운 일상의 단편을 묘사하고 그려낸다. 옛 성의 모습 그리고 그를 따라 흐르는 강물, 노래 부르는 사람들, 포근한 사람들 간의 관계 같은 것들이 그렇다. 그리고 이러한 일상의 평화는 알지 못한 한 순간에 깨져버린다. 루거우차오 사건(칠칠사변)을 빌미로 한 전쟁을 일으킨 지 겨우 반 년 남짓 만에 중국 땅이 점령되었다는 것을 생각해보면 당시 민간인들의 입장에서는 일상이 뒤집히는 것이 일순간으로 느껴질 수밖에 없다. 그렇기에 전반부의 평화와 대조되는 폐허의 모습을 보여주면서 반전의 순간을 짧고 강렬하게 나타내는 스토리텔링 양상을 보인다.

또 하나의 특징은 침략에 맞서는 항일군의 모습을 부각시킨다는 점이다. 특히 야오홍의 『1937년 친화이허 강가에서 경극이 사라진 날』에 그 태도가 직접적으로 드러난다. 경극을 하던 샤오 아저씨의 모습이 보이지 않게 되던 날 극장이 있던 시내를 빼곡이 채운 전단지의 문구들을 통해 알 수 있다. "중국은 절대 망하지 않습니다", "끝까지 싸우자", "단결하여 일본에 맞서자", "전선에 나아가 나라를 지키자", "나라 잃은 노예가 될 수 없다. 침략자를 몰아내자"와 같은 문구들이 페이지를 가득 채우고 있음을 볼 수 있다. 천룽의 『낡은 사진 속 이야기』에서도 주인공인 '나의 아버지'는 자신의 학문적 성과들을 모두 내려놓고 항일민족선봉대에 들어가 활동하며 어머니를 만나고 '나'를 낳는다. 이는 일본 작가들의 태도와는 상반되는 모습이다. 국가에 의해 차출되어 원인 모를 분노를 가지고 이유 없이 죽어가야 했던 슬픔을 그리고 이런 슬픔과 분노가 없는 미래를 그리자는 것이 일본의 스토리텔링이다. 중국은 그에 반해 과거의 평화와 영광을 소중하게 생각하고 이를 유지하기 위해 스스로 나라를 '지키고자' 하는 면모를 긍정적으로 부각한다. 과거의 위상이 사라지는 것, 일상이 없어지는 것에 대한 두려움을 가지고 과거 중심의 서술이 이루어지고 있다.

마지막으로는 한국 작가들의 작품 4편을 살펴보겠다. 권윤덕 작가의 『꽃할머니』, 이억배 작가의 『비무장지대에 봄이 오면』, 권정생 작가의 시, 김환영 작가의 그림이 담긴 『강냉이』, 변기자 작가의 『춘이는 아기란다』가 그에 해당한다. 그 중 『강냉이』의 경우 작고하신 권정생 선생님이 초등학생 때 쓴 시에 그림을 입힌 것이므로 스토리텔링의 양상은 기획의도에 맞춰 새로 쓴 작품 3편만을 살펴볼 것이다. 일본이 과거를 덮은 채 미래를 바라보고, 중국은 영광이 있었던 과거에 있다면, 한국의 스토리텔링은 현재, 지금 우리의 모습을 그려내고 있다. 특히 이억배 작가의 『비무장지대에 봄이 오면』의 경우 분단의 상황과 그리움을 보여준다. 특히 비무장지대에 해마다 찾아오거나 둥지를 틀고 오고가는 평화로운 동식물의 모습은 밝고 따뜻한 색감으로 나타내고 차가운 철문 옆으로 군인들의 행군 모습, 철문 모습, 외로워하는 할아버지의 뒷모습, 번개 치는 하늘을 어두운 색채로 담아내어 더욱 대조된 슬픔을 보여준다. 특히 작가의 말을 통해 분단의 상황과 이를 극복해야만 하는 현실에 대하여 직접적으로 생각해볼 수 있도록 한다.

지도를 보면 한반도는 둘로 나뉘어져 있습니다. 원래 하나였지만 일본에 식민지배를 당하다가 제 2차 세계대전이 끝나고 해방이 될 때 미국과 소련에 의해 북위 38도선을 기준으로 남과 북으로 나뉘었지요. 그 뒤 한국전쟁이 일어났다가 휴전이 되면서 휴전선을 기준으로 다시 나뉘었고 지금까지 하나가 되지 못하고 있습니다. 3년 동안 이어진 전쟁으로 수백만 명이 죽고 다쳤습니다. 고향을 잃고 부모형제들과 헤어진 이산가족도 많이 생겼지요. 이들은 남과 북으로 흩어진 채 지금까지 자유롭게 만나지 못하고 있습니다.[5]

비록 지금은 휴전의 상태이지만 여전히 군사분계선을 기준으로 단절되어 있다. 철조망 사이의 공간에는 아직 전쟁의 흔적들인 지뢰들이 묻혀 있고, 양쪽의 군사들은 무기를 서로 겨누고 있는 것이 한반도의 분단 현실이다. 이에 대한 아픔과 슬픔을 담담하면서도 분명하게 그려내고 있다. 한국의 경우 이러한 직접적인 전쟁의 결과를 고스란히 떠안고 있으며 상흔을 늘 마주하고 살아가는 만큼 현재의 상처에 더 집중할 수밖에 없다. 앞서 2장에서 언급했던 『꽃할머니』의 경우도 살아계신 '심달연' 할머니의 증언을 토대로 아직도 현재진행중인 아픔을 이야기하고 있다. 『춘희는 아기란다』의 작품도 마찬가지다. 춘희는 마흔 세 살의 아기다. 전쟁의 피해로 인해 더 자라지 못한 아픈 과거가 있는 현재의 존재다.

"유미 태어나기 훨씬 훨씬 전에 조선에 일본 사람들 쳐들어와서 조선 사람들 하인으로 만들었다. 조선 사람 이름 모두 일본 이름으로 바꾸라고 했어. 학교에서 조선말 가르치면 난리 쳤어. 조선 사람 보고 일본 사람 되라고 명령했다. 조선 산도 밭도 모두 일본 사람들이 뺏어 갔어. 할머니네 논도 일본 사람한테 속아서 모조리 빼앗겼어. 할머니 남편 농사짓는데 무서운 일본 사람들 와서 억지로 트럭에 태워서 일본까지 끌고 갔어. 아무리 기다리고 기다려도 남편 안 왔다. 히로시마에서 일본 전쟁하는 총 만든다는 편지 받았어. 할머니 서둘러서 히로시마에 왔는데 원자폭탄 떨어져서 할머니 남편 죽었다."

---

5) 이억배(2010), 『비무장지대에 봄이 오면』(사계절)의 '작가의 말'에 나오는 부분 참조.

아이고 아이고 할머니는 주먹으로 땅바닥을 내리치면서 울었어요.

"전쟁 끝나고 아기 태어났어. 봄에 태어나서 춘희라고 이름 지었어. 춘희가 어서어서 크라고 할머니 열심히 일하면서 키웠다. 하지만 뱃속에 있을 때 원자폭탄 맞은 춘희는 못 자랐어. 아직도 아가야." (변기자, 2016)

위에 인용한 부분은 춘희 아기를 키우는 할머니가 관찰자인 유미에게 아픈 과거를 설명해주는 장면이다. 조선 사람들이 받았던 피해와 일본에서의 참혹했던 전쟁의 아픔을 모두 언급하고 있다. 그리고 과거의 아픔에서 여전히 벗어나지 못한 현재의 슬픔까지도 고스란히 서술된다. "전쟁과 비평화적 상황이 비단 한국에서만 제한된 경험이 아니라 인류 공통의 비극적 경험이며 극복해야 할 일임"(장수경, 2015: 202)에 공감해야 한다. 공감은 무엇보다 다른 이의 입장에서 서보고, 그 경험과 느낌을 이해해보는 것에서 이루어진다. 정서적으로 입장을 공유하게 되면 특정 민족, 국가 등의 경계를 넘어설 수 있다. 현재의 한국, 중국, 일본의 이야기들은 각기 다른 곳을 보고 있음을 확인할 수 있었다. 서로 '평화'라고 하는 하나의 주제에 대하여 이야기하고자 하는 의도와 목표를 같이 했지만, 여전히 '누가 더 피해자인가'에서 완전히 벗어날 수는 없었다는 점이 한계이다. 현재는 과거의 위상 혹은 분노에 머물러 있고, 현재의 상처를 치료하지 못하고 있고, 과거는 눈감은 채 앞만 보고 희망의 허상을 그려낸 것에 그치고 있다. 진정한 연대가 되기 위해서는 피해—가해의 구도가 아니라 과거의 청산, 현재의 치유, 미래의 발전으로 나아가는 구성이 되어야 한다. 그리고 이는 전쟁의 '원인'에서 찾을 것이 아니라 '결과'에 대한 직시를 통해 치유할 수 있다. 서로에게 책임을 묻기보다는 각각의 시선에서 이해하고, 공감할 수 있어야겠다. 동아시아 평화 프로젝트는 완전한 이해와 공존이 이루어지지는 못했지만, 서로의 입장을 보다 완곡하게 스토리텔링해서 출간할 수 있었다는 것에 의미가 있다. 이제 이를 통해 과거—현재—미래를 바라보는 서로의 시각 차이를 좁혀나가 진정한 연대를 이루어야 할 때다.

4. 동아시아 3국의 초국적 연대를 향하여

〈평화 그림책 시리즈〉는 그림책의 형식을 차용하고 있지만 담고 있는 서사는 아이들만을 위한 것이 아니라 트라우마를 가지고 있는 모두를 위한 것이기에 이에 의미가 있다. 살펴본 것처럼 한·중·일 세 나라는 전쟁의 아픔이 있고 여전히 그에서 벗어나지 못한 집단적 트라우마를 갖고 있다는 점에서는 공통되지만 첨예하게 다른 입장을 가지고 있다.

특히 한국과 중국의 경우 일본에 대하여 '가해국'이라는 피해의식을 갖고 있으며 일본의 경우 패전국이라는 사실에서 오는 또 다른 피해의식을 갖고 있다. 그리고 한국과 중국의 경우도 조금 다른 양상을 보인다. 한국은 분단의 상황을 현재에도 겪고 있기 때문에 현재의 상흔에 집중한다면 중국은 과거의 위상과 분노에 치중하는 면이 있다. 일본의 경우는 과거의 역사를 청산하거나 현재의 아픔을 돌보기보다는 평화로운 미래만을 말하며 넘어가려 한다. 이는 집단 정체성을 공고하게 만들기는 하지만 이러한 폐쇄적 민족주의, 국수주의적 태도는 민족, 국가의 범위를 벗어난 타자적 집단에 대하여는 적대하는 면이 생기게 된다. 외세의 침략과 식민지 경험에도 불구하고 현재의 우리가 늘 피해자적 위치에 배치되는 것은 결코 아니기에 우리 안의 타자와 우리 바깥의 타자, 경계 안에 갇히지 않는 더 큰 화합과 평화를 생각할 때, 폐쇄적·방어적 민족주의는 반드시 극복되어야 한다(박사문, 2014: 409). 배타적, 전투적 자세는 서로간의 문제에 대한 근본적 해 결을 방해한다는 점을 꼭 기억해야 한다. 그 원인을 올바르게 들여다 볼 수 없게 하는 감정적 분노를 만들어낼 수 있기 때문이다.

평화와 화합을 위해서는 이러한 저변의 정서와 갈등 속에서의 접합 점을 찾는 것이 중요하다. 화해가 이루어지기 위해서는 서로 다른 요구와 이해로 야기되는 갈등을 해소해야 하고 그 저변에 깔려 있는 감정과 정서를 제대로 다룰 수 있어야 한다. 실상 동아시아 내에서도 공존을 위한 수많은 화해가 이미 계속해서 시도되어 왔다. 계기마다 화해를 선언하고 협력을 입에 올렸지만 결과는 늘 아쉬움과 어려움을 남겼다. 수많은 실질적인 이해관계와 거기에서 오는 갈등을 해결하는 것도 물론 중요하지만 우선적으로는 과거의 부정적 경험이나 감정적 트라우마를 제대로 다루는 것이 화해에 큰 기여를 할 수 있다. 이를 도와주는 것이 스토리텔링 기법이다. 스토리텔링을 통해 상대의 감정 과 정서를 이해할 수 있고 상황에 대해 가지고 있는 인식을 바꿀 수 있으며 과거에 대한 기억의 재구성을 통해 문제 해결을 위한 새로운 반응을 이끌어낼 수도 있는 긍정적 영향을 줄 수 있다. 동아시아 평화 그림책 프로젝트 역시 스토리텔링에 의한 화해의 가능성을 모색하고

자 진행된 것이다. 입장이 첨예하게 다를 수 있는 3국의 작가 12명이 만나 총 11권의 그림책이 각 나라마다 출간되었다. 동시 출간을 기획하였으나 애초의 예상과는 다르게 좁힐 수 없는 갈등의 순간들과 간극이 존재하여 난관이 있었다. 그럼에도 불구하고 이 프로젝트가 진행되고 완성되었다는 것 자체에 대한 의미가 충분하다. 각국의 입장은 어떠한지 현실 인식을 알 수 있었으며 각자가 갖고 있는 전쟁 트라우마가 어디에서 발현되는지, 어떤 양상으로 나타나는지를 살펴볼 수 있었다. 한국과 중국과 일본의 입장이 다르고 아픔이 다르며 그로 인해 서로 바라보는 방향의 차이가 있었다. 그러나 같은 주제 아래에서 연대를 위해 함께 했다는 것만으로도 진정한 화해에 한 걸음 가까워진 것이라고 할 수 있다. 이제는 나아가 각자의 입장을 이해하고 현재를 직시하여 치유할 수 있는 연대의 스토리텔링, 진정한 탈경계의 방향으로 나아가야겠다.

참고문헌

1. 자료

권윤덕(2010), 『꽃할머니』, 사계절.

이억배(2010), 『비무장지대에 봄이 오면』, 사계절.

야오훙, 전수정 옮김(2011), 『경극이 사라진 날: 1937년, 친화이허 강가에서』, 사계절.

하마다 게이코, 박종진 옮김(2011), 『평화란 어떤 걸까?』, 사계절.

다시마 세이조, 황진희 옮김(2012), 『내 목소리가 들리나요』, 사계절.

다바타 세이이치, 박종진 옮김(2014), 『사쿠라』, 사계절.

와카야마 시즈코, 황진희 옮김(2014), 『군화가 간다』, 사계절.

차이까오·야오쯔, 전수정 옮김(2014), 『불타는 옛성 1938』, 사계절.

천룽, 전수정 옮김(2015), 『낡은 사진 속 이야기』, 사계절.

변기자(2016), 『춘희는 아기란다』, 사계절.

권정생·김환영(2018), 『강냉이』, 사계절.

2. 논저

김종곤(2013), 「'역사적 트라우마' 개념의 재구성」, 『시대와철학』 24(4), 한국 철학사상연구회, 37~64쪽.

김종엽(2014), 「이해와 이데올로기 사이에서: 세월호 참사에 대한 몇 가지 고찰」, 『경제와사회』 104, 비판사회학회, 81~111쪽.

나선희(2015), 「전쟁 그림책의 스토리텔링: 작품의 고유성에 대한 분석을 중심으로」, 『민주주의와인권』 15, 전남대하교 5.18연구소, 143~183쪽.

류석진(2020), 「디지털 기억공간에서 민족주의가 발현되는 방식에 대한 연구: 한중일 네티즌의 갈등사례와 정체성을 중심으로」, 『민족연구』 75, 한국민족연구원, 76~107쪽.

문경희(2016), 「〈꽃할머니〉의 '위안부' 재현과 감정의 정치」, 『젠더와문화』 9, 계명대학교 여성학연구소, 173~209쪽.

문경희(2017), 「전쟁 고통의 재현과 평화: 일본 작가들의 평화그림책과 고통의 연대」, 『한국민족문화』 62, 부산대학교 한국민족문화연구소, 75~116쪽.

박사문(2014), 「역사 그림책, 민족주의와 근대성 극복을 위한 일고찰: 복수의 역사를 위하여」, 『아동청소년문학연구』 14, 한국아동청소년문학학회, 391~430쪽.

베네딕트 앤더슨, 서지원 옮김(2018), 『상상된 공동체』, 길.

이은주(2019), 「전쟁, 폭력, 편견을 다루는 토미 웅거리 그림책의 사회기호학적 분석」, 『일러스트레이션 포럼』 20(59), 한국일러스트레이션학회, 45~58쪽.

장수경(2015), 「공감적 감수성 증진을 위한 문학교육: 한·중·일 〈평화 그림책〉 시리즈를 중심으로」, 『동화와 번역』 29, 건국대학교 동화와번역연구소, 189~215쪽.

전명희(2016), 「근현대사에서 한국인이 경험한 트라우마의 집단적, 역사적, 세대전이적 특성에 관한 연구」, 『한국기독교상담학회지』 27(4), 한국기독교상담심리학회, 231~254쪽.

전유영·이은영(2012), 「유아를 위한 장애 관련 그림책에 포함된 장애에 대한

편견 분석」,『어린이문학교육연구』13(1), 어린이문학교육연구, 한국어
린이문학교육학회, 81~106쪽.

채대일(2018),「이청준 소설에 나타난 전쟁 트라우마와 분단 극본:「가해자의
얼굴」과『흰 옷』을 중심으로」,『한국문학이론과 비평』80, 한국문학이
론과비평학회, 229~252쪽.

〈사랑의 불시착〉에 나타난
상호문화 역량과 통일교육적 시사점

김태훈

1. 〈사랑의 불시착〉과 통일교육

남북한 문화의 동질성을 회복하고 이질감을 해소하려고 할 때 방송의 효과가 크며(이우영, 1996), 한반도 분단을 배경으로 하는 드라마를 많이 접할수록 남북한 주민들이 서로 이해할 수 있는 공간이 넓어진다(지은영, 2011). 이러한 점에서 TV드라마 〈사랑의 불시착〉은 통일교육에 많은 시사점을 준다.

2019년 12월 14일부터 2020년 2월 16일까지 tvN에서 방영된 〈사랑의 불시착〉은 남한 재벌 윤세리가 패러글라이딩을 하던 중에 돌풍으로 휴전선을 넘어 북한에 불시착하고, 북한의 관할 지역 부대 중대장 리정혁과 만나면서 다시 남한으로 오려다가 사랑하게 되는 로맨틱 코미디 드라마다. 〈사랑의 불시착〉의 시청률은 매회 꾸준히 상승하다가 마지막회는 21.7%로 역대 tvN 드라마 중에서 가장 높았으며, 세계적으로도 큰 인기를 얻었다. 단순히 대중문화 차원에서만 흥행한 것이 아니라, 북한이해교육과 통일교육 차원에서도 많은 성과가 있었다. 박지은

작가는 2020년에 올해의 통일인물상을 수상했고, 역대 정권의 통일정책과 통일교육을 무색하게 할 정도로 시민들의 마음 속에서 남북한의 거리를 가깝게 했다(신남호, 2020)는 평가를 받았다.

하지만 통일교육 측면에서 〈사랑의 불시착〉에 대한 학술 연구는 찾아보기 힘들다. 〈사랑의 불시착〉을 학술적으로 접근한 연구는 서사적 특징과 일본 내 한류현상과의 상관관계를 일본의 문화적 배경을 통해 고찰(이승희, 2020)하였거나, 드라마 속 여성의 지위에 대한 역하렘 설정을 연구(최지운, 2021)하거나, 중국 대학생들의 한국 문화교육 내용과 방안을 모색한 연구(Yang Ping, 2021)가 진행되었을 뿐이다.

반세기 이상의 분단으로 남북한 언어와 문화의 이질화가 극명해진 점을 고려하면 남북한 사회통합 문제는 상호문화적 접근으로 해결하는 것이 바람직하다(김성경, 2018; 김현정·박선화, 2016). 상호문화교육은 소극적인 문화 공존이 아니라 다양한 문화집단 간의 이해, 존중,

대화를 통한 지속적인 공존의 방법을 발견하도록 하며(장한업, 2016), 현대사회에서 요구되는 상호문화 역량의 향상을 목적으로 한다. 상호문화 역량이란 다른 문화에 대한 지식을 바탕으로 해당 문화를 존중하고 이해하면서 자신의 문화를 상대화시킬 수 있는 역량을 말한다. 낯선 것에 거부반응을 보이고 편견을 갖는 것은 인간의 자연스러운 정서이지만, 상호문화 역량은 이성적인 판단과 합리적인 소통을 통해 타문화에 대한 윤리적 태도를 지닐 것을 요구한다.

통일교육 차원에서도 남북한 사이의 문화적 이질성과 다양성을 극복하고 남북한 사회통합을 위한 상호문화 역량을 중심으로 하는 접근이 필요하다. 최근 들어 다문화 시대의 통일교육(김국현, 2011; 김창근, 2013; 변종헌, 2014)이나, 상호문화적인 관점으로 통일을 접근하려는 연구(김태훈·김영순, 2021; 박민정, 2012; 신원동·김병연, 2019; 이인정, 2020)가 진행되고 있지만, TV드라마에 나타난 상호문화 역량을 분석한 연구는 찾아보기 힘들다.

〈사랑의 불시착〉의 주요 등장인물들은 남한에서 북한으로, 북한에서 남한으로의 이동 경험에서 일상적으로 겪는 반응을 보여주고 있어서 남북한 주민의 상호문화 역량을 분석하는 데 적합하다. 따라서 이 글을 통해 〈사랑의 불시착〉에 나타난 상호문화 역량을 탐구함으로써, 남북한 평화시대에 필요한 상호문화 역량을 분석하고 통일교육적 시사점을 도출하였다.

2. 〈사랑의 불시착〉과 상호문화 역량

1) 〈사랑의 불시착〉

(1) 기획 의도 및 배경

〈사랑의 불시착〉의 기획은 무비자로 187개국에나 여행할 수 있는 대한민국 국민이 정작 가장 가까운 북한에는 가보지도 못하고 있는 현실에 대한 문제 제기에서 시작되었다. 〈사랑의 불시착〉 제작진은 작품의 배경인 북한에 대한 방대한 자료조사는 물론 끊임없는 검증과 노력을 동반했다. 특히 박 작가는 북한 전방부대 장교, 전방부대 사택 마을에 거주했던 군관의 아내, 보위사령부 간부, 장마당 상인, 유학생 출신의 피아니스트, 해외파견 음식점 종업원 등 수십 명에 이르는 다양한 직업군의 북한이탈주민들을 지속적으로 취재했다. 탈북 작가인 곽문안 씨는 보조 작가로 참여해 북한 관련 장면 구성과 세밀한 검증 작업을 도왔다.

(2) 주요 등장인물

〈사랑의 불시착〉의 주인공은 네 명이다. 북한 총 정치국장 아들로 현재 민경대 5중대의 대위인 리정혁, 대한민국 재벌가 2남 1녀 중 막내딸이자 스스로 패션뷰티 사업으로 승승장구하고 있는 윤세리와 리정혁의 약혼자인 서단, 영국 국적의 사업가인 구승준이다. 이 글에서는 윤세리와 5중대원이 각각 북한과 남한에서의 상호문화 역량이 드러나는 장면만 대상으로 분석하였다. 주요 등장인물의 극중 이름,

나이, 실제 배우 이름으로 구분하였고, 극중 캐릭터 성격 등을 설명한
내용은 〈표 1〉과 같다.

〈표 1〉 주요 등장인물

이름(극중 나이) -본명	특징 및 내용		
윤세리(32세) -손예진	대한민국 재벌가 2남 1녀 중 막내딸. 오빠들이 후계자 싸움을 벌이고 있을 때, '세리스 초이스' 회사를 만들어 일찍 성공했다. 아버지에게 인정받으며 승승장구했는데, 신제품 테스트를 위해 패러글라이딩을 하려다가 돌풍에 휘말려 북한땅에 불시착한다. 리정혁을 만나고 북한에서 어쩔 수 없이 살기 시작한다. 리정혁은 세리를 안전히 남한으로 보내기 위해 노력하고 목숨까지 건다. 두 사람은 남북한 차이를 극복하면서 사랑을 만든다.		
리정혁(32세) -현빈	북한 총정치국장 아들이자 민경대대 5중대의 대위. 불의와 절대 타협하지 않는 원리원칙주의자. 성격이 강직하지만, 예술학교 졸업 후 스위스에서 유학까지 할 정도로 재능 있는 피아니스트였다. 그러나 형이 의문의 사고로 죽자 형을 대신해 군인이 되어야 했다. 군인으로 살아가던 어느 날, 하늘에서 윤세리가 떨어졌다. 그의 세상으로 불시착한 세리를 만나면서 인생이 전부 바뀌었다.		
표치수(31세) -양경원	5중대 특무상사. 함경도 출신으로 거칠고 섬뜩한 인상이며 급한 성격에 말도 거칠다. 세리와 앙숙처럼 지내지만 속마음은 정이 많고 착하다.	김주먹(23세) -유수빈	5중대 중급병사. 한국 드라마 없인 못 사는 열혈 한류 팬이다. 드라마를 통해 습득한 남한 지식이 매우 풍부해서 남한 유행과 문화를 섭렵하고 있다.
박광범(28세) -이신영	5중대 하사. 모델 뺨치는 빼어난 외모에 과묵한 성격의 소유자이다. 정혁을 마음속 깊이 존경해서 따르고 있다. 정혁 역시 가장 신뢰한다.	금은동(17세) -탕준상	5중대 초급병사. 마음 여린 소년이다. 세리와 가장 죽이 잘 맞으며 순진하고 착하다. 입대한 지 얼마 안 돼서 제대까지는 9년 남았다.

(3) 줄거리

〈사랑의 불시착〉 줄거리는 다음과 같다. 여자 주인공 윤세리는 세

리스 초이스라는 패션 사업가이자 대한민국 대기업의 막내딸이지만 가족과 사이가 좋지 않다. 윤세리는 등산복을 입고 패러글라이딩을 하며 신제품 성능을 테스트하다가 거센 바람에 휩쓸려 북한으로 넘어 가게 된다. 북한 접경지에서 처음 만난 사람이 리정혁인데, 리정혁은 북한에서 군인이자 북한 총정치국장의 아들이다. 윤세리는 개성시 근처로 추정되는 군관 사택마을에서 마을 주민들과 어울리며 북한의 일상을 체험한다. 리정혁에게는 부모님 영향으로 맺어진 약혼녀가 있지만 윤세리와 사랑에 빠진다. 하지만 윤세리의 둘째오빠가 북한에 있는 구승준을 통해 실종된 윤세리가 북에 있다는 것을 알게 된다. 리정혁이 여러 방법으로 노력하여 결국 윤세리를 남한으로 보내준다. 이 과정에서 리정혁 아버지가 난처해지고, 조철강이라는 인민군 대위 가 개인적인 복수를 위하여 윤세리를 죽이려 남한으로 넘어간다. 이에 리정혁은 가족과 윤세리를 위해 남한으로 넘어가고 남한에서 지내다 가 국정원에 걸리게 된다. 리정혁 아버지의 명령을 받아 5중대원도 남한으로 위장하여 넘어오고 리정혁과 함께 조철강을 제거한 후에 북한으로 송환된다. 윤세리와 리정혁의 사랑은 남북한에서 이루어지 지 못하고, 그들은 스위스의 피아노 연주 행사에서 만나게 된다.

2) 상호문화 역량

(1) 상호문화 역량 정의

학문적 논의에 역량 개념을 도입한 White(1959)에 따르면, 역량이란 자신을 둘러싼 환경과의 효과적인 상호작용을 통해 형성된 능력으로,

학습이 가능하며 구체적인 상황에서 효과적인 수행을 가능하게 하는 실제적인 차원으로 이해될 수 있다.

역량의 구체적인 맥락에서 수행되는 실제적 성격과 지식·기능·가치· 태도 등의 복합적 특성이 연관되어 구조를 이루는 종합적이고 총체적인 성격은 상호문화 역량(Intercultural competence) 개념에도 포함되어 있다. 학자 및 기관에서 상호문화 역량을 정의한 내용은 〈표 2〉와 같다.

〈표 2〉 상호문화 역량 정의

학자 및 기관명	정의
UNESCO (2006)	다양한 문화들의 공존과 공정한 상호작용, 대화, 상호존중을 통해 공유된 문화적 표현을 만들어낼 가능성
Bennett (2008)	다양한 다른 문화의 맥락 안에서 효과적이며 적절하게 상호작용할 수 있도록 도와주는 인지, 정서, 스킬, 특성의 총합
Huber et. al. (2012)	다른 문화를 가진 사람들과 효과적이고 적절하게 의사소통하는 데 필요한 일련의 인지적, 정의적, 행동적 능력
정기섭 (2011)	다양한 문화권에 속한 사람들 간에 생겨나는 갈등을 해결하고 모두가 함께 동등한 인간으로서 배척과 차별 없이 평화롭게 함께 사는 삶을 위해 요구되는 역량
이병준· 한현우 (2016)	다문화사회에서 개인이 사회와 자신이 지닌 올바르지 못한 생각을 비판적으로 성찰함으로써 변화하여 모두가 평화롭게 지낼 수 있는 새로운 문화를 만들어가는 역량
서영지 (2016)	자문화에 대한 비판적 성찰과 타문화에 대한 개방적인 태도를 가지고, 의사소통 상황에서 효과적이고 적절하게 상호작용하여 원만한 관계를 형성할 수 있는 역량

이러한 정의들을 종합하면 상호문화 역량이란 다양한 문화가 교차하는 상황에서 지속적인 성찰의 과정을 기반으로 낯선 문화에 대해 개방적이고 유연한 태도로 낯선 문화의 타인과 원만하게 소통하며 긍정적인 관계를 형성할 수 있는 역량이라고 할 수 있다. 나아가 상호

문화 역량은 다양성들이 서로 교차, 조우, 동행함으로써 서로 영향을
주고받으며 계속 걸어감을 강조하는 개념으로, 집단이 아닌 인간으로
서의 이해와 상호의사소통을 강조하며 정체가 아닌 변화 가능성을
중시한다(이병준·한현우, 2016).

(2) 상호문화 역량 구성 요소

궁극적으로 상호문화 역량의 내용을 구성하기 위해서는 상호문화
역량으로 이끄는 구체적인 세부역량, 즉 구성 요소에 대한 검토가
필요하다. 상호문화 역량의 세부 구성요소가 구체적인 내용과 분석의
준거로 작동하기 때문이다. 상호문화 역량의 구성요소는 복잡하고
포괄적인 내용을 담고 있으며, 국내외 학자와 기관에서 정리한 내용은
〈표 3〉과 같다.

〈표 3〉 상호문화 역량의 구성 요소

학자 및 기관명	구성 요소
Deardorff (2009)	• 특정 문화를 인식하고, 세계적 이슈와 추세를 이해하는 역량 • 듣기, 관찰하기, 인내를 가지고 평가하는 역량 • 다른 사람의 관점으로부터 세계를 인식하는 역량 • 개방적인 태도로 타문화를 존중하고, 개방성과 호기심으로 타문화를 발견하는 역량 • 타문화를 공감하며 효과적이고 적절하게 의사소통 할 수 있는 역량
INCA (Intercultural Competence Assessment, 2009)	• 명확하지 않거나 애매함을 받아들이는 역량 • 자신의 생각과 다른 요구와 상황 속에서 자신의 행동을 적용시키는 역량 • 언어적 관습, 자신과 다른 이야기, 상호문화적 의사소통을 위한 적절한 협상 규칙 등이 다름을 인식하는 역량 • 문화 또는 문화적 실천의 새로운 지식을 습득하는 역량 • 호기심과 개방성을 바탕으로 자신의 문화에 대한 신념을 기꺼이 판단 중지하는 역량 • 다른 사람의 생각, 동기, 생각이나 느낌을 스스로 투영하는 역량

학자 및 기관명	구성 요소
이종하 (2006)	• 문화 사이의 공통점과 차이점을 찾아내는 역량 • 다른 문화의 관점에서 자신의 사고와 행위 그리고 태도 및 관념의 문화적 종속성을 성찰해내는 역량 • 문화 사이의 의사소통 전략을 수립하고 실천하는 역량 • 다른 문화 출신의 동료나 이웃들과 협동하여 사회 공동체를 이루는 역량
손다정 (2009)	• 서로 다른 문화를 이해할 수 있는 역량 • 타문화와 자문화를 서로 연관시킬 수 있는 역량 • 타문화와 자문화와의 대면에서 다양한 전략을 사용하는 역량 • 타문화와 자문화 사이의 문화 중개자 역할을 수행할 수 있는 역량 • 타문화와 자문화 사이에서 발생하는 오해와 갈등 상황에 효과적으로 대처할 수 있는 역량

이처럼 상호문화 역량은 태도 및 인식, 지식, 기술, 행동, 문화적 맥락 등에 따라 다양한 구성요소를 포함하고 있다. 실제 문화 간 만남의 상황에서 상호문화 역량은 단선적이거나 단계적으로 발휘되지 않으며, 타문화와의 소통 과정에서 서로 긴밀하게 연관되어 발달하고 발휘된다.

(3) 상호문화 감수성 발달단계

한편 Bennett(1986)은 상호문화 역량을 구성요소로 분석하는 것과 달리 상호문화적 환경에서 문화적 차이에 반응하는 특성에 주목하여 상호문화 감수성의 발달 단계(DMIS: The Developmental Model of Intercultural Sensitivity)를 제시하였다. Bennett의 DMIS에 따르면, 상호문화 감수성은 부정, 방어, 최소화와 수용, 적응, 통합의 단계를 거친다. 처음 세 단계인 부정, 방어, 최소화는 자문화중심적 단계로서 현실을 인식 할 때 자문화를 중심적으로 파악하고 타문화를 종속적이거나 부수적인 것으로 이해한다. 다음의 세 단계인 수용, 적응, 통합은 문화상대주의적 단계로서 자문화와 타문화 사이의 문화적 차이를 평등하게 받아들이며 상호 문화의 관점에서 서로의 문화를 이해하고 경험하는 단계이다. Bennett의 DMIS는 자문화 중심주의에서 문화상대주의로의 이행을 목적으로 하고 있으며, 세부적으로 다음과 같이 설명된다(Bennett, 2008). '부정' 단계는 자신의 문화만을 유일하게 존재하는 문화로 이해하며 타문화에 대해 무지, 무관심, 또는 회피한다. '방어' 단계는 다양한 문화의 존재와 문화적 차이를 이해하고 있으나 타문화로부터 자신의 문화를 지키는 단계로서 자신의 문화가 비교적 우월하다고 느낀다. '최소화' 단계는 문화적 차이를 표면적으로 이해하지만 심층적 이해가 부족한 단계로서 자문화적 관점에서 타문화와의 차이를 최소한의 수준에서 이해하며 문화적 차이를 극복할 수 있다고 생각한다. '수용' 단계는 타문화의 관점에서 타문화적 현상이나 가치를 있는 그대로 이해하고 받아들인다. '적응' 단계는 자문화와 타문화를 평등한 관점에서 이해하고 타문화의 관점을 채택하여 다른 문화의 관점에서 이해, 공감, 행동한다. '통합' 단계는 자문화와 타문화 사이의 경계가 모호해지면서 보다 넓고 다양한 세계관 속에 자신의 세계관과 자아를 형성한다.

(4) 남북한 상호문화 역량

지금까지 살펴본 상호문화 역량과 구성요소는 남북한 주민들의 만남과 상호관계에서 발생하는 측면을 분석하기에는 너무 포괄적이다. 따라서 남북한 상황에 적합하고 구체적인 내용으로 남북한 상호문화 역량의 구성요소를 도출할 필요가 있다. 박영자(2012)는 북한과의 경계와 접촉 사이에 발생하는 상호 간섭·방해·의존·침투 현상을 중시해야 한다고 강조하면서, 자신과 타자 사이의 틈새 그리고 그 사이에 작용하는 인식과 전망을 주목할 필요가 있다고 하였다. 추병완(2014)은 남북한의 모든 구성원들이 서로 공감하고 소통할 수 있는 상호문화 역량을 인식, 지식, 기능, 태도 차원에서 갖추어야 한다면서, 통일교육을 통해 학생들이 가정·가치·편견에 대해 인식하는 것, 문화의 역할과 타 문화에 대한 심층적 이해와 지식을 갖는 것, 문화적으로 상이한 사람들의 생활방식과 세계관을 공감하고 존중하는 것, 차별과 문화적 억압에 대한 적절한 개입 전략과 기법을 계발하는 것을 경험할 수 있게 해 주어야 한다고 주장하였다. 신원동·김병연(2019)은 남북한 문화의 차이에 대해 개방적인 태도를 강조하면서, 남북한의 차이에 대한 수용은 공존을 위한 기본 전제이고 대화를 통한 새로운 관계 모색을 위한 출발점이라고 강조하였다. 이인정(2020)은 문화적 다양성을 지향하는 평화·통일교육의 내용 체계를 지식과 이해, 태도와 의지, 기능과 역량의 3가지로 구분했다. 특히 문화다양성 역량 부분에서는 문화적 차이와 쟁점을 확인하고 토의할 수 있는 역량, 문화적 갈등을 평화적으로 해결할 수 있는 갈등해소 역량, 상이한 문화 집단의 사람에 대한 존중, 신뢰, 공감을 표현하는 역량, 타인의 다름에 대해 개방적인 태도를 가지고 차이를 수용하고자 하는 역량을 제안하였다. 이러한 이론적 논의를 바탕으로 남북한 상호문화 역량의 구성요소를 인식, 기술, 태도 차원에서 세분화한 내용은 〈표 4〉와 같다.

<표 4> 남북한 상호문화 역량 주제 및 내용

구분	주제	구성 요소	내용
인식	성찰적 이해	타문화 이해, 성찰적 자기 인식, 자문화 상대화	• 남북한의 문화적 다양성을 인식 • 남북한을 균형 있게 보편적 가치에 근거해서 이해 • 자기의 고유문화에 대한 생각을 상대화 • 타문화의 관점에서 자신의 사고, 행위, 태도 등을 성찰적으로 이해
기술	창조적 소통	연관 및 중재, 의사 소통, 갈등 해결	• 남북한 문화 간의 공통점과 차이점을 서로 연관시킬 수 있는 역량 • 남북한 문화 사이의 중개자 역할을 수행 • 타문화와 의사소통하며 협력할 수 있는 역량 • 남북한 문화에 대한 오해와 갈등을 관리하고 대처
태도	이타적 존중	공감하며 배려, 이질성 수용, 공존 노력	• 공감을 바탕으로 남북한 문화를 서로 배려하는 태도 • 남북한 문화 동질성을 회복하고, 이질성을 수용하려는 의지 • 남북한의 차별적 가치와 태도, 편견 극복 의지 • 다양하고 풍요로운 남북한 문화가 공존하는 평화 공동체 형성 의지

이러한 남북한 상호문화 역량은 인지적·정의적·행동적 차원이 복합적이고 총체적으로 연관되어 있으며, 구성요소는 역량의 발휘가 요구되는 상황적 맥락에서 유연하게 학습되며 발현될 수 있다.

3. 〈사랑의 불시착〉에 나타난 남북한 상호문화 역량

온라인 비디오 스트리밍 서비스업체(Netflix)에서 제공하는 〈사랑의 불시착〉 다시보기와 대본 리뷰를 통하여 드라마 장면에 나타나는 상호문화 역량의 요소를 분석하였다. 〈사랑의 불시착〉에는 남북한 문화의 다양한 요소가 포함되어 있는데, 이 글에서는 남북한 주민이 각각 다른 문화권에서 경험하게 되는 상호문화 역량의 장면들을 위주로 분석하였다. 즉, 남한 주민이 북한에서, 북한 주민이 남한에서 겪은 내용들 중에서 상호문화 역량 측면만 대상으로 하였다.

1) 성찰적 이해

5화

윤세리: 나 원래 아침을 잘 먹질 않아. 간헐적 단식을 하거든.
　　　　먹더라도 정말 가볍게. 캐나다산 유기농 메이플 시럽을 살짝 뿌려서 두어 스푼 정도.

표치수: 뭐라는 거네?

윤세리: 너희는 미슐랭 모르지? 난 거기 별 받은 셰프의 식당에서만 저녁을 먹었거든. 근데 그 셰프들 소원이 내가 접시 다 비우는 거였어. 뭘 줘도 딱 세 입이었으니까. 그래서 내 별명이 '짧은 입 공주'였던 거지. 그랬던 내가 왜 설탕 뿌린 누룽지가 이렇게 맛있는 거니?

금은동: 원래 누룽지에 설탕 뿌리면 맛있습니다.

윤세리: 이걸 왜 다섯 개째 먹고 있는 거냐고.

표치수: 에미나이, 중대장 동지 살림을 아주 거덜 내는구먼
　　　　죄책감을 가지라우!

윤세리: 너희 안 보이니? 나 여기 너무 잘 적응하는 거? 나 진짜 빨리 돌아가야 돼. 더 적응했다간 그냥 아주 눌러 살게 생겼다고!

남한에서 최고급 식당에서만 아주 적게 식사했던 윤세리가 누룽지

에 설탕 뿌린 것에 맛을 들여 다섯 개째 먹고 있는 장면이다. 윤세리는 북한에 너무 잘 적응하면서 타문화를 이해하고 남한에서의 문화를 상대화하는 역량이 발현되었다고 할 수 있다.

12화

홍창식: 대표님! 요즘은 많이 변하신 것 같아요.

윤세리: 응? 뭐가?

홍팀장: 예전에 식사는 혼자만 하셨잖아요.

윤세리: 응, 같이 먹으니까 입맛이 더 좋아지는 것 같더라고요.

　　　　내가 그걸 몰랐지, 예전엔

윤세리는 원래 다른 사람과 함께 식사하지 않고 혼자 식사하기를 좋아했었는데, 북한에서 리정혁과 중대원들과 식사와 술을 같이 하면서 다른 사람들과 같이 먹으면 입맛이 더 좋아진다는 것을 깨달았다. 그렇게 변화된 자신의 모습을 성찰하는 역량이 발현되는 장면이다.

12화

표치수: 혹시 남조선에서 우리 온 거 알고

　　　　전깃불 다 켜 놓은 거는 아니갔지?

금은동: 저 많은 불들이 밤새 켜져 있는 겁니까? 꺼지지도 않고?

김주먹: 진짜 드라마랑 똑같을 줄은 몰랐습니다. 설마설마 했는데.

　　　　(…중략…)

금은동: 난 천당이 있다면 바로 여기가 아닐까 싶습니다.

우리 오마니도 이런 데 한번 모시고 와 봤으면 소원이 없갔습니다.

김주먹: 드라마에서 볼 땐 지가 좋아 봤자 얼마나 좋갔나 기렜는데.

와, 진짜 좋습니다.

표치수: 동생들, 너무 자본주의에 대한 경계가 풀리고 있어.

이깟 뜨끈뜨끈함에 현혹되지 말라우!

동생들: 예, 예

남한에 처음 온 5중대원들이 각자의 상호문화 역량 또는 상호문화 감수성 발달단계에 따라 서울의 저녁 야경을 보며 반응하는 방식이 다르게 나타나는 장면이다. 금은동은 남한 문화에 대해 편견 없이 그대로 받아들이는 반면, 표치수는 자문화절대주의 관점에서 남한 문화를 부정하고 방어적 태도를 취한다. 김주먹은 남한 문화에 대한 선이해를 바탕으로 남한문화를 적극적으로 수용하는 역량을 보여준다.

2) 창조적 소통

4화

나월숙: 영애 동지의 생일을 축하하는 저희들의 정성을 이렇게 한데 모아 봤습니다. 축하합니다. (…중략…)

그런데 저기 저 약혼녀 동무는 빈 손으로

윤세리: 어, 여기도 있네요, 선물

현명순: 아닙니다, 너무 비루해 가지고…

윤세리: 비루하긴요? 딱 올해 전 세계를 휩쓴 패션 트렌드잖아요. 뉴트로.

어떻게 제가 한번 살짝 손을 좀 봐도 될까요?

(윤세리가 리폼한 원피스를 마영애가 입고 나온다)

양옥금: 아니, 어케 그 나리옷이 이렇게 변신을 한 겁니까?

마영애: 이거이 뭐라고, 이름이?

윤세리: 플라워가든요. 이 꽃무늬가 이렇게 소프트하게 전개되는 게 이번
시즌의 가장 큰 특징인데요. (…중략…) 그리스 여신을 방불케
하는 이 드레프들의 극적인 운동감, 우리 영애 동지의 에스트로겐
수치의 절정을 표현한 패션이라고 할 수 있겠습니다.

마영애: 응. 이거이 그런 거래. 이 동무가 아주 솜씨가 좋지 뭐니,

윤세리: 가지고 오신 옷이 감각적이었기 때문에 가능했어요.

마영애: 명순 동무 많이 먹어라. 갈 때 음식 좀 사가고.

사택마을의 실세인 마영애에게 잘 보이기 위해 마영애의 생일파티
에 참여한 윤세리가 남북한 문화를 연관시키며 의사소통하는 역량이
발현되는 장면이다. 조용한 성격인 현명순이 나리옷(원피스) 선물을
가져왔지만 눈치가 보여 내놓지 못하고 있는 것을 윤세리가 발견하였
다. 윤세리가 직접 원피스를 손 본 후에 마영애에게 입히며 본인의
전문지식으로 세계 패션 흐름을 설명하며 마영애의 기분을 좋게 해주
고 현명순이 가져온 옷도 칭찬하였다. 결국 윤세리 본인이 선물을
준비하지 못한 일도 해결하고, 현명순의 상황도 좋게 풀어내며 모두의
부러움을 사게 하였는데, 이는 타문화와 의사소통하며 협력할 수 있는
역량이 발현되었다고 할 수 있다.

13화

윤세리: 너희는 너희가 집어 먹어. 구워 주는 사람 마음이지

김주먹: 남조선에선 우리 중대장 동지 같은 부류의 사람을 기케 부룹니다.
　　　　사랑꾼!

윤세리: 주먹이 넌 아무튼 모르는 게 없구나?

표치수: 사랑꾼? 뭐, 따기꾼, 도박꾼 기런 건가?

김주먹: 그 무언가에 미쳐 있다는 사실만으론 비슷도 하지요.

근무 시간에 한국 드라마를 많이 본 김주먹은 윤세리와 군인 동료들 중간에서 남한문화에 대한 중개자 역할을 한다. '사랑꾼'이라는 남한 언어를 처음 듣는 중대원들에게 이해하기 쉽게 설명해주는 장면이다.

14화

윤세리: 아, 진짜 미쳐 버리겠네. 무슨 패션 테러리스트들도 아니고.

표치수: 테러? 이 에미나이가 사람을 뭘로 보고!
　　　　우리가 뭘 테러한다는 거이가?

박광범: 우리 그런 사람들 아닙니다

김주먹: 그, 패션 테러리스트는 진짜로 테러를 한다는 거이 아니고, 옷을
　　　　좀 못 입는다 뭐, 기런 말입니다.

표치수: 음, 기래?

또한 김주먹이 윤세리가 비유적으로 사용하는 '테러리스트' 용어에 대한 중대원들의 오해를 풀어주는 장면이다. 즉, 김주먹은 남북한의

언어와 문화적 차이를 해박하게 설명해주면서 사전 지식이 없는 이들이 소통할 수 있도록 도우면서 남북한 문화를 중재하는 역량이 발현되었다.

3) 이타적 존중

5화

윤세리: 옥수수 볏짚을 깔고 야외 취침을 하자는거예요. 지금?

리정혁: 어파치 기차 안이나 바깥이나 추운건 매한가지인데, 밖에선 불을 피울 수가 있으니까.

윤세리: 그래도 그건 좀 너무. 기차가 더 따뜻할 거 같은데.

리정혁: (윤세리를 부축하고 옥수수 볏짚을 깔고 앉게 한다)

윤세리: 어? 저 사람들은 이불이 있네. 파는건가? 갖고 온 건가?

리정혁: (말없이 이불을 사 온다)

윤세리: 따뜻하고 좋네. 다리도 뻗을 수 있고. 나오길 잘 한거 같애. 리정혁씨도 앉아요. 따뜻해.

리정혁: (앉는다)

윤세리: (사람들이 먹는 것을 바라보며) 어? 옥수수, 감자.

지정혁: (바로 일어나 옥수수를 사와서 굽는다)

윤세리: 흠. 맛있겠다. 리정혁씨도 먹어요.

개성에서 평양으로 가는 기차가 정전되어 정차한 상황에서 윤세리와 리정혁이 기차 밖 초원에서 밤을 지내는 장면이다. 리정혁은 북한 기차의 정전으로 인한 야외 취침 상황을 처음 겪는 윤세리를 공감하면서 이불을 사 오고 옥수수를 가져오는 등의 배려를 하고 있다. 북한의 문화를 처음 겪는 윤세리를 공감하고 배려하는 역량이 발현되었다.

16화

표치수: 감자는, 감튀지

금은동: 예?

표치수: 감튀 모르네, 감튀? 감자튀김. 뭐냐, 후, 후레이...

김주먹: 프렌치프라이 말입니까?

표치수: 기렇지, 그거. 기거이 자고로 겉바속촉의 대명사 아니갔어?

잘생긴: 겉바속촉이 뭡니까?

표치수: 야, 넌 겉바속촉도 모르네? 겉은 바삭하고 속은 촉촉하고~

금은동: 오~

김주먹: 우리 중 그 누구보다 서울 사람 다 됐습니다!

표치수: 나랑 잘 맞더라고

북한으로 돌아온 5중대원들이 초소에서 앉아서 구운 감자를 먹으며 남한에서 있었던 일을 소회하는 장면이다. 표치수는 남한에서 먹은 감자튀김이 맛있다고 말하며 감자튀김의 줄임말인 감튀라는 용어를 금은동에게 알려준다. 표치수는 처음 남한문화를 접했을 때, 남한의 자본주의 문화를 부정하거나 방어적인 태도를 보였으나, 점차 남한 문화에 익숙해지면서 이질성을 수용하고 남한에서의 생활을 그리워 하기까지 한다. 이러한 장면은 표치수가 적극적으로 이질성을 수용할 뿐만 아니라, 부정, 방어, 최소화, 수용, 적응이라는 Bennett의 DMIS

(상호문화 발달단계)를 전형적으로 경험한 것으로 해석할 수 있다.

13화

표치수: 와 저케들 시끄러운 거니?

김주먹: 아, 축구 보느라 그럽니다.

표치수: 치, 아주 유흥의 끝판이구먼.

김주먹: 국가 대항 경기입니다.

표치수: 야, 국가가 대항을 하거나 말거나, 쯧.

정만복: 이거는 표치수 동무 말이 맞아. 우리는 정혁 동지를 안전하게
귀환시키는 임무를 완수하고 돌아갈 생각만을 해야...

김주먹: 한일전인데 (함께 놀란다)

표치수: 한일전? (티비를 보며) 가라, 가라, 가라, 가라!

다함께: 오, 필승 코리아

표치수: 만세, 만세!

다함께: 대한민국! (짝짝 짝짝짝) 대한민국!

남한에 온 5중대원들이 치킨집에서 치킨을 먹다가 한일전에서 대한
민국 팀을 함께 응원하게 되는 장면이다. 처음에는 다른 손님들이
축구를 보며 소리치는 것을 보고 유흥의 극치라며 한심해하던 표치수
는, 그 경기가 한일전이라는 말을 듣자마자 돌변해서 더 흥분하며
한국팀을 응원한다. 일본과의 축구 경기에서 한 마음, 한 팀이 된
북한 주민들도 한국(남한) 팀을 함께 응원하며 공존하게 되는 모습이
나타났다.

4. 통일교육적 시사점

남북한 상호문화 역량은 점점 더 많은 남북한 문화적 차이에 노출되며 서로 다른 문화와의 만남·대화·협력·갈등을 겪게 될 한반도 구성원에게 필수적이다. 남한의 문화가 북한의 문화를 수용해야 한다는 입장에서 북한 문화를 대상화할 것이 아니라, 남북한 주민들이 이질화된 문화 사이의 수평적 상호작용이 가능하도록 상호문화 역량의 함양을 위한 통일교육으로 접근해야 한다. TV드라마가 사회적 이슈에 대한 다양한 공감과 세상에 대한 통찰력을 키운다(지은영, 2011)는 점에서 〈사랑의 불시착〉에 나타난 남북한 상호문화 역량 분석이 통일교육에 시사하는 바는 다음과 같다.

첫째, 〈사랑의 불시착〉에 나타난 남북한 상호문화 역량에 대한 교육은 북한이해교육과 통일교육의 내실화를 가능하게 한다. 지금까지의 북한이해교육과 통일교육은 Bennett의 상호문화 감수성 발달 단계 중에서 자민족중심주의 단계에서 이루어졌다고 볼 수 있다. 북한의 정치·경제적 측면을 지나치게 강조하여 북한의 사회·문화적 측면에 대한 이해가 부족하거나, 남북한의 문화를 우월과 열등의 관계로 비교해 왔다. 또한 분단체제가 길어지면서 남북한 동질성 회복에 대한 문제가 복잡해졌음에도 불구하고 남한 중심으로 쉽게 극복할 수 있는 것처럼 가르쳤다. 자문화 상대화 과정이 결여된 채 이루어지는 북한이해교육은 북한을 타자화하고 심리적 거리감을 키워줄 수 있다. 하지만 남북한 상호문화 역량을 중심으로 하는 북한이해교육과 통일교육은 Bennett의 문화상대주의적 측면의 접근을 가능하게 함으로써, 남북한의 문화적 차이를 상호적인 관점에서 접근하도록 한다. 북한이해교육에서 〈사랑의 불시착〉 등장인물들의 남북한 상호문화 역량이 발현되는 장면을 제시함으로써 남한 중심의 논의가 아니라, 북한의 관점에서 남한 문화를 성찰하면서 자문화중심주의를 극복할 수 있게 해주는 방식으로 보완할 수 있다.

둘째, 상호문화 역량 함양을 위한 교육적 경험의 중요성을 일깨워준다. 통일교육 영역에서 남북한 문화의 이질성과 다양성을 소개할 때, 타문화에 대한 단편적인 지식보다는 타문화권에 속한 타인과 원만한 관계를 형성할 수 있는 역량이 중요하다는 점을 알 수 있다. 통일교육의 방법에 있어서 드라마 시청과 같은 간접 경험도 중요하다. 〈사랑의 불시착〉에 나타난 남북한 상호문화 역량을 탐구함으로써, 북한에 대해 아는 것을 넘어 북한 주민들과 함께 어울려 소통할 수 있는 역량이 중요하다는 사실을 깨달을 수 있다. 원만한 관계 형성을 위해 필요한 자문화중심주의적 사고를 극복하는 역량은 저절로 습득되는 것이 아니므로 교육적 경험이 필요하다. 즉, 통일교육에 있어서 교육적 경험을 통해 자기중심적 기준을 상대화하고 다른 관점을 받아들일 수 있도록 해야 한다. 실제로 〈사랑의 불시착〉 등장인물들의 상호문화 역량은 서로 다른 문화 경험과 사람과의 교류 시간이 많아질수록 상호문화 역량이 발전하고 강화되는 모습이 나타났다. 상호문화 역량 함양을 위한 교육은 각 문화가 지니는 내적 논리를 이해하고, 타문화를 존중하는 태도로 타자를 두려워하거나 도구시하여 무시하거나 경멸하지 않으며, 논쟁과 갈등을 회피하지 않고 해결하는 역량을 함양할 수 있다(허영식·정창화, 2009).

셋째, 〈사랑의 불시착〉에 나타난 상호문화 역량은 남북한이 상호문화적으로 공존할 수 있는 의지를 함양한다. 남북한 상호문화 역량에 대한 분석과 적용을 통하여 남북한이 일상생활 공간에서 공통의 이해와 관심으로 관계를 맺도록 유도하고 더 나은 미래를 함께 도모할 수 있게 한다(박영자, 2012). 남북한 상호문화 역량은 분단 시기에 형성되어 온 편견과 갈등의 토대를 약화시키고 보다 높은 차원에서 생산적이고 창조적인 문화 공존을 이루도록 할 수 있다. 서로의 문화를 존중한다는 것은 소극적인 존중을 넘어 발전적이고 지속적인 방법으로 공존하는 것을 뜻한다(UNESCO, 2006). 남북한 주민이 모두가 차이를 수용하며 공존하기 위해 노력해야 한다(장한업, 2016)는 점에서, 남북한 상호문화 역량은 남북한 주민들이 각자 가지고 있는 편견을 돌아보고 이를 극복함으로써 남북한 이질성 수용에 기여한다. 〈사랑의 불시착〉 주요 등장인물들에게 발현된 상호문화 역량처럼 남북한의 일상생활세계에서 발견되는 차이점을 있는 그대로 받아들이며 공존하고자 하는 의지는 평화통일 이후 사회통합 차원에서도 요구될 것이다.

이상과 같이 〈사랑의 불시착〉에 나타난 남북한 상호문화 역량을 분석하고 통일교육적 시사점을 제시하였다. 여러 선행연구들을 참고하여 남북한 상호문화 역량을 인식 영역인 성찰적 이해에서 타문화 이해, 성찰적 자기 인식, 자문화 상대화를 도출하고, 기술 영역인 창조적 소통에서 연관 및 중재, 의사소통, 갈등 해결을 도출하고, 태도 영역인 이타적 존중에서 공감하며 배려, 이질성 수용, 공존 노력이라는 주제를 도출하여 〈사랑의 불시착〉에 적용하고 분석하였다는 데에 학술적인 의의가 있다.

남북한 상호문화 역량은 70년 넘게 이어진 분단으로 인한 이질감을 남북한 주민들이 유연하게 인식하며 소통하고 상호작용하는 데에 필요한 역량이라고 할 수 있다. 남북한 주민들은 자기 성찰을 토대로 자문화를 상대화하며 타문화를 이해할 수 있어야 하는데, 이는 자신만의 정향 체계로 타문화를 바라본다는 것을 인정하는 것에서 시작된다. 이러한 자기 성찰을 통한 자문화 상대화는 타인에 대한 이해의 선험적 조건이자 타문화에 대한 이해의 전제이며, 이런 점에서 성찰 역량이 다른 역량들의 기초가 되는 핵심역량이라고 할 수 있다(Bennett, 2009). 개방성과 동등성에 기초하여 자문화와 타문화를 연관시키는 남북한 상호문화 역량은 새로운 통일한반도 사회의 구성원으로서 연대의 기반이 되며, 문화 간 이해와 소통을 촉진시킨다. 진정한 통일은 단순히 이질적인 정치, 경제 체제를 통합하는 문제라기보다는 그 체제 속에서 일상의 삶을 살아가는 사람들의 내면의 문제, 즉 그들의 의식과 정서와 심리가 소통하는 과정의 문제이며, 사람과 사람 사이에서 경험될 것이다(김누리, 2006).

이러한 관점에서 〈사랑의 불시착〉 주요 등장인물에 나타난 남북한 상호문화 역량을 분석한 결과를 정리하면 다음과 같다. 윤세리처럼 자문화를 성찰하며 의사소통과 갈등해결 기술을 가지고, 표치수처럼 자문화를 절대화하지 않으며, 금은동처럼 타문화에 대해 편견 없이 받아들이고, 김주먹처럼 남북한 문화 사이의 중재자 역할을 할 줄 알며, 리정혁처럼 배려하고 공감하는 태도로 공존하기 위해 노력한다면, 남북한 주민들이 상호문화적으로 평화롭게 지낼 수 있을 것이다.

남한 주민이 북한에서 사는 것과 북한 주민이 남한에서 사는 것이 어떤 느낌인지 감각을 가져야만 그들의 행동을 이해할 수 있다(Rudiger Frank, 2019)는 점에서 이 글은 남북한 주민들의 상호 이해를 위한 기초자료로 활용될 수 있다. 또한 〈사랑의 불시착〉에 나타난 남북한 상호문화 역량을 통일교육에 활용함으로써 서로에 대한 문화적 이해와 존중을 심화할 수 있다.

한편 〈사랑의 불시착〉에서 북한 사택마을 주민들이 충직하고 정감 있는 모습으로 묘사되고, 5중대원들은 남한 자본주의 문화에 감탄하는 등의 모습에는 남한 중심적 시각이 투영되고 있다고 할 수 있다. 나아가 〈사랑의 불시착〉의 줄거리는 실현 가능성이 거의 없는 판타지이며, 현재의 남북한 상황을 재현했다고 보기 어려운 한계가 있다고 할 수 있다. 또한 이 글에서는 〈사랑의 불시착〉 등장인물들의 모습을 일부만 추출하여 남북한 상호문화 역량을 제시하였을 뿐, 보다 깊이 있게 분석하지 못하였으며, 드라마 시청자들의 상호문화 역량 인식 변화를 연구하지는 못하였다.

이에 이 글의 결과를 보다 심화하고 확장하기 위하여 〈사랑의 불시착〉 시청자들은 남북한 상호문화 역량을 어떻게 인식하였는지에 대한 질적 연구나 남북한 관계를 다룬 다른 TV드라마나 영화를 대상으로 상호문화 역량 발달단계를 단계별로 구체적으로 분석하거나, 남북한 상호문화 역량 함양을 위한 단계별 통일교육 방안을 제시하는 등의 후속연구를 제언한다.

참고문헌

김국현(2011), 「다문화 도덕과 교육과정과 통일교육」, 『도덕윤리과교육』 32, 한국도덕윤리과교육학회, 157~184쪽.

김누리(2006), 『나의 통일 이야기』, 한울아카데미.

김성경(2018), 「북한이탈 청소년의 긍정적 학교적응 과정에 관한 질적 연구」, 『한국청소년연구』 29(3), 한국청소년정책연구원, 129~157쪽.

김태훈·김영순(2021), 「남북한 통일교육 강사의 협업 경험에 관한 상호문화 교육적 의미」, 『한국교육문제연구』 39(2), 중앙대학교 한국교육문제연구소, 1~20쪽.

김창근(2013), 『다문화주의와 만난 한반도 통일론』, 교육과학사.

김현정·박선화(2016), 「다문화정책 관점에서 본 북한이탈주민 문제」, 『통일인문학』 66, 건국대학교 인문학연구원, 161~196쪽.

류방란(2013), 「다문화교육 정책과 교육 현실의 성찰」, 『다문화교육연구』 6(4), 한국다문화교육학회, 131~149쪽.

박민정(2012), 「한국 다문화교육 담론에 대한 비판적 고찰」, 『학습자중심교과교육연구』 12(1), 학습자중심교과교육학회, 119~139쪽.

박영자(2012), 「다문화시대 한반도 통일·통합의 가치 및 정책방향」, 『국제관계연구』 17(1), 고려대학교 일민국제관계연구원, 299~333쪽.

변종헌(2014), 「다문화 사회에서의 통일담론」, 『윤리교육연구』 34, 한국윤리교육학회, 339~359쪽.

서영지(2016), 「고등학교 프랑스어 교육에서의 상호문화접근법 적용 방안 연구」, 서울대학교 박사논문.

손다정(2009), 「간문화 학습을 통한 한국 문화교육」, 2009 한국언어문화교육 학회 11차 학술대회 자료집, 267~275쪽.

신원동·김병연(2019), 「남북한 상호문화이해를 통한 북한이해교육의 개선방 안」, 『도덕윤리과교육연구』 65, 한국도덕윤리과교육학회, 129~162쪽.

이병준·한현우(2016), 「상호문화 역량의 개념 및 구성요소에 관한 연구」, 『문화예술교육연구』 11(6), 한국문화교육학회, 1~24쪽.

이승희(2020), 「TV드라마 〈사랑의 불시착〉의 서사 특징과 일본 4차 한류 현상의 상관관계 연구」, 『스토리앤이미지텔링』 20, 건국대학교 GLOCAL (글로컬)캠퍼스 스토리앤이미지텔링연구소, 227~259쪽.

이우영(1996), 『통일과정에서 매스미디어의 역할』, 민족통일연구원.

이인정(2020), 「다문화 시대 문화다양성을 지향하는 평화·통일교육의 방향 에 관한 연구」, 『도덕윤리과교육』 66, 한국도덕윤리과교육학회, 227~ 250쪽.

이종하(2006), 「독일의 문화간 이해교육의 실천과 시사점」, 『한국교육문제 연구』 17, 동국대학교 교육연구원, 105~120쪽.

장한업(2016), 「상호문화교육의 철학적 기반에 대한 고찰」, 『교육의 이론과 실천』 21(2), 한독교육학회, 33~54쪽.

정기섭(2011), 「지속가능발전교육의 관점에서 본 상호문화역량」, 『교육의 이론과 실천』 16(3), 한독교육학회, 133~149쪽.

지은영(2011), 「남남북녀의 코믹 로맨스 〈스파이 명월〉: 남북관계에 대한 새로운 시도 그러나 2% 부족한 드라마」, 『민족21』 2011년 8월, 민족21, 146~149쪽.

추병완(2014), 「통일교육에서의 간문화 역량 계발」, 『윤리교육연구』 33, 한국윤리교육학회, 353~373쪽.

최지운(2021), 「로맨스드라마 속 역하렘 설정 연구: 〈사랑의 불시착〉과 〈스타트업〉을 중심으로」, 『인문콘텐츠』 60, 인문콘텐츠학회, 133~149쪽.

허영식·정창화(2009), 「다문화사회에서 간문화교육의 현장착근방안: 유럽과 독일의 동향을 중심으로」, 『한독사회과학논총』 19(3), 한독사회과학회, 31~58쪽.

Rudiger Frank, 안인희 역(2019), 『북한여행: 유럽 최고 북한통(通)의 30년 탐사리포트』, 한겨레출판사.

YANG PING(2021), 「트렌드드라마를 활용한 한국 문화교육 연구: 중국 대학교 한국어학과 학생을 중심으로」, 충북대학교 박사논문.

UNESCO(2006), 『유네스코 상호문화교육 지침서』, 유네스코.

Intercultural Competence Assessment (INCA) Projet(2009), "European Web Site on Integration", https://han.gl/WwTqV.

Bennett, J. M.(1986), "*Towards Ethnorelativism*: A Development Model of Intercultural Sensitivity", In R. M. Paige(ed.), *Education for the intercultural experience*, Yarmouth, ME: Intercultural Press.

Bennett, J. M.(2008), *Contemporary Leadership and intercultural Competence*, CA: Sage.

Deardorff(2009), "Exploring interculturally competent teaching in social sciences classrooms", *Enhancing Learning in the Social Sciences*, 2(1),

Duke University Franklin Center, pp. 1~18.

Huber, J.(ed.)(2012), *Intercultural Competence for All: Preparation for Living in a Heterogeneous World*, Strasbourg: Council of Europe Publishing.

White, R. W.(1959), "Motivation reconsidered: The concept of competence", *Psychological Reveiew*, 66(5), pp. 279~333.

신남호(2020), 「드라마 '사랑의 불시착'과 통일 교육」, 민중의소리, 2020.2.17, www.vop.co.kr/A00001468984.html.

〈사랑의 불시착〉 홈페이지 program.tving.com/tvn/cloy

넷플릭스 www.netflix.com

이명현: 중앙대학교 국어국문학과 교수로 재직하고 있다. 중앙대학교
국어국문학과를 졸업한 후 같은 학교 대학원에서 고전문학을
전공하였다. 전공인 고전서사를 대중들과 함께 이해하고 즐기
고자 '고전문학콘텐츠', '고전서사와 스토리텔링'으로 연구 분
야를 넓히고 있다. 주요 저서로는 『고전서사와 문화콘텐츠 스
토리텔링』, 『고전서사와 웹툰 스토리텔링』 등이 있으며, 주요
논문으로는 「구미호에 대한 다층적 상상력과 문화혼종」, 「웹툰
의 고전서사 수용과 변주」 등이 있다.

강연곤: 중앙대학교 미디어커뮤니케이션학부 조교수로 재직하고 있으
며, 저널리즘을 전공하였다. 대학 졸업 후 9년간 일간지 기자로
일했다. 논문으로는 「포털 뉴스 등장과 한국 신문산업의 20년
변화」, 「포털 뉴스 댓글을 통해 본 '기레기 현상': 2013년부터
2019년까지 네이버 랭킹 뉴스 데이터에 대한 탐색적 분석」 등
이 있다.

이영희: 『북앤스토리』 편집위원과 『작가포럼』 평론가로 활동 중이다. 단국대학교 대학원에서 문예창작학과 박사 학위를 받았다. 주요 저서로는 『강준영의 아동문학 창작방법 연구』가 있으며, 주요 논문으로는 「강준영 동화의 도깨비이야기 수용양상 연구」, 「민요 댕기노래를 활용한 동화창작 연구」, 「전래동화에서 설화와 민요의 수용 양상 연구」, 「강준영 극본 〈범어동 할아버지〉에 나타난 서사 전략 연구」 등이 있다.

강진구: 중앙대학교 국어국문학과를 졸업 한 후 같은 대학 대학원에서 「한국 근대초기 소설론 연구: 우연성 논의를 중심으로」로 문학박사학위를 받았다. 중앙대, 상지대, 남서울대, 선문대에 출강했으며, 중앙대학교에서 교수를 역임하다 현재는 제주대학교 탐라문화연구원의 학술연구교수로 재직하고 있다. 저서로는 『한국문학의 쟁점들: 탈식민·역사·디아스포라』, 『한국문학과 코리안디아스포라』 등이 있고, 논문으로는 「한국사회의 반다문화 담론 고찰」, 「한국소설에 나타난 墨西哥(멕시코) 이미지 연구」 등이 있다.

진수현: 중앙대학교 다문화콘텐츠연구소 연구전담교수로 재직하고 있으며 중앙대학교에서 고전문학과 문화콘텐츠를 전공하였다. 문화콘텐츠에 재현된 귀신의 사회, 문화사적 의미에 대해 관심을 두고 연구를 진행하고 있으며, 현재 중앙대학교 문화콘텐츠 융합전공에서 강의를 하고 있다. 주요 논문으로는 「여귀의 변

이양상 고찰」, 「귀신 소재 영상콘텐츠에 재현된 소외된 자」, 「조선왕조실록에 나타난 귀신 인식 유형」 등이 있다.

김화영: 수원과학대학교 행정직공무원과 교수로 재직하고 있으며, 한일비교문학비교문화를 전공하였다. 주요 저서로는 『무라카미 하루키를 읽다』(공저, 2014), 『近代韓国の「新女性」羅蕙錫の作品世界: 小説と絵画』(オークラ情報サービス株式会社, 2010), 『일본근현대문학과 연애』(공저, 2008) 등이 있으며, 역서로 『대일본주의: 성숙의 시대를 위한 국가의 모습』(2019), 『일본근현대여성문화선집 2 요사노아키코 (1)』(2019), 『유녀문화사』(2013), 『노부코』(2008), 『세이토』(2007) 등과 그 밖에 논문 「한·일 영화 텍스트에 나타난 사회문제: 『기생충』과 『어느 가족』을 중심으로」, 「영화에 그려진 '일본여성'의 이미지: 게이샤의 추억을 중심으로」 등 다수가 있다.

강명주: 중앙대학교 국어국문학과를 졸업하고 같은 학교 대학원에서 고전문학과 인문융합 콘텐츠를 전공하여 문학박사 학위를 받았다. 중앙대학교 HK+ 연구교수로 문화 다양성 시대의 문화적 접경과 접경 지대의 마이너리티 문제에 관심을 두고 연구하고 있으며 한류 콘텐츠 스토리텔링으로 영역을 확장하고 있다. '한류콘텐츠 스토리텔링', '글로컬 문화와 k-culture 콘텐츠' 등을 주제로 강의하며 소통 중이다. 저서로는 『한국사 속의 다문화』(공저), 『고려의 장군이 된 베트남 왕자 이용상』, 『문화다양성

과 교육』(공저), 『고전 서사와 웹툰 스토리텔링』(공저)이 있다.

김태훈: 인하대학교 다문화융합연구소에서 전문연구위원으로 재직하고 있으며, 인하대학교에서 다문화교육학을 전공하였다. 주요 논문으로는 「남북한 통일교육 강사의 협업 경험에 관한 상호문화교육적 의미」, 「상호문화적 찾아가는학교통일교육에 대한 사례연구」, 「남북한 주민이 함께 한 공감사진워크숍 사례연구」 등이 있다.